O Desejo de Toda Mulher

O Desejo de Toda Mulher

Um guia para todo homem sobre...
Como conquistar o coração de uma mulher

Stephen Arterburn
Fred Stoeker
Mike Yorkey

Traduzido por:
Susana Elisa Klassen

Editora Mundo Cristão
São Paulo

Publicado por WaterBrook Press (Colorado Springs, Colorado, EUA).

Preparação: Vicente Gesualdi (*In memoriam*)
Revisão: Geuid Dib Jardim
Capa: Douglas Lucas

Os textos das referências bíblicas foram extraídos da versão Almeida Revista e Atualizada, 2ª ed. (Sociedade Bíblica do Brasil), salvo indicação específica.

Dados Internacionais de Catalogação na Publicação (CIP)
(Câmara Brasileira do Livro, SP, Brasil)

Arterburn, Stephen, 1953.
O desejo de toda mulher: um guia para todo homem sobre como conquistar o coração de uma mulher / Stephen Arterburn, Fred Stoeker, Mike Vorkey; traduzido por Susana Klassen. – São Paulo: Mundo Cristão, 2004.

Título original: *Every Woman's desire*
ISBN 85-7325-348-7

1. Casamento – Aspectos religiosos – Cristianismo 2. Homem-mulher – Relacionamento 3. Maridos – Vida religiosa 4. Vida cristã I. Stoeker, Fred. II. Yorkey, Mike. III. Título.

04–2340 CDD–248.8425

Índice para catálogo sistemático:
1. Maridos: Guia de vida cristã: Cristianismo 248.8425
Categoria: Comportamento/Casamento

Publicado no Brasil com todos os direitos reservados pela:
Editora Mundo Cristão
Rua Antônio Carlos Tacconi, 79, São Paulo, SP, Brasil, CEP 04810-020
Telefone: (11) 2127-4147
Home page: www.mundocristao.com.br

1ª edição: maio de 2004
2ª reimpressão: 2008

De Fred Stoeker:
Ao meu Pai Celeste:
Tudo o que sei vem de ti.

E a Brenda:
O mais surpreendente é que você me ama...

De Stephen Arterburn:
A Nancy Simonian, a melhor sogra que um homem poderia ter.
Você me deu uma esposa que é forte, talentosa, engraçada e bela, pois você também é tudo isso.

Agradecimentos

Em primeiro lugar, agradeço ao meu colega Stephen Arterburn. Lembro-me de ouvi-lo falar num programa de rádio na metade dos anos oitenta e pensar: "Que homem extraordinário! Gostaria de conhecê-lo". Mal eu sabia que Deus havia planejado um ministério para nós quinze anos depois! Steve, ainda acho que você é um homem extraordinário.

Em segundo lugar, meu muito obrigado à minha mãe e às minhas irmãs. Passamos por um bocado de coisas e sobrevivemos para contar nossa história! Amo vocês demais!

Também gostaria de expressar minha gratidão a várias pessoas que continuam tendo uma influência profunda em minha vida. Mr. Campbell, você me disse para continuar escrevendo e é o que tenho feito. Queria tanto que você estivesse aqui para compartilhar isso tudo. Ray e Joyce Henderson, que sempre acreditaram em meu trabalho. Minha sogra, Gwen, que ainda é minha maior defensora.

Meus sinceros agradecimentos àqueles que nos contaram suas histórias. Que vocês possam participar de todas as bênçãos, pois sua contribuição foi indispensável. A Mark Oberbeck, que nunca se surpreende, e a Ron Strack, que sempre se surpreende... obrigado por sua amizade incondicional. Reservo minha mais profunda gratidão aos meus filhos: Jasen, Laura, Rebecca e Michael. Amo vocês! Deus pediu que vocês fizessem um grande sacrifício e vocês foram generosos. Obrigado por ouvir a voz do Senhor e por orar por mim.

E a Brenda. Você nunca se desviou do caminho de Deus e sua voz é como uma canção preciosa para ele. Você é minha grande heroína e sempre será aquela que eu desejo.

Fred Stoeker

SUMÁRIO

Introdução

Você já Encontrou as Chaves para o Coração Dela?

(Stephen Arterburn)

Não sei se é assim onde você mora, mas aqui no sul da Califórnia, padarias e lojas de telefones celulares (e quase qualquer outro estabelecimento comercial) contratam gente para ficar na calçada distribuindo panfletos de divulgação. Quase todos esses panfletos são escritos em letras garrafais, anunciando que você está diante da padaria onde o pão francês é vendido ao menor preço ou onde você ganha horas de conversação grátis no celular.

Ao percorrer as calçadas da vida, a maioria dos homens casados deve passar pelo menos algum tempo em pé no meio dos transeuntes, distribuindo um panfleto que diz "Estou em Obras". Sei que esse é o meu caso, e Fred Stoeker, o co-autor deste livro, concordaria sem hesitar. Não importa se você está desfazendo as malas da lua-de-mel ou se está fazendo as malas para se aposentar do trabalho, tornar-se o marido que sua esposa sempre quis significa estar sempre "em obras".

Para mim, esse é o caso desde que entrei na idade adulta. Quando era solteiro, com vinte e tantos anos, comecei uma nova carreira na área de aconselhamento depois de anos de rebeldia, dúvidas e erros. Senti que finalmente estava conseguindo viver como um cristão. No papel, meu currículo espiritual impressionava: era membro ativo de minha igreja, participava de obras missionárias e cantava no coral. Minha humilde opinião era que daria um excelente marido.

Num domingo à noite, fui jantar depois do culto num restaurante perto da igreja. Estava sozinho, mas isso não era problema. Apesar de o restaurante estar quase vazio, havia um casal jovem à mesa ao lado da minha. A moça, que se chamava Sandy e freqüentava a mesma igreja que eu, me reconheceu e elogiou o solo que eu havia feito no culto da manhã.

Enchi-me de orgulho por ter sido notado. "Muito obrigado", disse com meu mais simpático sotaque texano (sou da cidade de Ranger, no Texas). Continuei sorrindo enquanto conversávamos sobre amenidades. Depois de alguns minutos, porém, até eu percebi que dois é bom, mas três é demais, de modo que pedi licença e saí discretamente para pagar minha conta.

Ao andar até o carro, admiti para mim mesmo que achava Sandy atraente. Quando, mais tarde, descobri que ela era "só amiga" do rapaz com o qual estava no restaurante, convidei-a para sair comigo no dia das mães. Sabia de algo que iria impressioná-la. "Estou indo para as Ilhas Marshall", mencionei enquanto a garçonete nos entregava o cardápio.

"Verdade? Eu também!", exclamou Sandy.

Que bênção! Depois de uma coincidência dessas, quem não ficaria convencido de que formaríamos o par perfeito? A fim de garantir que tudo desse certo, porém, não poderia revelar-lhe os compartimentos secretos de minha vida. Os sentimentos que ainda nutria por minha ex-namorada, minhas mais diversas experiências sexuais, o aborto, a dívida de milhares de dólares depois de estourar os limites dos cartões de crédito.

Apressei o relacionamento impelido pelo medo de que passaria o resto da vida sem uma esposa, sem amor e estigmatizado na comunidade cristã. Só lhe contei do meu primeiro casamento e do divórcio subseqüente quando achei que Sandy estava pronta para lidar com essa informação, mas nunca deixei transparecer meu desejo desesperado de casar novamente. Sandy era um ótimo "partido" — inteligente, atraente, talentosa e agradável — e eu não queria estragar nosso namoro. Assim, resolvi manter oculta minha verdadeira identidade.

Destruindo a Intimidade

Assim que nos casamos, começamos a ter problemas. Na época não sabíamos disso, mas o muro contra o qual batemos de frente chamava-se *intimidade*. Meus compartimentos secretos e minha resistência em deixar que ela desenvolvesse sua própria identidade nos colocaram em lados opostos do muro. Além disso, o fato de não conseguirmos ter um filho só serviu para tornar esse muro ainda mais alto.

A comunicação era unilateral; vinha apenas da minha parte e na forma de comentários impulsivos sobre assuntos que iam desde suas aptidões culinárias até seu gosto para roupas. Insistia em que ela usasse uns trajes que na verdade eram mais apropriados para uma festa junina, ainda que ninguém no sul da Califórnia se vestisse daquela maneira. Estava sufocando Sandy com minhas críticas constantes e minha presença dominadora. Faltava intimidade ao nosso casamento e estávamos começando a viver como um casal de solteiros.

Mas será que eu era tão diferente de outros homens casados? Ao invés de estabelecerem um relacionamento com as mulheres e compreendê-las, a maioria dos homens prefere controlá-las. Muitos maridos usam 1 Pedro 3 como seu parâmetro oficial, pois é um texto que instrui as mulheres casadas com incrédulos a manterem-se caladas e ganharem seus maridos para Cristo com suas atitudes amorosas. Essa passagem das Escrituras tem dado a muitos homens poderes irrestritos para se comportarem como líderes que muitas vezes destroem a união conjugal e fazem em pedacinhos a sua intimidade.

Sei disso pois tornei-me um transgressor entre os mais terríveis depois que me casei com minha primeira esposa, uma colega de faculdade. O mais impressionante é que eu acreditava que tudo estava indo bem até o dia em que ela anunciou que estava me deixando.

Ao invés de me humilhar e perguntar o que havia feito para causar-lhe mágoas tão profundas, saquei a Bíblia para mostrar-lhe como era errado ela ir embora. Estava certo de que meu "porrete bíblico" iria colocar algum juízo em sua cabeça. Preguei tantos sermões para ela sobre Efésios 5 que, depois de um tempo, havia memorizado essa passagem. Em minha visão restrita, esse trecho das Escrituras dizia que ela devia se submeter a mim e que Deus ficaria extremamente zangado se ela não vivesse de acordo com aquilo que ele queria para o seu rapaz Steve. No entanto, minha reação arrogante ao seu pedido de separação só serviu para provar que ela estava certa: eu era insensível, egoísta, egocêntrico, um marido imbecil que não se importava e que não fazia a mínima idéia de como conquistar o coração de uma mulher.

Ela saiu de casa e foi diretamente para o advogado a fim de entrar com os papéis do divórcio. Em momento algum ela se alterou, gritou ou pediu que eu mudasse. (É bem provável que ela não acreditasse que isso era possível!) E, apesar de ela ter me deixado, fiquei satisfeito comigo mesmo por ter agido corretamente e mostrado para ela que eu era o mocinho da história.

Ao olhar para trás, considero uma ironia ter escolhido o capítulo 5 de Efésios para provar-lhe que ela não podia ir embora. Apesar de a passagem *de fato* dizer que a esposa deve se sujeitar à liderança de seu marido, traz ainda muitas outras instruções sobre como deve ser essa liderança. Por uma questão de conveniência, deixei de fora a parte sobre me entregar e abrir mão de minha vida e meus direitos, como Cristo fez pela Igreja.

Sei o que é viver na mais completa ignorância da verdade e fazer coisas absurdas em nome de Jesus. Sei como é gostoso assumir uma posição superior e corrigir os outros, ao invés de colocar-me no mesmo nível e me relacionar com eles. Sentia mais prazer em apontar o dedo do que em abrir os braços. Não era um marido; era um juiz. Tudo no casamento precisava girar em torno da minha pessoa, enquanto Deus ficava para trás.

Lá estava eu, casado novamente, fazendo a mesma coisa com Sandy. As coisas estavam desandando outra vez. Como poderia fazer o trem descarrilado de nosso casamento voltar aos seus trilhos ou, para usar uma outra analogia que empregamos ao longo deste livro, *como poderia ressuscitar um relacionamento que havia se esfriado e definhado?*

Reavivando um Casamento

Não sei dizer exatamente o momento ou o incidente que desencadeou minha mudança de rumo, mas conversar com um conselheiro cristão me permitiu reconhecer que devia desenvolver atitudes diferentes. Precisava usar minhas palavras para edificar Sandy, concentrar-me na pessoa maravilhosa que ela era e procurar oportunidades de encorajá-la. Precisava respeitar seu caráter singular e seus pontos de vista. Precisava permitir que sua personalidade contagiante aflorasse.

Enquanto trabalhava com essas mudanças a longo prazo em minha atitude, também havia algumas coisas que podia fazer de imediato para tornar-me o marido que Sandy sempre havia desejado. Limitei minhas viagens a dois dias por semana. Passei a sair do trabalho às seis da tarde e deixar minha pasta no escritório a fim de não levar serviço para casa. Criei o hábito de ligar para Sandy com freqüência e convidá-la para almoçar comigo. Acima de tudo, decidi suprir suas necessidades dando-lhe presentes escolhidos com cuidado e levando-a para viajar nos finais de semana — além de colocar o lixo para fora sem que ela me pedisse, certificar-me de que minha roupa usada estava mesmo no cesto de roupas sujas e aprender a usar a máquina de lavar.

Essas mudanças aparentemente pequenas, porém drásticas, reavivaram meu casamento agonizante. Nosso relacionamento ficou ainda melhor com a chegada de nossa filha Madeline, em 1990. De repente, construir uma carreira e renome em todo o país como autor e palestrante não parecia mais tão importante.

Depois dessa reviravolta, ao conversar com outros maridos e esposas, ouvi-os dizer como seu casamento melhorou quando o marido procurou fazer coisas para agradar sua esposa — quando começou a permitir que sua personalidade e convicções tivessem um lugar dentro do casamento. É nisso que consiste a submissão mútua, um tema profundo e transformador que Fred e eu iremos explorar com você ao longo deste livro.

Você está pronto para aplicar esse conceito extraordinário ao seu próprio casamento? Esperamos que sua intenção ao pegar este livro seja descobrir as chaves para o coração de uma mulher e oferecer-lhe aquilo de que ela precisa e deseja no casamento. Se você está disposto a confiar em Deus e colocar em prática aquilo que vamos lhe contar, coisas surpreendentes vão acontecer com você e com a mulher de sua vida. Você descobrirá um mundo que poucos homens encontram, pois jamais pensaram em percorrer o caminho sacrificial que Jesus abriu.

Cremos, porém, que é justamente isso que você quer fazer e estamos convidando-o a participar dessa jornada conosco.

Você verá que, especialmente nos seis primeiros capítulos, este livro concentra-se em muitas lições aprendidas com os erros que Fred cometeu com sua esposa, Brenda, e como ele acabou mudando de rumo. Esse enfoque sobre a história de Fred é planejado. Primeiro, Fred concordou em mostrar todos os seus "podres" para ver se sua história poderia ajudar a transformar casamentos, algo respeitável da parte dele. Em segundo lugar, as dificuldades de meu casamento já foram assunto de outros livros que escrevi, e diversos artigos de revista descrevem nossa história de esperança, desespero, luta e esperança renovada. Assim, neste livro dei uma folga para Sandy e para mim, permitindo que você se envolva com a história admirável de Fred, com o que ele tornou possível ao se expor com tanta franqueza. Essas foram as qualidades que despertaram meu desejo de escrever com Fred e sei que, ao ler sobre como o relacionamento deles foi transformado, você também desenvolverá uma grande estima por Brenda e Fred. Estou certo, ainda, de que seu próprio casamento mudará para melhor à medida que você for aprendendo com as lutas de Fred.

E então, pronto para começar?

Parte I

Quando o Amor Esfria...

Capítulo Um

No Princípio: Uma Revelação Dolorosa

Sentado* à mesa da cozinha com minha esposa, Brenda, podia ver que ela estava esperando até eu lhe dar minha atenção total.

Então, ela olhou no fundo dos meus olhos e mudou meu mundo. "Não sei de que outra forma posso lhe dizer isso, portanto vou ser direta", começou. "Meus sentimentos por você morreram."

Suas palavras me acertaram como um soco no estômago. *Morreram*? Minha cabeça girava. O que ela estava dizendo? Nosso casamento havia começado tão bem. Que enormes besteiras eu poderia ter feito para causar tamanho torpor em minha esposa, o amor de minha vida? Mais que depressa, minha mente começou a trabalhar em busca de respostas, mas levaria algum tempo para fazer as peças desse quebra-cabeça se encaixarem.

Em Busca de Pistas

As sementes de minha discórdia conjugal foram plantadas quatro anos antes de eu conhecer Brenda. Estava estudando na Universidade de Stanford, na região de São Francisco, tentando desesperadamente

* Tendo em vista que este livro concentra-se na história de Fred (ver penúltimo parágrafo da introdução), o uso da primeira pessoa refere-se sempre a ele, a menos que o texto indique o contrário.

encontrar algum sentido para minha vida, buscando a verdade em todo e qualquer recurso intelectual que via pela frente (não era cristão naquele tempo, apesar de ter ido à igreja muitas vezes ao longo dos anos).

Primeiro, me dediquei aos escritos de Marx e Engels. Depois, voltei-me para as religiões orientais, um modismo que tomou conta do campus de Stanford no final dos anos 70. Cheguei até a aceitar uma flor e um convite dos Moonies*, que me "bombardearam de amor", mas não conseguiram me convencer a fazer parte de seu grupo. Enquanto isso, percorri a costa oeste dos Estados Unidos passando os finais de semana em seminários com gurus esclarecidos capazes de "fundir-se" com o universo.

Ansiava por encontrar o sentido da vida, mas, uma vez que não estava tendo muita sorte com essa busca, procurava consolo e alívio nos braços de minhas companheiras. Aquela era uma linguagem que eu conseguia entender. Um ano depois de me formar em Stanford, tinha quatro namoradas e estava dormindo com três delas. Evidentemente, era um homem ocupado – ocupado demais para ver que minha alma faminta estava sob a mira de Deus.

Num fim de tarde, antes de sair do escritório em meu primeiro emprego de verdade, cruzei os pés sobre a mesa enquanto apreciava o belo pôr-do-sol em minha janela. Deus aproveitou aquele momento em que eu baixei a guarda e, de alguma forma, interrompeu a cena com uma horrível revelação daquilo em que eu havia me transformado. Senti a tristeza me invadir diante daquela visão detestável. "Senhor", orei, "se você está pronto para trabalhar comigo, estou pronto para trabalhar com você".

Pareceu que os céus se abriram para mim. Poucas semanas depois, aceitei um emprego em Iowa, o estado onde eu havia crescido. Deixei para trás o "vale-tudo" da costa oeste. O melhor, porém, foi que minha busca pelo sentido da vida, pela verdade, chegou ao fim. Havia aceito a Cristo como Senhor de minha vida e, finalmente, encontrado a paz.

Pés firmes no chão em Des Moines, Iowa, achei uma igreja para freqüentar. Além disso, decidi participar de uma classe de escola dominical para casais – o que causou algumas expressões de surpresa, uma vez que

* Seguidores do Reverendo Soon Myung Moon.

eu era solteiro. O fato é que eu havia parado de namorar, pois suspeitava de que não entendia nada de mulheres e não sabia tratá-las com respeito. Alguém me disse que o pastor que estava lecionando nessa classe iria desvendar a maravilhosa complexidade das mulheres. E foi o que ele fez, servindo apenas para confirmar minha ignorância com relação ao sexo oposto, apesar de toda a minha "intimidade" com as garotas.

Com o passar dos meses, começou a crescer dentro de mim um desejo de entender melhor essas lições. Uma noite, dirigi-me a Deus e disse: "Senhor, você me ensinou muita coisa sobre as mulheres. Será que você pode me mostrar alguém que seja uma personificação dessas características?" Não estava pedindo por uma namorada e nem mesmo por uma amiga. Só queria ver uma mulher cristã como essa na vida real.

Uma semana depois, meu pai, que na época já havia se casado com minha madrasta, me telefonou de Moline, no Illinois, e disse: "Freddie, tenho um achado e tanto para você! Uma família de conhecidos da nossa igreja tem uma filha cristã que é um amor e combinei de nós quatro sairmos juntos. É por minha conta!" Achei legal meu pai arranjar esse encontro, mas depois me lembrei da última vez que ele havia tentado bancar o casamenteiro. Acabei passando o dia esquiando com uma moça que vestia calças justas, tinha um penteado enorme e usava tanta maquiagem que parecia mais uma parede rebocada.

Apesar da experiência negativa, decidi aceitar o convite e dirigi três horas para chegar a Moline. As intençoes de meu pai eram as melhores possíveis. Um culto de domingo seguido de um almoço de graça parecia um programa inofensivo. Com um pouco de sorte, estaria de volta a casa para ver o segundo jogo de basquete da NBA na televisão.

O dia começou quando me sentei ao lado de meu pai, poucos minutos antes do culto. Ele inclinou-se um pouco e disse baixinho: "Lá vem ela, Freddie".

Brenda Hulett parou ao lado da nossa fileira e levantei-me para cumprimentá-la. Quando nossos olhares se cruzaram, meu Pai celeste pareceu ter se inclinado e dito baixinho: "Essa é a moça com a qual você vai se casar". Sem brincadeira, senti que um dia seria marido dela!

Achei essa idéia engraçada — premonição ou seja o que for —, a qual, ao longo de todo o culto, me fazia dar uma risadinha boba sempre que olhava para Brenda.

É claro que Brenda ficou perturbada com meu comportamento, imaginando quem era esse sujeito esquisito sentado ao seu lado. Mais tarde, naquele mesmo dia, em minha ingenuidade, contei-lhe o motivo de ficar rindo durante grande parte do culto. Aí é que a assustei de verdade! Por um milagre, ela resistiu ao impulso de sair correndo. A prova de que eu estava certo deu-se sete meses depois — o dia de nosso casamento.

Em Busca de Uma Bênção Materna

Então, foi Deus quem arrumou seu casamento, hein? Aposto como tudo deve ter corrido às mil maravilhas depois disso. Pelo contrário. Nosso relacionamento progrediu de modo estranho durante o resto daquele ano, começando com um pedido que fiz à minha mãe depois do noivado. "Quando posso ir a Cedar Rapids visitá-la?", perguntei-lhe. "Quero que você conheça minha noiva".

Do outro lado da linha, fez-se um silêncio glacial. Minha mãe e eu éramos muito chegados e a idéia de seu filho casar-se com uma moça que ela nem conhecia não foi recebida com muito entusiasmo. Talvez ela estivesse pensando em seu próprio casamento, que havia terminado quando eu tinha onze anos. Depois que meus pais oficializaram seu divórcio, a vida transformou-se num suplício emocional e financeiro para minha mãe, minhas duas irmãs e eu. As pressões de cuidar sozinha da família quase acabaram com minha mãe, mas ela continuou batalhando com firmeza. Quando tinha dois empregos, depois de trabalhar como recepcionista, passava em casa, comia alguma coisa conosco e saía para vender lotes de um cemitério.

Sem dúvida ela era uma das pessoas mais corajosas que eu conhecia. Meu coração adolescente se condoía de vê-la trabalhando tanto, e prometi a mim mesmo que jamais faria qualquer coisa que pudesse magoá-la. Esforcei-me ao máximo para assumir a posição de homem da casa, e nossa família uniu-se ainda mais ao passar por inúmeras provações. Por isso, fiquei surpreso com seu silêncio depois da notícia de meu noivado. Não percebi que minha mãe queria ter conhecido a moça *antes* de seu filho decidir se casar.

É claro que, nesse contexto, Brenda sentiu-se na obrigação de causar uma boa impressão à minha mãe e minhas irmãs. Usando seu melhor vestido e com o cabelo todo cacheado, não havia como ela ficar mais bonita. Infelizmente, a primeira reação de minha mãe e irmãs foi considerá-la uma "patricinha" que jamais se encaixaria na família. A bênção tão esperada não veio naquele dia, especialmente depois que Brenda pisou sem querer num prato de morangos frescos que minha mãe havia colhido para mim com todo o carinho.

Minha esperança era que nosso casamento no outono seguinte pusesse um ponto final nesse fiasco, mas as primeiras impressões acabaram deixando marcas duradouras. Para Brenda, foi um processo difícil adaptar-se à vida de casada. Seu pai havia falecido dois meses antes do casamento e, apesar de sua morte não ter pego a família de surpresa, ainda assim trouxe uma dor profunda. Além da tristeza, Brenda sentia culpa por estar morando há mais de trezentos quilômetros de Moline, Illinois, sua cidade natal, deixando a mãe lidar sozinha com seu sofrimento.

Fomos morar em Des Moines, mas, para Brenda, aquele não era seu lar. Ela havia nascido e crescido em Moline, freqüentado sempre a mesma igreja, sido batizada quando ainda era criança e cultivado amizades profundas naquele lugar. Depois de fazer a faculdade em outra cidade, tinha voltado a Moline para trabalhar como enfermeira, uma profissão que havia lhe conferido uma posição de respeito entre seus amigos. Em Des Moines, Brenda não tinha amigos para apoiá-la.

Uma agravante era seu novo ambiente de trabalho num hospital da região, um lugar desagradável e vulgar. Mas o pior mesmo era viver comigo, um verdadeiro desconhecido que tinha se exasperado com ela em nossa noite de núpcias e que, desde então, havia perdido a calma com freqüência. Era demais para ela. Por isso, quando íamos para Moline, passávamos mais tempo com a família de Brenda do que com a minha. Apesar de ser algo lógico diante das circunstâncias, isso só serviu para enfraquecer ainda mais o relacionamento com meus pais e irmãs. As nuvens de tempestade estavam se juntando sobre nós.

Tentar servir de mediador para ambas as partes não era nada divertido. De onde eu venho, quanto mais alto você fala, mais razão você tem. Assim, de tempos em tempos alguém da minha família telefonava para falar mal da "mulher insensível" com a qual eu havia me casado. As perguntas mais freqüentes:

"Como ela pode ser tão egoísta e monopolizar o seu tempo?"

"Por que você deixa que tudo gire em torno dela?"

"Você ainda ama sua família?"

Morávamos num apartamento pequeno e era impossível Brenda não ouvir esses comentários. Depois de suportar alguns feriados e festas tempestuosos com eles, Brenda começou a ficar com medo dos acessos de raiva dos meus parentes. Era infalível: três dias antes de irmos visitar alguém da minha família, ela sentia enjôos.

E não era sem razão. As festas só traziam aborrecimentos. Uma vez que ficássemos com minha família menos tempo do que eles queriam, sua exigência era que passássemos o dia todo com eles. Atemorizada pelo temperamento explosivo deles, Brenda preferia apenas uma visita de algumas horas, da uma às quatro da tarde, por exemplo. Com um pouco de negociação, conseguia convencê-la a ficar até as seis. Perturbada com essa situação enervante, Brenda ficava enrolando na hora de sair e muitas vezes chegávamos atrasados. Isso irritava minha família ao extremo. É claro que no final da tarde a situação se invertia quando eles exigiam que ficássemos até o último minuto, enquanto o que Brenda mais queria era voltar para a segurança de nosso carro na primeira oportunidade. Era de enlouquecer como todos passavam o dia com os olhos colados no relógio.

Por acaso essa situação com minha família me frustrava? Sem dúvida. Estavam errados quanto a Brenda e faziam exigências que eu não podia cumprir. No entanto, ficava ainda mais frustrado com Brenda. Jogávamos no mesmo time e esperava que ela me apoiasse. Achava que ela podia ser mais flexível nas negociações, de modo a ajudar-me a aproximá-la de meus familiares. Comecei a dar apelidos para ela: "mimada" ou "chorona".

E Brenda, concordava com meu ponto de vista? De forma alguma! Sentia que eu a amava menos do que minha família. "Afinal", dizia, "não ouço você chamá-los de apelidos maldosos". Em sua opinião, eu devia defendê-la e dar um basta nos pedidos impertinentes deles. Não havia como esconder meu gênio irascível. Muitas vezes, ficava cara a cara com Brenda, gritando com ela até que se encolhia em seu canto. Em duas ocasiões, soquei o revestimento da parede até esburacá-lo. Num de meus muitos acessos de raiva, joguei no chão uma panela cheia de feijão. Ainda assim, sentia que minha raiva era justificada.

Vendo o Amor Esfriar

O veneno dos conflitos com os parentes penetrou em todos os aspectos de nosso relacionamento. No começo, meu coração batia mais forte toda vez que Brenda passava perto de mim, mas isso havia acabado. Na maior parte das vezes, nossa noite terminava do mesmo jeito: depois de desligar o abajur sobre o criado-mudo, eu descansava a cabeça no travesseiro e ouvia novamente aquelas palavras terríveis: "Fred, a gente precisa conversar."

No dia dos namorados, fui comprar um cartão para ela. Lia as mensagens e colocava os cartões de volta na prateleira. Eram "melosos demais", "românticos demais" ou "forçados". Aos poucos, o pânico foi tomando conta de mim ao perceber a verdade: não podia dar nenhum daqueles cartões à Brenda de coração.

Os ataques violentos de nossos conflitos com os parentes pareciam mais o que os Aliados haviam feito com as cidades inimigas na Segunda Guerra Mundial. Nossos pilotos jogavam suas bombas e depois voltavam para a base, onde a vida era relativamente normal — comer, dormir, jogar cartas e se preparar para o próximo ataque. Mas para as pessoas que ficavam para trás, no meio dos escombros em chamas das cidades bombardeadas, a vida normal era uma impossibilidade.

O mesmo acontecia conosco. Minha família jogava suas bombas pelo telefone e, quando desligava, voltava para a "base", seu quotidiano com os amigos e parentes. Enquanto isso, nosso casamento se desintegrava, e quando Brenda e eu olhávamos ao redor, víamos apenas escombros fumegantes. Não havia lugar seguro, apenas desespero. O triste é que Brenda acreditava estar vivendo com o inimigo, pois durante as discussões, eu continuava defendendo minha família. Além do mais, era tão explosivo quanto eles. Estou certo de que minha expressão carrancuda a fazia lembrar-se deles.

Foi nesse contexto que Brenda fez sua triste declaração: "Não sei mais o que dizer, mas meus sentimentos por você morreram."

Era a minha vez de sentir o estômago virar! Muito tempo antes, quando o divórcio de meus pais já era um vulto que me visitava ocasionalmente, uma interrogação impiedosa se contorcia em meu coração. *O que vamos fazer?*, me perguntava. *O que vamos fazer?*

Num instante, as palavras de Brenda trouxeram de volta essa mesma pergunta, numa variação ainda mais pessoal: "O que *eu* vou fazer?"

Sua declaração me pegou de surpresa. Ela era a moça que o próprio Deus havia escolhido para mim. Era minha esposa... todas as minhas esperanças e sonhos estavam ligados àquela mulher. Faria qualquer coisa por ela. Então, como é que isso estava acontecendo? Eu ainda a amava! Claro não havia mais romance, mas ela ainda era minha melhor amiga. Ainda podíamos conversar. Como adorava caminhar e conversar com ela.

Fiz algumas perguntas a Brenda. "E então, querida, você ainda me ama?"

"Sim", respondeu, "ainda amo você."

"Se ainda existe amor, então como é possível não haver mais sentimentos?"

Brenda não conseguiu expressar-se com palavras, o que me deixou ainda mais confuso. Passei dias sentindo ondas de pânico que iam e vinham, acertando-me nos momentos em que estava desprotegido. Não era certo. *O que fazer?*

Evitando o Divórcio

Um dia, ao entrar na cozinha para pegar um copo de leite, meus olhos encheram-se de lágrimas outra vez. Lutei contra uma dor lancinante em meu coração. Abri a porta da geladeira e, num gesto automático, peguei a caixa de leite e despejei o conteúdo no copo que segurava com a outra mão. Depois de colocar a caixa de volta em seu lugar, fechei a porta e fiquei olhando fixamente para a geladeira, a vista enevoada. Então, apontei para o céu e declarei: "Deus, não importa o quanto ainda tenha de padecer, me recuso a aceitar um divórcio".

Tamanho era meu desespero que estava disposto a comer capim para salvar meu casamento. Sabia que era hora de pagar um preço verdadeiro por aquele relacionamento, um preço muito mais profundo. Em Efésios 5, Deus disse que eu devia dar a vida por meu casamento, como Cristo havia dado a vida por sua noiva, a Igreja. Eu não estava nem perto de um amor sacrificial como esse.

Faz quase vinte anos que fiz essa declaração desesperada ao Senhor. Há pouco tempo, um diácono me disse. "Fred, só conheço mais um casal como você e Brenda, com um nível de intimidade que lhes permite conversar sobre qualquer coisa — até mesmo de seus pecados — sem medo algum e dentro do mais absoluto amor."

Sorri e agradeci ao diácono. Como chegamos aqui? Essa é nossa história que você vai ler a seguir.

Perguntas para Reflexão e Discussão

1. Descreva da maneira mais honesta e completa possível sua própria jornada ao deparar-se com experiências e descobertas semelhantes às que Fred descreveu neste capítulo. O quanto você se identifica com ele?
2. Com qual parte da história de Fred você se identifica mais?
3. Você já chegou ao ponto de tomar uma decisão importante e memorável para salvar ou fortalecer seu casamento? Em caso afirmativo, o que o levou a isso?
4. De que maneira você expressaria seus objetivos ou expectativas pessoais em relação ao seu casamento ao ler *O desejo de toda mulher*?

Capítulo Dois

Como os Sentimentos Morreram?

Quando meu casamento foi por água abaixo, não fazia a mínima idéia de como poderia repará-lo. Sem dúvida, o estado de nossa relação não correspondia em nada às minhas expectativas. A única coisa que eu sabia era que nosso casamento havia desmoronado debaixo do meu nariz. Pelo menos uma coisa aprendi naquelas aulas de escola dominical para casais: cabe aos homens a maior responsabilidade de consolidar a união conjugal que Deus pede do casal (uma verdade especialmente clara em Efésios 5:23, que diz "porque o marido é o cabeça da mulher, como também Cristo é o cabeça da Igreja, sendo este mesmo o Salvador do corpo"). Ainda que a mulher tenha responsabilidades claras no casamento, sejamos francos: De quem é mais provável que Deus peça uma prestação de contas?

Não gostava desse chamado à "união conjugal". Primeiro, porque não conseguia entendê-lo e não me parecia nem um pouco justo. Detestava a idéia de assumir a responsabilidade, uma vez que achava Brenda imatura e mimada. Por que *eu* era responsável quando *ela* era tão obstinada? Ela é que não se submetia à minha liderança.

Sabia que, por mais me esquivasse, teria de prestar contas do meu casamento. Deus me deu uma esposa e, pelo que entendo das Escrituras, pediu que, como cabeça da família, eu fosse um bom líder. Sabia que nosso casamento e meu amor por Brenda eram minha maior prioridade. Era hora de tomar a iniciativa e assumir um compromisso mais profundo, mas não tinha a mínima idéia do que fazer em seguida, e o tempo estava se esgotando. A fim de ressuscitar meu casamento, estava disposto a pagar qualquer preço e tomar medidas drásticas, mesmo que isso significasse envolver alguém de fora.

Fiz o seguinte: perguntei a Brenda com toda sinceridade se podíamos conversar um pouco. "Olhe", comecei, "estive pensando sobre toda essa situação com nossos parentes e não sei o que dizer. Eu acho que *você* está totalmente errada e você acha que *eu* estou totalmente errado. Assim, vamos conversar com o pastor Ron. Ele não está a par de nossa situação e não faço idéia de qual será seu conselho. Ainda assim, farei tudo o que ele mandar. Amo você e quero resolver nosso problema."

Brenda ficou boquiaberta. "Você fará o que ele pedir? Qualquer coisa?"

Ainda que não tivesse nada a perder, Brenda duvidou da minha palavra. Afinal, eu havia lhe dado um cheque em branco e assinado embaixo. No entanto, ela também sabia de algo que eu ainda não havia percebido: minha forma de tratá-la era errada. Estava certa de que Ron veria a situação do ponto de vista dela.

O pastor Ron ouviu pacientemente enquanto cada um de nós apresentou seu lado do conflito. Como sempre, tratou da situação com sabedoria e reflexão. Sua conclusão foi a seguinte: "Fred, você está em cima do muro entre sua esposa e sua família, tentando uni-las. Brenda sente que não ocupa o primeiro lugar em sua vida. O que você precisa fazer é descer do muro, ficar inteiramente do lado de sua esposa e defendê-la." Então, ele explicou em detalhes o que considerava ser um plano de ação plausível, mostrando várias passagens bíblicas apropriadas para nossa situação, incluindo uma que falava sobre como eu deveria me "submeter" a Brenda.

Não conseguia entender como o conselho do pastor Ron podia dar certo e lhe disse o que pensava. De acordo com seu raciocínio ingênuo, eu deveria me "submeter" a Brenda, e isso não me parecia certo. No entanto, estava desesperado e havia dado minha palavra de que seguiria o conselho do pastor. Além disso, se cedesse poderia ganhar tempo para pensar melhor no que estava acontecendo.

Tempos depois, Brenda comentou: "Depois daquela conversa, senti um alívio completo e imediato." Quanto a mim, segui o conselho de Ron ao pé da letra, telefonando para minha família e dizendo-lhes que havia descido do muro e estava do lado de Brenda. Ela ouviu meu telefonema e ficou pasmada. É assim que ela se lembra de sua reação:

> Quando você pôs em prática o conselho de Ron, senti imediatamente que estávamos juntos, e não "um contra o outro" o tempo todo. Antes disso, pelo fato de você me dar apenas um apoio parcial, sentia que você era tão meu adversário quanto eles. Como Jesus disse: "Ou você é por mim ou é contra mim." Era sempre difícil ver como você se preocupava com pessoas que me magoavam tão profundamente, mesmo que fossem sua família.

Ao longo desse processo, me deparei com a verdade bíblica mais essencial que já encontrei sobre a relação da liderança no casamento. Para minha própria admiração, nosso casamento não apenas se estabilizou como também começou a se desenvolver. Que coisa mais confusa! Afinal, foi *minha* submissão a Brenda que reavivou nosso casamento, e não o contrário. Mas os homens não devem se submeter, certo?

Além disso, por que a resolução de um simples conflito de interesses causou um impacto tão grande? Fiquei pensando nas palavras de Brenda: "Quando você pôs em prática o conselho de Ron, senti imediatamente que estávamos juntos, e não 'um contra o outro' o tempo todo." É evidente que até então eu havia rompido nossa união, mas não era só isso. Sabia que ia além desse fato, pois a própria Brenda disse: "Depois daquela conversa, senti um alívio completo e imediato!" Alívio? Esse é um termo que usamos quando saímos de uma casa mal-assombrada ou um rio de águas turbulentas, não quando alguém diz que temos razão. O que a estava assustando?

Eu: Absolutamente Errado!

Não demorou para que me deparasse com um outro *insight* — sobre eu mesmo. Veja bem, ao longo daqueles meses, Brenda havia repetido milhares de vezes que minha família a estava maltratando e que eu não percebia. De acordo com ela, era algo que eu não conseguia enxergar. Minha resposta sarcástica era: "Não me diga que sou cego! Vivi com eles durante vinte anos, enquanto você mal os conhece. Não acha que talvez eu os conheça um pouco melhor que você, hein?"

Mas ela não se abalou. "Quando você não está na mesma sala, são frios, e então, quando você aparece, tornam-se uns doces."

"Isso não pode ser verdade, Brenda. Sua imaginação é que é fértil demais. Eles nunca fariam isso!"

Sempre que isso acontecia de novo, ela descrevia a cena em detalhes na tentativa de me convencer. "Você sabe que eu não posso estar inventando uma coisa dessas!", ela exclamava enquanto voltávamos para Des Moines.

Fazia todo o possível para não ceder. "Você pode imaginar a mesma coisa um milhão de vezes, mas isso não transforma sua história numa verdade."

Um dia, viajamos até Chicago para assistir ao casamento de um amigo de minha família. Eu era um dos padrinhos, de modo que chegamos mais cedo para que eu pudesse participar do ensaio na sexta-feira à noite. Minha família viria depois, para o jantar que seria oferecido após o ensaio.

Brenda sentou-se num banco no fundo da igreja enorme e ficou lendo um livro para passar o tempo enquanto eu ensaiava perto do púlpito, decorando tudo o que devia fazer. Quando minha família chegou, não percebeu que eu estava lá na frente. Brenda levantou-se com um sorriso alegre para cumprimentá-los. Quando vi a arrogância com que responderam, pude sentir a frieza deles até lá na frente. Ela tentou puxar conversa, mas praticamente a ignoraram e logo se afastaram com um ar de desdém.

De repente, *eu entendi*. Brenda estava certa desde o começo e eu estava errado. Na verdade, ela não era uma garotinha mimada. Pelo contrário, possui um discernimento que eu não tinha quando se tratava de relacionamentos, e, ao fazer pouco de sua percepção, eu havia causado um grande estrago. Acima de tudo, sabia que se a situação fosse invertida, meus sentimentos por Brenda também não teriam sobrevivido.

Meu anseio naquele momento era tocá-la e dizer-lhe que eu entendia, mas o ensaio foi longo. Atrasados que estávamos, apressamo-nos para o jantar num carro cheio de gente, e foi só horas depois que pude lhe dizer que a compreendia.

Nossa comunicação mudou naquele mesmo dia, quando meus olhos finalmente se abriram. Ao longo dos dias e semanas que se seguiram, ouvi atentamente as suas respostas depois de perguntar-lhe: "O que, exatamente, eu fiz? Como acabei com seus sentimentos?"

Descobri que, de maneira alguma, tratava-se de um simples conflito de interesses. Eu vinha passando por cima dela até o mais profundo de sua alma. Para corrigir meu erro, precisei descobrir o papel da "submissão masculina" no casamento. Antes disso, porém, tive de parar de insultá-la.

Perguntas para Reflexão e Discussão

1. Como você entende sua responsabilidade bíblica pela liderança do casamento? De que maneira você expressaria isso com suas próprias palavras?
2. Como você entende a responsabilidade bíblica da submissão dentro de seu casamento? De que maneira você expressaria isso com suas próprias palavras?
3. Ao ler este capítulo, que perguntas lhe vieram à mente sobre sua própria responsabilidade tanto de exercer liderança quanto de se submeter dentro de seu casamento? Em que aspectos você teve facilidade em concordar com as conclusões às quais Fred chegou? Se for o caso, em que aspectos você achou difícil concordar com ele?
4. Se for o caso, em que aspectos você descobriu que sua esposa estava certa desde o começo sobre alguma coisa que você pensou compreender inteiramente?

Capítulo Três

Passando por Cima de Quem Você Ama

Eu havia insultado Brenda e acabado com a oportunidade de união em nosso casamento. Havia ignorado suas preocupações e tripudiado seus sentimentos. Tal insensibilidade constitui um pecado contra sua esposa.

Sim, eu disse *pecado*. Se você está achando que fui longe demais e está prestes a fechar este livro, espere um pouco. Muitos de nós, homens cristãos, pecamos contra nossas esposas, mas somos cegos demais para percebê-lo. É bem provável que você também seja um pouco cego. Então, por que me refiro a isto como *insultar* ou *passar por cima,* ao invés de *pecar*?

A palavra *pecado* perdeu seu devido significado dentro de nossa cultura, em parte porque é considerada acusadora demais. Ninguém gosta de ser chamado de pecador. *Isso é só para gente muito perversa*.

O mais importante, porém, é que já não existe um consenso entre os homens cristãos sobre o que vem a ser *pecado*. Apesar de todos nós concordarmos que o pecado é algo ruim, temos dificuldade em entrar num acordo sobre o que pode ser caracterizado como tal. Nossa "Parada de Sucessos dos Pecados" vem dos dez mandamentos e, uma vez que não roubamos de nossas esposas, não mentimos para elas (ôps) nem as traímos, então não temos com que nos preocupar, certo?

Errado. Nossa definição de pecado é restrita demais. Muitos de nós passam a vida toda sem compreender as verdadeiras dimensões da definição divina de pecado. Ao invés de perguntarmos: "Quão santo posso ser?", preferimos perguntar: "Até onde posso ir e ainda ser chamado de cristão?"

Nossos limites dependem dos parâmetros determinados por outras pessoas como nós, e não por Deus. Numa situação dessas, deixamos de nos colocar no centro do que é verdadeiramente sagrado diante de Deus e preferimos viver à margem, pisando com freqüência na linha divisória. E, se encontramos outros irmãos cristãos que estão no mesmo lugar que nós, simplesmente ampliamos as fronteiras um pouco mais.

Alguém descreveu da seguinte forma um casal cristão que conhecia:

> Tim sempre dá um jeito de passar a perna em Sally. Quando saem juntos, ele fica "flertando" com outras mulheres, o que é um problema e tanto. No trabalho, ele parece estar sempre perto das colegas mais jovens e bonitas, criando relacionamentos profissionais mais próximos do que o necessário. É um problema dos grandes entre eles!

Tim está pecando contra sua esposa. Ele não chama de pecado, mas se você pressioná-lo, é capaz de estender os braços e dizer: "E daí que eu olho para outras mulheres? Essa é uma fraqueza que todo homem tem. E o fato de eu ser um 'cara sensível' com minhas colegas de trabalho é só parte da forma como eu me relaciono com as mulheres. Qual é o problema?"

Para Tim, seus olhares e sua atitude excessivamente prestativa não chegam nem perto de algo que possa ser considerado pecado. "Só porque você não pode comprar não quer dizer que não pode apreciar a vitrine", ele brinca ao olhar de relance para um par de seios que passa. No entanto, veja o que Deus diz nas Escrituras sobre nossos olhos e nosso coração:

> Sobre tudo o que se deve guardar, *guarda o coração*, porque dele procedem as fontes da vida. Desvia de ti a falsidade da boca e afasta de ti a perversidade dos lábios. *Os teus olhos olhem direito*, e as tuas

pálpebras, *diretamente diante de ti*. Pondera a vereda de teus pés, e todos os teus caminhos sejam retos.

(Provérbios 4:23-26)

Olhe diretamente diante de ti. Trata-se de algo a se pensar em conjunto com a seguinte frase de um grande exemplo de vida do Velho Testamento: "Fiz aliança com meus olhos; como, pois, os fixaria eu numa donzela?" (Jó 31:1).

Esses são os parâmetros de Deus, e ele não escondeu seu prazer diante do compromisso de Jó com esses parâmetros. Deus até se gabou de Jó para Satanás: "Observaste o meu servo Jó? Porque ninguém há na terra semelhante a ele, homem íntegro e reto, temente a Deus e que se desvia do mal" (Jó 1:8).

Deus gostaria de que cada um de nós vivesse diante de nossa esposa de maneira tão irrepreensível quanto Jó. Tim concorda em termos de princípios, mas sua definição restrita de pecado faz com que ele peque contra sua esposa com freqüência. Apesar de sua ignorância atenuar sua culpa, não ameniza as conseqüências de seus pecados. Sua união conjugal com Sally está sendo destruída.

A Necessidade de uma Definição mais Ampla

Fica evidente que precisamos ampliar nossa definição de pecado de forma a equipará-la com a definição divina. No entanto, há mais uma coisa que devemos fazer: permitir que nossa esposa também defina nosso pecado.

Espere aí. Eu sou o marido e líder espiritual. Não sou eu que devo definir o que é pecado em nosso lar? Até certo ponto é verdade que, como parte de sua liderança, você é responsável por definir e condenar o pecado de sua família. Porém, seu relacionamento com sua esposa é, no mínimo, tão importante quanto sua posição de definir o que é pecado — talvez mais ainda.

Encontramos muito sobre o que refletir no ensinamento claro que o apóstolo Paulo apresenta sobre o "forte" e o "débil". No livro de Romanos, ao discutir os tipos de alimentos permitidos (ou "puros") para um cristão, ele reconhece que é comum haver "questões controversas" na comunidade cristã. Ao ler essas palavras, pense no quanto elas são igualmente verdadeiras em relação ao casamento cristão:

> Acolhei ao que é débil na fé, não, porém, para discutir opiniões. Um crê que de tudo pode comer, mas o débil come legumes; quem come não despreze o que não come; e o que não come não julgue o que come, porque Deus o acolheu.
>
> (Romanos 14:1-3)

Nessa passagem, o termo *fé* não se refere à fé salvadora em Cristo, mas à segurança que a pessoa tem de sua liberdade em Cristo. Nesse caso, cristãos "fortes" como Paulo sabiam que sua dieta não tinha qualquer significado espiritual. Os "débeis" ainda não estavam certos da situação dos preceitos do Velho Testamento dentro da nova aliança de Cristo. Tanto os fortes quanto os débeis estavam sendo impelidos pelas mesmas motivações. Os dois queriam evitar o pecado e servir a Deus de todo o coração. De acordo com Paulo, a união dos cristãos não deve se basear num consenso sobre todas as questões controversas. Nem sempre os cristãos concordam em todas as questões referentes à vida cristã, pois Deus não tratou especificamente de todos esses assuntos nas Escrituras. Não é preciso que concordem, desde que lidem com suas divergências em amor.

No que se refere a questões controversas de conduta, é essencial reconhecer a importância da convicção pessoal. Paulo prossegue dizendo

> Eu sei e estou persuadido, no Senhor Jesus, de que nenhuma coisa é de si mesma impura, salvo para aquele que assim a considera; para esse é impura.
>
> (Romanos 14:14)

Não use isso para generalizar que o pecado é uma questão de opinião pessoal subjetiva ou de consciência individual. Paulo não está discutindo uma conduta que é claramente pecaminosa à luz das Escrituras, mas sim uma conduta em relação à qual os cristãos podem apresentar diferenças justificadas de opinião.

Deparamo-nos com situações desse tipo nos dias de hoje. Paulo tinha a questão da carne e nós temos, por exemplo, nosso Dia das Bruxas ou *Halloween*. O Halloween é um feriado importante para os satanistas, e a história por trás dos costumes dessa festa é, no mínimo, tenebrosa. Assim, muitos cristãos acreditam que comemorar o *Halloween* é pecado e que as abóboras iluminadas só servem para atrair as obras sombrias de demônios. Ao abrir a porta de sua casa para o *Halloween*, você está deixando entrar o reino das trevas.

Outros acreditam que essa festa não passa de um pretexto para as crianças vestirem fantasias de bailarinas e heróis de história em quadrinhos e bater de porta em porta na vizinhança pedindo doces. As abóboras são apenas frutos cor de laranja que os pais usam para fazer esculturas iluminadas junto com os filhos, e não manifestações de alguma atividade oculta.

Não é que a verdade muda, mas tais questões devem ser guiadas pela consciência. E, quando a consciência serve de guia, as convicções podem criar — e de fato o fazem — impasses entre cristãos, incluindo maridos e mulheres. Às vezes, é o marido que tem uma fé "débil", e em outros casos, é a esposa. Mas essas diferenças não precisam causar o rompimento de sua união conjugal. Então, como resolver esses impasses em amor?

O mais natural é deixar a decisão final ao encargo do "líder", que então determina o desempate e favorece sua própria opinião. Não é isso que os homens fazem o tempo todo quando chegam a um impasse, quer seja no jogo de futebol no final de semana ou na hora de decidir assistir a um filme violento? Não quebram o empate com seu "voto de Minerva"? Era isso que Paulo, como apóstolo, poderia ter feito. No entanto, escolheu um outro caminho e nos ensina a fazer o mesmo:

> Não nos julguemos mais uns aos outros; pelo contrário, tomai o propósito de não pordes tropeço ou escândalo ao vosso irmão. Eu sei e estou persuadido, no Senhor Jesus, de que nenhuma coisa é de si mesma impura, salvo para aquele que assim a considera; para esse é impura. Se... o teu irmão se entristece, já não andas segundo o amor fraternal. Por causa da tua comida, não faças perecer aquele a favor de quem Cristo morreu...

> Assim, pois, seguimos as coisas da paz e também as da edificação de uns para com os outros. *Não destruas a obra de Deus por causa da comida*. Todas as coisas, na verdade, são limpas, mas é mau para o homem o comer com escândalo. *É bom não comer carne*, nem beber vinho, nem fazer qualquer outra coisa com que teu irmão venha a tropeçar ou se ofender ou se enfraquecer.
>
> (Romanos 14:13-15, 19-21)

Se já existiu um líder em termos de relacionamentos, esse líder foi Paulo. Um apóstolo brilhante que, em certa ocasião, foi elevado aos céus para ser ensinado diretamente por Deus, seu discernimento entre o certo e o errado era incontestável. Ele acreditava firmemente que toda comida era pura diante do Senhor. Quanto à autoridade para impor sua posição com relação aos alimentos, Paulo poderia ter ordenado que todos se apegassem à mesma crença que ele, mas não foi o que fez. Ao invés disso, submeteu-se ao seu irmão em Cristo. Em outras palavras, abriu mão do seu direito de exercer autoridade a fim de abrir espaço para as crenças de seu irmão mais fraco.

Por que ele fez isso? Em primeiro lugar, Paulo sabia que somos chamados a fazer aquilo que conduz à paz e à edificação mútua. Cristo deu tanto valor ao nosso irmão mais fraco que morreu por ele. Certamente o líder cristão mais forte deve estar disposto a adaptar seu comportamento por amor a esses irmãos. Paulo se recusou a pecar contra seu irmão ao comer carne.

Em segundo lugar, Paulo se submeteu por amor à obra de Deus. Esse irmão cristão mais fraco, uma obra redimida de Deus, é alguém em quem Deus continua a trabalhar. Paulo entendeu que impor seus direitos à custa dos propósitos de Deus era errado. O apóstolo se recusou a pecar contra Deus ao comer carne.

Pecar contra Deus? Mas Paulo sabia que Deus aprovava aquela carne e a considerava pura! O ato de comer carne em si não era pecaminoso diante de Deus, mas tornou-se um pecado dentro do contexto do relacionamento de Paulo com seu irmão. Passar por cima dessa convicção poderia causar desunião e danos na vida espiritual de seu irmão. Não era importante para Paulo que seu irmão fosse como ele. O importante era que seu irmão se tornasse semelhante a Cristo.

Preocupar-se com questões triviais, como a liberdade de uma pessoa em relação às restrições alimentares à custa da fé sensível e frágil de alguém, é deixar de compreender a essência da vida cristã.

Um Exemplo

Voltemos ao caso de Tim e Sally. Suponhamos que Deus não desaprovasse o ato de ficar flertando com outras mulheres e não tivesse condenado essa prática nas Escrituras. Suponhamos ainda que Tim estivesse "persuadido no Senhor Jesus" de que olhar para outras mulheres era uma conduta pura. Ainda assim seria pecado para ele por causa de Sally. Ela detestava seu hábito, fazendo disso um problema sério entre os dois. Os olhos divagantes de Tim rompiam sua união mais íntima com ela, e essa união é o propósito maior de Deus para o casamento.

A posição de Tim como líder espiritual de sua família, de acordo com sua compreensão das Escrituras, não é superior aos propósitos de Deus para seu casamento, assim como a posição de Paulo como apóstolo não era superior aos propósitos de Deus para o relacionamento de Paulo com seu irmão cristão mais fraco. Paulo estava disposto a abrir mão de consumir alimentos "impuros" a fim de não ofender seu irmão em Cristo. Será que Tim estava disposto a deixar seu hábito de olhar para outras mulheres a fim de não magoar Sally?

Parafraseando as palavras de Paulo em Romanos, podemos dizer: "Observe, Tim, sua liberdade em Cristo não deve ser sua única preocupação, mesmo que você seja o líder do lar. Nenhum cristão vive somente em função de si mesmo, mas, sim, em função dos propósitos de Cristo. Deus chamou você para conduzir seu casamento a uma união mais profunda. Por que você está colocando uma pedra de tropeço no caminho de Sally?"

E mais um lembrete: "Você, Tim, acredita que olhar para outras mulheres não é problema. E daí? Quando age dessa forma, magoa Sally, de modo que não está mais caminhando em amor. Não lhe diga que isso é inofensivo! Ao invés disso, tome a decisão de remover essa pedra de tropeço de seu caminho. Trata-se de um passatempo pecaminoso, pois ofende Sally. Você está disposto a abrir mão de ficar flertando com outras mulheres a fim de não magoar sua esposa e ser empecilho para a obra de Deus em seu casamento?"

A submissão do marido à esposa em favor da união é um princípio bíblico fundamental. Só então começamos a compreender o papel da submissão masculina no casamento. Para nós, maridos, assim como para Paulo, há coisas mais importantes do que exercer autoridade dentro do casamento — coisas como a união mais íntima e o crescimento de uma relação sensível e frágil. Chamo isso de "submissão à união conjugal".

Logo depois que Brenda e eu nos casamos, aprendi uma lição rápida, porém difícil, sobre a necessidade da submissão. Antes de conhecer Brenda, quando ainda não era cristão, adorava passar o tempo "estacionado". Ou seja, pegar minha namorada, dirigir até um lugar tranqüilo, uma praia deserta, e "estacionar" para nos divertirmos, se é que você me entende. Quando estava namorando Brenda, não podíamos fazer isso, pois colocaríamos em risco nosso propósito de manter a pureza antes do casamento. Mas depois que estávamos casados, não perdi muito tempo antes de propor que "estacionássemos" em algum lugar. Numa noite fria de outono, virei para Brenda, dei uma piscada e sussurrei: "E aí, gatinha, o que você me diz de encontrarmos um canto tranqüilo e nos divertirmos um pouco?"

Brenda olhou para mim como se eu tivesse acabado de chegar de um outro planeta. "Do que você está falando?"

Então expliquei para ela o que significava "estacionar".

Vi que ela não estava à vontade quando disse: "Não sei. É meio estranho. Para que fazer isso? Será que a gente não pode simplesmente ir para casa, onde há privacidade?"

"Como assim?", gaguejei. "Estacionar é o que faz a vida valer a pena!"

Brenda insistiu que sentia-se constrangida com a idéia. "E se alguém nos vir no carro? Acho que eu morreria de vergonha."

"Vamos lá, ninguém vai ver a gente. Qual é a probabilidade de isso acontecer? Não vamos ficar no carro a noite inteira. Além disso, vamos para um lugar isolado."

"Não quero mesmo fazer isso. Não me parece correto. Vamos para casa, onde podemos ficar a sós", ela pediu, com insistência.

"Mas nós vamos estar sozinhos", disse, em tom persuasivo. "Tente só uma vez comigo. Você vai adorar."

Eu prevaleci. E logo a coisa estava rolando. De repente, sem qualquer aviso, um facho de luz apareceu na janela do motorista. Ajeitamo-nos no banco enquanto o guarda batia no vidro. "Jovens, hora de ir para casa", disse ele. Dei partida, engatei a marcha e batemos em retirada.

Depois que a barra estava limpa, levou cerca de dois minutos para Brenda desferir seu ataque. E que ataque! Não vou reconstituir todo o seu discurso inflamado, basta dizer que saí do carro com os ouvidos chamuscados. Digamos que se eu não ouvisse com toda a atenção, corria o risco de enfrentar conseqüências devastadoras.

O texto que Brenda escolheu para seu sermão daquela noite foi 1 Timóteo 2:9, que fala da importância da modéstia e da decência para as mulheres cristãs. Posso resumir os quatro pontos de sua pregação da seguinte forma: "É impossível namorar no carro sem desobedecer essa ordem. Qualquer um poderia aproximar-se do carro a qualquer momento e encontrar-nos numa situação indecente. Assim, 'estacionar' com você é pecado para mim. Recuso-me a pecar contra Deus dessa maneira."

Felizmente, a certa altura ela resolveu encerrar o sermão. Lembro-me de pensar que a aplicação desse trecho das Escrituras para aquela situação era um tanto forçada, mas não seria louco de dizer isso para minha esposa naquela hora. Para mim, "estacionar" não era pecado, mas nunca mais pedi – nem por brincadeira – que Brenda fizesse isso. Para ela é pecado, e pode prová-lo com as Escrituras. Trata-se de algo que passa por cima de suas convicções pessoais como cristã. Não é menos grave do que eu lhe pedir que assalte um banco junto comigo. No contexto de nosso relacionamento, namorar no carro agora também é pecado para mim, um exemplo de minha submissão à nossa união.

Uma Pergunta Fundamental: Estar Certo ou Ser Justo?

Até onde deve ir essa submissão à união? Deve ir até o ponto em que começam nossas convicções pessoais? A esposa precisa de um texto das Escrituras para apoiar seu argumento, como aconteceu com Brenda?

Na verdade, não. Não importa se as Escrituras falam sobre o assunto ou não, qualquer pedra de tropeço que colocamos no caminho para a união mais íntima com nossas esposas é pecado. Serve apenas para enfraquecer o propósito de Deus para o casamento e ostentar nossa liderança à custa da obra de Deus.

Certa vez conversei com um sujeito chamado Richard, que disse: "Fred, minha esposa não gosta de beijar com a língua. Diz que tem nojo e que isso estraga toda a relação sexual. Ela é doida! Beijar com a língua me excita e fico frustrado e furioso sempre que ela se recusa a fazê-lo. Afinal, a Bíblia diz que não devemos negar o corpo ao outro. Para mim, isso significa que ela deve me dar aquilo que eu quero, mas não é o que está acontecendo! Ela é irredutível. De vez em quando, estamos na cama e as coisas estão indo bem, e então eu tento de novo. No mesmo instante, seu corpo fica completamente rígido e ela perde todo o interesse. Age como se fosse um grande pecado e, no entanto, as Escrituras não dizem nada contra isso. Se não é um problema para Deus, então por que deve ser para ela?"

Richard está certo ao afirmar que a Bíblia não diz nada contra esse tipo de beijo. Nem sua esposa diz que é pecado. No entanto, para Richard, beijar com a língua é pecado pois ofende a sexualidade de sua esposa, que é parte da essência de seu ser. Não há nada que cause maior estrago à sua união do que violar a essência de sua esposa: aquela combinação misteriosa que Deus criou mesclando suas qualidades mais profundas.

Tomando por base uma interpretação equivocada de 1 Coríntios 7:4, "A mulher não tem poder sobre o seu próprio corpo, e sim o marido; e também, semelhantemente, o marido não tem poder sobre o seu próprio corpo, e sim a mulher", Richard considerava justificável exigir que sua esposa sujeitasse seu corpo a ele da maneira como ele quisesse. Fazia isso baseado no propósito divino da união conjugal. "Nesse sentido, Richard é extremamente egoísta", disse-me a esposa. "É humilhante quando ele empurra sua língua para dentro de minha boca, pois sabe que detesto isso. Será que é só o que valho para ele?"

Beijar dessa forma é uma pedra de tropeço para a união dos dois? Sem dúvida! Paulo ensinou que, em circunstâncias como essas, devemos abrir mão de nossos direitos de líderes. Parafraseando Romanos 14:15-21, se sua esposa fica aflita com esse tipo de beijo, quando você se impõe, não está mais agindo em amor. Não destrua a obra de Deus (a união em seu casamento), só para beijar com a língua. Beijar dessa forma é "puro", mas é pecado para você se constitui um empecilho para a união mais íntima com sua esposa. É melhor nunca mais beijar dessa forma do que romper a união de seu casamento.

Paulo prosseguiu, dizendo

> Não seja, pois, vituperado o vosso bem. Porque o Reino de Deus não é comida nem bebida, mas *justiça, e paz, e alegria* no Espírito Santo. Aquele que deste modo serve a Cristo é agradável a Deus e aprovado pelos homens.
>
> (Romanos 14:16-18)

Nessa passagem, Paulo ensina a submissão por amor à unidade. Ela promove paz, alegria e justiça.

Numa situação como essa, a relação também se rompe quando o mais "fraco" simplesmente se submete ao mais "forte", especialmente se a pessoa mais forte encontra-se numa posição de liderança. Paulo poderia ter ordenado que os cristãos gentios de todo o mundo se submetessem às suas convicções pessoais como apóstolo. Afinal, o próprio Deus o havia nomeado para ensiná-los. Quando o "fraco" se submete ao "forte", isso também parece promover a paz (pelo menos exteriormente). No entanto, não há alegria nem justiça alguma. Vejamos por quê.

O que aconteceria se, por exemplo, Paulo usasse sua autoridade para insistir que seus irmãos cristãos comessem carne com ele? Paulo estava convicto de sua liberdade, mas o irmão que considerava pecado comer carne agiria contra sua consciência a cada bocado que desse. Apesar de ocorrer um desempate e de o impasse aparentemente ser resolvido, não haveria qualquer alegria no coração do irmão mais fraco. Também não haveria justiça da parte de Paulo ao desconsiderar a consciência de seu irmão.

Mas o que aconteceria se Paulo se submetesse? Ele simplesmente estaria abrindo mão de participar de um churrasco com seu irmão, enquanto esse irmão manteria seu coração puro diante de Deus. Uma excelente troca!

Se a esposa de Richard cede às suas exigências autoritárias de que ela o beije de determinada maneira, pode ser que ele acredite estar obtendo prazer. Sua esposa, porém, só sentirá repulsa e ficará cada vez mais perturbada. No futuro, é bem mais provável que fuja das relações sexuais sempre que possível, indo para a cama mais cedo a fim de evitar aquilo que para ela tornou-se um ato humilhante e sem qualquer prazer. Mas e se Richard se submeter? Ele perde apenas esse aspecto de sua vida sexual. Sua esposa, por outro lado, ganha tanto respeito pela liderança dele que se compromete ainda mais a entregar-se inteiramente a ele de corpo, alma e espírito em outras áreas do leito matrimonial.

Os maridos mais perspicazes sempre perguntam: *Prefiro estar certo ou ser justo?* Não destrua a obra de Deus só para namorar no carro, beijar com a língua ou qualquer coisa do gênero. Na maior parte das vezes, devemos ceder nos impasses por amor a Deus e à união conjugal. Isso se chama liderar como um servo.

Perguntas para Reflexão e Discussão

1. Até que ponto você concorda com Fred ou discorda dele quando ele afirma ser pecado um homem "passar por cima" de sua esposa?
2. De acordo com este capítulo, a tendência é que nossa definição de pecado seja restrita demais. De que maneiras você diria que isso em algum momento se aplicou a você?
3. Leia Romanos 14 com atenção. Como você sintetizaria as questões mais importantes apresentadas por Paulo nesse capítulo?
4. Na sua opinião, quais princípios ou ordens de Romanos 14 são mais proveitosos para você ao buscar um casamento piedoso?

5. Como você entende a expressão *submissão à união conjugal*, de acordo com a forma como foi discutida neste capítulo?
6. Este capítulo pergunta até que ponto o marido deve se submeter à união conjugal. Como você responderia a essa questão?
7. Este capítulo também pergunta se nós, maridos, preferimos fazer o que é certo ou o que é justo. De que maneira você responderia a essa questão com franqueza?
8. Se for o caso, o que Deus quer que você faça em seu próprio casamento em resposta àquilo que você leu neste capítulo?

Parte II

Voltando a Respirar

Capítulo Quatro

Do Insulto à Submissão

Quando Brenda declarou que seus sentimentos por mim haviam morrido, eu não estava ciente de que podia haver algum lugar para a submissão masculina dentro do casamento. Numa retrospectiva daqueles primeiros dias sombrios, vejo que, com a ajuda de Deus, encontrei certas passagens do Velho Testamento justamente quando mais precisava delas.

A história de Davi e Bate-Seba me impressionou de modo especial. Deus enviou o profeta Natã para confrontar Davi com seu pecado de adultério. Natã tocou o coração endurecido de Davi com um simples relato.

> O Senhor enviou Natã a Davi. Chegando Natã a Davi, disse-lhe: Havia numa cidade dois homens, um rico e outro pobre. Tinha o rico ovelhas e gado em grande número; mas o pobre não tinha coisa nenhuma, senão uma cordeirinha que comprara e criara, e que em sua casa crescera, junto com seus filhos; comia do seu bocado e do seu copo bebia; dormia nos seus braços, e a tinha como filha.
>
> Vindo um viajante ao homem rico, não quis este tomar das suas ovelhas e do gado para dar de comer ao viajante que viera a ele;

mas tomou a cordeirinha do homem pobre e a preparou para o homem que lhe havia chegado.

(2 Samuel 12:1-4)

Quando Davi perguntou quem era esse homem rico, ouviu Natã responder: "É você!" Então Davi entendeu. Ele havia considerado Bate-Seba um objeto, algo a ser consumido para satisfazer seus desejos sexuais, mas roubou de Urias — o "homem pobre" — sua esposa amada, a "cordeirinha" que dava tanta alegria. Davi também havia garantido o silêncio de Urias ao mandar matá-lo.

Enquanto a maioria das pessoas lê essa história como uma lembrança de que, mais cedo ou mais tarde, as conseqüências do pecado aparecem, o que mais me chamou a atenção foi o amor de Urias por Bate-Seba. A Bíblia diz que ele "a tinha como filha" e usa os termos "filha" e "cordeirinha" para transmitir uma mensagem celestial. Assim como Bate-Seba era preciosa para Urias, sua esposa é preciosa para você. Ela vive com você e descansa em seus braços. Deve ser tratada de acordo com o valor que tem para Deus, como filha dele, criada à imagem dele. Você foi incumbido de cuidar da essência inestimável de uma alma humana, tão preciosa para Deus que ele pagou por ela com a morte de seu próprio Filho.

Fiquei estarrecido quando me dei conta de que o próprio Senhor havia criado Brenda e a amava até o mais profundo de seu ser. Descrevo essa idéia em meu livro *A Batalha de Todo Homem*:

> Ele reservou uma cordeirinha preciosa para mim, pura e imaculada, de olhos brilhantes e coração terno. Formou Brenda no ventre de sua mãe e então observou-a com alegria enquanto ela aprendia a engatinhar, andar e falar. Ele a ouviu cantar no coral. Viu quando, em sua adolescência, foi coroada Rainha da Festa de Outono da igreja. Enviou seu único Filho a fim de garantir o futuro dela, protegê-la e conduzi-la ao seu lar celestial em segurança... Deus a criou e amou, e devo fazer o mesmo.

Não era assim que eu via Brenda no começo de nosso casamento. Devo confessar que havia ocasiões em que eu a considerava mais como um bode velho ou, pior ainda, uma mula empacada. Para mim, ela não era uma cordeirinha preciosa. Depois de ler essa passagem das Escrituras e ver como minha família a ignorou naquele casamento em Chicago, suspeitei que não era de hoje que vinha passando por cima da essência de minha esposa. Havia permitido que minha família atacasse sua alma tão preciosa. Havia participado da briga, gritando com ela até humilhá-la. E, no entanto, a Bíblia diz: "Maridos, amai vossas esposas e não as trateis com amargura" (Colossenses 3:19). Para Deus, essa ordem não é menos importante do que "Não matarás". Ainda assim, ao que parece, eu tentava encobrir o verdadeiro significado dessa frase das Escrituras, bem como do versículo "Maridos, vós, igualmente, vivei a vida comum do lar, com discernimento; e, tendo consideração para com a vossa mulher como parte mais frágil, tratai-a com dignidade, porque sois, juntamente, herdeiros da mesma graça de vida, para que não se interrompam as vossas orações" (1 Pedro 3:7).

Tratava-se de mandamentos, e eu os ignorava da mesma forma como minha família ignorava Brenda. Então, descobri que o termo grego usado para "parte mais frágil" também pode ser traduzido como "porcelana fina", uma tradução que considero mais apropriada dentro desta discussão sobre o casamento. Como se deve manusear algo feito de porcelana fina? Com respeito, delicada apreciação e até mostrando a outros suas qualidades mais excelentes. Você protege a porcelana fina de impactos e não a submete aos jatos d'água de uma máquina de lavar pratos.

Minha Brenda é uma peça da porcelana mais fina de Deus, encantadora aos olhos do Senhor. No entanto, eu a estava tratando como um velho prato de alumínio, insultando a beleza de sua alma por ela não ser igual a mim. Passava por cima de sua feminilidade e seu caráter piedoso, refinado por anos de obediência e gerações de tradição cristã. Era impossível a unidade conjugal sobreviver e muito menos crescer em meio a tanta escuridão.

Desconexão

Antes do casamento, Brenda havia ministrado livremente a Deus sem interferência alguma, usando seus dons para agradar ao Senhor. Tinha a liberdade de evitar o pecado e viver em pureza. Eu tomei dela essa liberdade. Pequei ao não criar espaço dentro de nosso casamento para que ela exercesse seus dons cristãos e, pior ainda, forcei-a a pecar.

A questão é que Brenda tem o dom de discernimento. No que se refere a relacionamentos familiares, ela sabe distinguir entre o bem e o mal (os dois lados de sua família são cristãos há pelo menos quatro gerações), e aquilo que ela via nos relacionamentos de meus parentes a incomodava. Depois de cada vez que eu visitava meu pai, por exemplo, saía da casa dele zangado ou deprimido com a forma como ele me depreciava na frente dela. Às vezes levava duas semanas para minhas emoções se estabilizarem.

Meu pai estava exercendo uma influência negativa sobre minha jovem família. Não demorou para que a própria Brenda começasse a sofrer da mesma instabilidade emocional que eu depois de nossas visitas. Para ela, era algo assustador. "Se eu posso ser envolvida dessa forma", dizia, "é bem provável que um dia o mesmo aconteça com nossos filhos!" O dom de discernimento de Brenda deveria servir para abençoar e proteger nosso casamento e nossa família. Ela precisava lutar contra o abuso emocional da parte de meu pai enquanto eu, que havia vivido tanto tempo dentro daquela situação, não era capaz de enxergar o perigo. Sufoquei esse dom de Brenda com minha frieza. "Uma família não precisa ser perfeita como a sua para ser aceitável", dizia-lhe. "Se você tivesse sido criada num lar comum, não seria tão fraca para enfrentar essas coisas."

Na realidade, Brenda não era nem um pouco fraca. Estava defendendo as convicções de seu coração. Para ela, sujeitar sua jovem família às críticas desenfreadas de meu pai era pecado e, portanto, também deveria ser pecado para mim. Ao invés de dar espaço para as convicções pessoais de Brenda, em minha falta de visão, ridicularizava seu dom de discernimento e exigia que ela fizesse aquilo que eu queria. Em resumo, ordenava que ela pecasse. Não é de admirar que nossa união conjugal tivesse morrido.

Havia ocasiões, porém, em que Brenda era, *de fato*, fraca (como acontece com todos nós). Minha esposa ficava deprimida sempre que havia muitos conflitos e confrontos interpessoais em sua vida. Por acaso levava isso em consideração, usando minhas virtudes nessas áreas para complementá-la e protegê-la? Não. Ao invés disso, eu a repreendia, dizendo coisas como "Você é muito imatura. Adultos têm conflitos e devem ser capazes de lidar com eles".

As Escrituras ordenam que eu ame Brenda como Cristo amou a Igreja. E como foi que Cristo amou a Igreja? Com perfeita bondade: "Não esmagará a cana quebrada, nem apagará a torcida que fumega, até que faça vencedor o juízo" (Mateus 12:20). Cristo não nos tripudia por nossas fraquezas, mas era isso o que eu estava fazendo com Brenda.

A Bíblia também ordena que eu ame Brenda como amo a mim mesmo. Porém, ao refletir sobre isso, sou obrigado a admitir que tratava minhas próprias fraquezas com muito mais compreensão e benevolência do que as dela. Com ela, era impiedoso. "E você diz que é cristã? Jesus sabia como confrontar as pessoas. Qual é o seu problema?" Humilhada e rebaixada, ela não sentia união alguma comigo.

Ser Árbitro Não Ajuda

Quando nós, maridos, insistimos em ser "Árbitros Supremos" de nossa tribo e nos recusamos a aceitar nosso papel na submissão mútua, o relacionamento torna-se tão desequilibrado que nossa esposa dificilmente consegue cumprir o seu papel de submissão. Li há pouco tempo um artigo sobre Donna Collins, a primeira criança ocidental nascida na igreja da seita Moonie, algumas décadas atrás. Hoje, é uma mulher adulta que deixou os Moonies e que denuncia o terrível controle mental que esse grupo exerce sobre seus seguidores. De acordo com ela, foi difícil deixar a seita, uma vez que era o único tipo de vida que conhecia e todos os seus entes queridos eram Moonies. Donna sentia-se dividida. Um de seus comentários chamou minha atenção de modo particular:

> [Aos dezoito anos de idade] foi tornando-se claro para mim que acabaria deixando o grupo. Sabia, porém, que se saísse da igreja, todas as pessoas que amava me tratariam como uma leprosa. Havia envergonhado meus pais, enquanto meus amigos me diziam que não estava apenas pedindo exílio, mas também a condenação

> eterna. Não podia imaginar como seria sair e, no entanto, também não conseguia continuar com eles. Sentia-me oprimida, arrasada e cada vez mais deprimida.

Como "Árbitros Supremos", deixamos que nossa personalidade se torne tão dominadora a ponto de confundir nossa esposa da mesma forma. Em certa ocasião, Brenda expressou essas mesmas emoções sobre nosso lar. Por um lado, sabia que era errado divorciar-se. Se ela se separasse de mim, se sentiria como uma leprosa em sua família cristã tradicional. Ela amava a Deus profundamente e desejava se submeter a mim por amor a Cristo. Por outro lado, parecia-lhe errado submeter-se a mim e ignorar os perigos decorrentes. Para submeter-se, teria de abrir mão de tudo em que acreditava. Assim, com emoções muito semelhantes às de Donna, Brenda certa vez me disse em meio a lágrimas de angústia: "Sabia que precisava ficar, mas também sabia que não era capaz. Que situação terrível". Pouco tempo atrás, ela me escreveu algumas de suas memórias:

> Sentia que era um grande perigo relacionar-me de maneira muito íntima com sua família. Via gerações de pecado disseminado e profundamente arraigado que havia destruído vários dos relacionamentos familiares. Sabia dos pensamentos suicidas, crises nervosas e da cegueira generalizada com relação à verdade sobre seus pais e irmãs. Sentia o impacto de tudo isso, como, por exemplo, nas ocasiões em que seu pai era tão gentil e, dois segundos depois, tornava-se sarcástico e maldoso. Sua família achava que tinha liberdade de lançar toda a sua raiva sobre qualquer pessoa a qualquer momento.
>
> Não estava nem um pouco disposta a permitir que meus filhos fossem criados num ambiente desses. Seus familiares estavam sempre com raiva uns dos outros. Lembra-se daquela briga entre sua mãe e sua irmã em nossa sala de estar quando o Jasen nasceu? Tinha certeza de que as duas iam sair nos tapas. Lembro-me de entrar no quarto do bebê, segurá-lo em meus braços no escuro e sussurrar para ele: "Não vou permitir que você faça parte disso tudo. Não vou deixar que atinjam você." Seria impossível me sujeitar a algo que

poderia colocar em perigo a vida espiritual de meus filhos. Para mim, seria pecado.

A Submissão Traz Alívio

Nas semanas depois do casamento de meu amigo em Chicago, Brenda e eu conversamos várias vezes sobre minha liderança conjugal. Ela pintou um retrato assustador. Apesar de eu haver tentado sinceramente conduzir da melhor maneira que podia, estava deixando um rastro de destruição por onde passava. Decidi reler a passagem fundamental das Escrituras sobre o casamento:

> As mulheres sejam submissas ao seu próprio marido, como ao Senhor; porque o marido é o cabeça da mulher, como também Cristo é o cabeça da Igreja, sendo este mesmo o Salvador do corpo. Como, porém, a Igreja está sujeita a Cristo, assim também as mulheres sejam em tudo submissas ao seu marido.
>
> Maridos, amai vossas mulheres, como também Cristo amou a Igreja e a si mesmo se entregou por ela, para que a santificasse, tendo-a purificado por meio da lavagem de água pela palavra, para a apresentar a si mesmo Igreja gloriosa, sem mácula, nem ruga, nem coisa semelhante, porém santa e sem defeito. Assim também os maridos devem amar a suas mulheres como ao próprio corpo. Quem ama a esposa a si mesmo se ama.
>
> (Efésios 5:22-28)

Meu casamento era bastante parecido com a primeira parte dessa passagem. Não havia dúvidas de que eu era o cabeça. No entanto, não se parecia em nada com a segunda parte, justamente aquela pela qual eu era o único responsável.

Fiz o que era certo quando segui o conselho do pastor Ron sobre descer do muro e ficar do lado de Brenda. Pela primeira vez, meu casamento assemelhou-se a essa passagem como um todo. Minha esposa sentiu-se unida a mim, foi excelente para nós dois e nosso casamento alçou vôo. Havia me submetido às suas idéias e convicções. Teoricamente, deveria ter detestado fazer isso, como havia detestado submeter-me à minha irmã mais velha ou aos alunos do último ano no time de futebol da escola.

No entanto, não foi o que aconteceu. Na verdade, foi uma experiência positiva. O que ainda me perturbava, porém, era o fato de o verbo *submeter-se* não aparecer nas instruções para os maridos na segunda parte dessa passagem. Ainda assim, meu casamento desabrochou quando decidi me submeter. Como era possível? A submissão não é o papel da mulher?

Meditei profunda e demoradamente sobre isso. À medida que meu entendimento foi se esclarecendo, percebi que não havia sido *obrigado* a me submeter. Tinha sido uma escolha minha. Não havia me submetido à autoridade ou à vontade de Brenda; havia me submetido à nossa *união*. Havia aberto mão de meus direitos como líder em favor de nosso relacionamento, da obra e dos propósitos de Deus, assim como Paulo havia feito. Havia *escolhido* sacrificar algo por ela.

Tinha me deparado com essas verdades ensinadas por Paulo em Romanos 14. Minha submissão revertia os insultos. Havia optado por abrir mão de meus direitos para que Brenda pudesse *viver plenamente* nesse relacionamento comigo. Minha decisão deu origem a um profundo alívio em mim e a uma grande alegria na alma de Brenda. Lembrei-me das palavras das Escrituras:

> Cristo amou a Igreja e a si mesmo se entregou por ela... para a apresentar a si mesmo Igreja gloriosa.
>
> (Efésios 5:25-27)

Ao submeter-me à nossa união conjugal, meu casamento assemelhou-se momentaneamente ao relacionamento de Cristo com a Igreja. Estudei com atenção passagens que descrevem essa relação. Podia encontrar um paralelo dessa "submissão à união" no relacionamento de Cristo com sua Igreja? Jesus se submeteu à sua noiva? Sim.

Pronto para Seguir Esse Rei?

Jesus se submeteu? Mas ele é o Rei dos reis! É verdade. Ele é supremo e não se sujeita à autoridade de ninguém. No entanto, cedeu seus direitos e sua glória como Rei por reverência ao seu Pai. Uma vez que era o cabeça, Jesus poderia ter exigido que nos sujeitássemos à sua autoridade incondicionalmente. Porém, como Paulo, ele não o fez. Jesus estava preocupado com coisas mais importantes do que simplesmente exercer a autoridade que lhe cabia no relacionamento: "Digo, pois, que Cristo foi constituído ministro da circuncisão, em prol da verdade de Deus, para confirmar as promessas feitas aos nossos pais; e para que os gentios glorifiquem a Deus por causa da sua misericórdia" (Romanos 15:8, 9). E também: "Tende em vós o mesmo sentimento que houve também em Cristo Jesus, pois ele, subsistindo em forma de Deus, não julgou como usurpação o ser igual a Deus; antes, a si mesmo se esvaziou, assumindo a forma de servo" (Filipenses 2:5-7).

Com o sofrimento e a morte, Jesus se submeteu à união conosco. Fez a vontade do Pai, e não a própria, sendo que a vontade de seu Pai era que Jesus nos conduzisse a Deus.

Jesus nos ensinou a submissão à união com o seu exemplo. Entregou sua vida em plena sujeição em favor de nosso relacionamento com ele, quando ainda éramos pecadores. Só então ele pediu em troca nossa total submissão à sua autoridade. Sua submissão à união e nossa sujeição à sua autoridade possibilitaram tal união. Essa submissão mútua nos faz co-herdeiros dele, a fim de reinarmos como sua Noiva. A união sempre requer submissão, e essa é a vontade de Deus para os relacionamentos cristãos: "Sujeitando-vos uns aos outros no temor de Cristo" (Efésios 5:21).

Até mesmo no casamento? Observe novamente a passagem elementar de Efésios 5:22-28 sobre o casamento e pense no seguinte: Bill e Nancy, um casal de amigos meus, defendem que, tendo em vista o fato de o verbo "submeter" não se encontrar nas instruções para o marido, com isso Deus pretendia suspender a ordem de submissão mútua dentro do casamento. De acordo com Bill, "Dentro do casamento, não há mais o relacionamento de irmão e irmã em Cristo, mas de marido e mulher. O marido lidera e a esposa se submete. A submissão mútua não se aplica ao matrimônio."

Em resposta a isso, gostaria de mostrar que em outra passagem das Escrituras (1 Pedro 3:7), o apóstolo Pedro ordena que os cônjuges tratem um ao outro como co-herdeiros da vida eterna em Cristo. Assim, não acredito que a intenção dos versículos 22-28 de Efésios 5 fosse de revogar o mandamento da submissão mútua dado no versículo 21, mas aprofundar ainda mais esse mandamento dentro do matrimônio, de modo que fosse além daquilo que é esperado em outros relacionamentos cristãos. Nossa submissão mútua dentro do casamento deve aprofundar-se a ponto de ser paralela à submissão mútua entre Cristo e sua Noiva. A esposa deve se submeter inteiramente à *autoridade* do marido, como a Igreja se submete à autoridade de Cristo por reverência a Deus. O marido deve se submeter de todo à *união*, como Cristo se sujeitou sacrificialmente à união com sua Noiva. Assim, tanto marido quanto mulher se submetem, porém de formas diferentes.

Apesar de o verbo *submeter* não aparecer nessa passagem de instrução para os maridos, Paulo ensina claramente no versículo 25 que não se trata, de modo algum, de uma submissão unilateral. A oração "a si mesmo se entregou por ela" não é apenas uma expressão de amor, mas também um exemplo de como o marido deve se entregar em favor de sua esposa. Entregar-se à morte por sua amada é uma expressão mais extraordinária de amor e submissão do que aquela que Deus pede da mulher, assim como a sujeição de Cristo à morte foi uma expressão mais extraordinária de amor do que aquela pedida de nós, sua Noiva (com exceção daqueles que foram chamados para serem mártires a serviço do Senhor). O marido deve "morrer" pela união mais íntima com sua esposa, como o próprio Cristo fez por sua Noiva.

É claro que podemos não gostar do termo "submissão masculina". Bill e Nancy se recusam a usar a palavra "submissão" com referência ao papel de Bill no casamento, mas trata-se simplesmente de uma questão de semântica. Não importa a terminologia que usemos, não existe união no casamento sem a submissão masculina.

No começo de seu casamento, Bill passava por cima de Nancy com freqüência. De tempos em tempos, por exemplo, com muita relutância ele permitia à esposa sair sozinha com suas amigas, mas sua indiferença e frieza com Nancy quando ela saía de casa deixavam bem claro que ele não gostava da idéia. Depois, ficava zangado se ela se atrasasse alguns minutos para voltar.

Era evidente que sua união conjugal sofria. "Sentia que estava sendo egoísta", explicou Nancy, "e isso destruía uma parte da nossa união. Não estava muito propensa a ter uma atitude positiva, pois não havia um amor recíproco em ação. É difícil pedalar uma bicicleta morro acima com um pé só". Que excelente ilustração. Além de tolher a liberdade da esposa, Bill também tripudiava sobre suas fraquezas, criticando com freqüência coisas que ela havia dito e fazendo-a sentir-se insignificante. Quando percebeu como Nancy era sensível e como sua censura a magoava, Bill mudou sua atitude e submeteu-se a cuidar com o que dizia.

Apesar de Bill detestar a expressão que uso, começou a desempenhar seu papel de submissão masculina com grande aptidão. Parou de passar por cima de Nancy, pois submeteu-se à união e à felicidade da essência de sua esposa. Não faz muito tempo, Nancy relatou: "Deus tem nos abençoado com uma excelente união dentro do casamento. Tem nos dado a graça de mudar nosso comportamento quando um de nós percebe a necessidade do outro."

É claro que Bill ainda é o cabeça. Ele ainda espera que Nancy se sujeite à sua autoridade, e ela o faz. Porém, como Cristo, primeiro Bill lidera mediante seu exemplo. Por isso, Nancy não tem dificuldade em se submeter. "Ao cumprir seu papel de me amar como Cristo amou a Igreja, Bill deseja o meu bem, sem egoísmo algum. Suas expectativas tornam-se razoáveis e toma decisões levando em conta o que é melhor para toda a família. Para mim, submeter-me a Bill é quase um reflexo de minha total confiança nele."

A submissão no casamento não diz respeito apenas às mulheres. Como homens, devemos aprender a nos submeter ao nosso Pai e à nossa esposa. Não haverá união dentro de nosso casamento enquanto não houver submissão mútua, assim como a união de Cristo com sua Noiva é impossível sem esse tipo de sujeição.

Qual é o desejo de toda mulher dentro do casamento?

Uma união mais íntima.

Em outras palavras, um homem que viva com ela numa relação de submissão mútua. Esse é o plano de Deus para ela. Então, por que a submissão masculina no casamento é essencial para que haja união? O que, exatamente, vem a ser essa união? Trataremos de algumas respostas no capítulo seguinte.

Perguntas para Reflexão e Discussão

1. Observe com atenção os mandamentos bíblicos para os maridos em Efésios 5:22-28, Colossenses 3:19 e 1 Pedro 3:7. De que forma essas passagens se relacionam com lutas que você possa estar enfrentando em seu casamento? Sua maneira de encarar essas passagens mudou? Como?
2. Qual é sua reação às diretrizes e observações apresentadas neste capítulo? De um modo geral, você concorda com elas ou discorda delas?
3. Quais são suas próprias convicções quanto à "submissão mútua" (conforme é ensinada em Efésios 5:21) aplicar-se à relação conjugal?
4. De acordo com seu ponto de vista e compreensão, você concorda que o desejo de toda mulher é, essencialmente, uma união mais íntima? Justifique.
5. De acordo com sua atual compreensão, de que maneira você definiria o termo *união* com referência ao casamento?
6. Qual o conceito ou ensinamento mais significativo para você dentro do que foi apresentado neste capítulo?

Capítulo Cinco

A União Mais Íntima

> E disse o homem: Esta, afinal, é osso dos meus ossos e carne da minha carne; chamar-se-á varoa, porquanto do varão foi tomada. Por isso, deixa o homem pai e mãe e se une à sua mulher, tornando-se os dois uma só carne.
>
> (Gênesis 2:23, 24)

Quando entreguei minha vida a Cristo, aos vinte e três anos de idade, achava um tanto estranhas expressões como "uma só carne". *O que há de ser isso?*, me perguntava. E, no entanto, essas palavras apareciam com tanta freqüência nos sermões e nas aulas para casais na escola dominical que acabei achando que todo mundo sabia o que significavam. Quando perguntei a algumas pessoas, porém, vi muitos olhares perplexos. Além disso, observei que vários casais não pareciam ter uma intimidade emocional, de modo que certamente não eram "uma só carne". Ficou evidente que a união não era algo automático, nem mesmo semi-automático, que aparecia assim que eram proferidos os votos matrimoniais.

Lembro-me de uma conversa que tive com Alex, um solteirão que ainda esperava se casar um dia. "Quero uma garantia de sucesso para o casamento e o sexo", pensou em voz alta. "Venho de uma família saudável e quero somente o que há de melhor."

Verdade?

Respondi, lembrando Alex de que, como cabeça do lar, ele garantiria um casamento bem-sucedido. "Se você quer sucesso, ele está ao seu alcance. Tudo o que você precisa fazer é submeter-se à união conjugal, em reverência a Cristo. Apesar de não ser uma tarefa simples, pelo menos a escolha é sua."

Não sei se Alex chegou a se casar, mas uma coisa é certa: são poucos os casais que conseguem alcançar uma união mais íntima, pois deparam-se com inúmeros obstáculos. Desenvolver intimidade emocional tem a ver muito mais com ações do que com emoções. A união implica certas condições. Satisfaça essas condições e a intimidade emocional seguirá. Do contrário, as emoções irão se extinguir. É preciso não apenas arregaçar as mangas, mas também agir com justiça, pois, se o fizermos, os sentimentos voltarão.

Os "sentimentos" de Brenda por mim haviam morrido. As emoções às quais ela estava se referindo não eram relativas à união, mas sim à intimidade resultante dessa união. Na hora de trazer esses sentimentos de volta à vida, não bastou eu comprar flores e levar Brenda para jantar à luz de velas, ainda que essas coisas tenham seu devido lugar. Precisei agir como se fôssemos uma só carne. Ao fazê-lo, os sentimentos de intimidade voltaram.

Estou falando de algo extraordinário — da experiência intensa de união com sua esposa. Porém, para alcançá-la, é necessário que você reconheça pelo menos duas coisas sobre essa união: (1) trata-se de uma palavra que implica ação e (2) ela requer sacrifício.

A União em Ação

Permita-me citar uma de minhas cartas de amor para Brenda, escrita em março de 1981:

> Trago promessas. Prometo dar-lhe um amor com o qual você até agora só sonhou. Você pediu a Deus um homem cristão que a amasse e ele lhe deu alguém que anseia profundamente cobri-la de amor,

elevá-la acima de qualquer pedestal, apreciá-la, segurá-la em seus braços e sussurrar seu nome para sempre, em meio ao fogo, à chuva, na pobreza ou na riqueza. Meu coração está prestes a explodir com torrentes de amor, e só há uma mulher que pode abrir as comportas e deixar que ele flua – você, a preciosidade mais meiga, pura e carinhosa de todas.

Tudo bem, sei que não sou nenhum Shakespeare! No entanto, deixe-me dizer que amor e união não são a mesma coisa. Na verdade, estão apenas vagamente relacionados. O amor pode sobreviver aos insultos. Mesmo nos dias mais sombrios de nosso casamento, Brenda e eu ainda nos amávamos, ainda que nossa união tivesse definhado inteiramente.

Comparemos o amor e a união em nosso relacionamento com Deus. O amor de Deus por você é incondicional. Antes que você fosse formado no ventre materno, ele o amou. Desde os primeiros dias de sua vida, ele o guardou e protegeu com todo o carinho, ansiando por ouvir seu coração chamar por ele. Deus continuou a me amar, mesmo quando eu folheava freneticamente as páginas de revistas pornográficas. Ele foi atrás de mim, ansiando por alcançar-me antes que fosse tarde demais. Ao confrontar-me naquele escritório na Califórnia, ele tomou meu coração num piscar de olhos. Apesar de saber que não devia, ainda assim entreguei-me aos prazeres de pecados sexuais por mais algum tempo e, no entanto, o amor de Deus jamais se abalou.

Você também é a pupila dos olhos do Senhor. O amor dele por você não tem limites. Seu serviço não pode aumentar o amor de Deus por você, assim como seus pecados não são capazes de diminuí-lo.

O mesmo não acontece com a união. A união tem suas cláusulas, não é incondicional e requer ação. Apesar de Deus amar a todos igualmente e não desejar que uma só pessoa pereça, ele tem mais intimidade com uns do que com outros. O Senhor falava com Moisés face a face, como quem fala com um amigo. Deus andou com Enoque. Quando anjos visitavam Daniel, chamavam-no de "homem muito amado" pelo Senhor e Deus chamou Davi de "homem segundo o seu coração". Pense em seus filhos. É claro que você ama todos eles, mas tem mais intimidade com alguns deles. Com qual de seus filhos você se sente "um"?

Provavelmente com aquele que caminha e conversa com você, aquele que obedece.

Houve um tempo em que o ser humano desfrutava perfeita união com Deus no Éden. Deus andava com Adão e Eva todas as tardes. O que aconteceu? Eles pecaram. Eva não contentou-se em estar unida a Deus e quis *ser* Deus. Ela desobedeceu e depois convenceu Adão a fazer o mesmo, dando cabo da união deles com o Criador.

A união tem suas condições. É possível resgatar a união com Deus? Sim, mas só de acordo com as condições de Deus, por meio da salvação. Esta, por sua vez, ocorre em dois níveis. Em seu sentido mais fundamental, a união com Deus ocorre num único momento: quando você se entrega a Cristo, torna-se um com Deus.

No entanto, num outro sentido, essa união não acontece de uma só vez. A união com Cristo ocorre ao longo do tempo, ao "desenvolvermos" a salvação por meio da santificação (ver Efésios 2:12). *Tornamo-nos* semelhantes a ele. Nesse sentido, a salvação simplesmente nos oferece a oportunidade de sermos um com Cristo. Sabemos por experiência própria que nem a união com Cristo e nem a união com nossas esposas são automáticas. Nossa salvação expressa-se num processo contínuo de crescimento espiritual, no qual estamos envolvidos ativamente.

Considere, por exemplo, a pureza sexual. Num só momento a salvação nos libertou para sermos sexualmente puros. Porém, num outro sentido, a salvação nos deu apenas a *oportunidade* de sermos sexualmente puros. Ainda é necessário escolhermos a união com Cristo.

"Pois esta é a vontade de Deus: a vossa santificação, que vos abstenhais da prostituição [imoralidade]" (1 Tessalonicenses 4:3). Assim, a união é um ato e, ainda que os sentimentos de intimidade originem-se na união, esta não é um sentimento em si. Trata-se de um estado do ser. Sentir remorso por meus pecados sexuais não me levou à união com Cristo. Pregar contra os pecados sexuais não me levou à união com Cristo. Tornei-me um com o Senhor quando passei a andar em pureza. Se cultivo a pureza sexual, nesse sentido Jesus e eu somos um. Do contrário, estamos separados.

Muitos homens revestem sua vida com a linguagem e os costumes da cultura cristã. Contentam-se apenas com a salvação e evitam o trabalho exaustivo necessário para alcançar a união com Cristo. Assim, cantam no coral pela manhã e à noite batem na mulher. Defendem a santidade do casamento durante o dia e se esbaldam no sexo virtual da Internet durante a noite. De dia, destroem o lar com seu abuso verbal e, à noite, servem na posição de diáconos. Cultivam uma aparência exterior cristã, mas recusam-se a satisfazer as condições da união.

É Cristo quem determina essas condições, ou, mais precisamente, é a essência de Cristo. O que vem a ser isso? Sua santidade. O termo usado no original hebraico para santidade transmite um conceito muito mais amplo do que apenas a ausência de pecado. Abrange a essência plena de Cristo, a beleza e a maravilha incomparáveis de Deus, uma beleza tão admirável que, dia e noite, quatro seres celestiais clamam continuamente "Santo, santo, santo é o Senhor Deus Todo-Poderoso!"

A santidade consiste em fazer da essência de Cristo a nossa essência em termos práticos. Submissão à santidade é submissão à união. Quando ligamos nosso computador e nos masturbamos na frente de amantes despidos e anônimos que aparecem na tela, estamos ultrajando a essência de Cristo. Pecamos contra ele e nos distanciamos dele. Quando optamos pela pureza sexual e andamos na luz, somos um com essa parte de sua essência. Para o Senhor, a ação é crucial:

> Aquele que tem os meus mandamentos e os guarda, esse é o que me ama; e aquele que me ama será amado por meu Pai, e eu também o amarei e me manifestarei a ele.
>
> (João 14:21)

Quando dizemos ser cristãos, mas não agimos de acordo, Jesus se opõe com indignação: "Por que me chamais Senhor, Senhor, e não fazeis o que vos mando?" (Lucas 6:46). Nosso maior objetivo deve ser a consagração ao Senhor, a entrega de nosso direito de fazer as coisas ao nosso modo. Afinal, Deus anseia por que sejamos um com ele. O plano todo da salvação foi criado para que Deus pudesse se relacionar conosco. Você já cumpriu essas condições?

A união conjugal não é muito diferente. Assim como a salvação, ela ocorre num só momento. Durante a cerimônia de nosso casamento, Deus nos declara marido e mulher. No entanto, no meu caso essa união certamente não se evidenciou no quarto de hotel em nossa noite de núpcias. Meu gênio irascível e exaltado (conto a história mais adiante) revelou como nossa união era uma fraude. O casamento apenas nos ofereceu a oportunidade dessa união.

Conheço cinco casais que costumavam liderar ministérios importantes com outros casais e que agora estão divorciados. Os cinco maridos, que eram capazes de articular a linguagem e os costumes de um casamento cristão, pareciam ser os homens casados mais felizes do mundo. Com suas palavras, um deles declarava publicamente: "Deus detesta o divórcio". Mas com suas ações dizia: "Deus me disse para casar com minha amante a fim de ter uma vida feliz."

Um deles escreveu uma carta circular sobre a santidade do casamento, porém mais tarde suas ações declararam inexplicavelmente: "Deus disse para eu me divorciar de minha esposa, uma vez que, desde o começo, não era a vontade dele que eu me casasse com ela." Outro afirmava que "devemos manter a pureza do leito conjugal", mas depois foi para a cama com sua amante e protestou: "Minha esposa odeia sexo oral. Se não tenho isso em casa, vou procurar em outro lugar!"

Quem determina as condições para a união conjugal? Sua esposa. Mais precisamente, a essência de sua esposa. E isso significa que você terá de fazer alguns sacrifícios.

A Abordagem Sacrificial

Um exemplo simples usando o bolo mármore e a seguinte passagem das Escrituras pode ajudar a esclarecer essa idéia:

> Assim também os maridos devem amar a sua mulher como ao próprio corpo. Quem ama a esposa a si mesmo se ama. Porque ninguém jamais odiou a própria carne; antes, a alimenta e dela cuida, como também Cristo o faz com a igreja; porque somos membros do seu corpo.
>
> Eis por que deixará o homem a seu pai e a sua mãe e se unirá à sua mulher, e se tornarão os dois uma só carne.
>
> (Efésios 5:28-31)

A união não se encontra no *sentimento* de amar nossa esposa como a nós mesmos, mas sim no *ato* de amá-la como a nós mesmos.

Deixe-me usar o conhecido bolo mármore como ilustração para ajudar a visualizar essa união. Deus diz que marido e mulher devem ser "uma só carne". Pense no noivo como um bolo só de chocolate e na noiva como um bolo só de baunilha. Pelo casamento, os dois transformam-se num único bolo "marmorizado". Apesar de ainda ser possível distinguir a cor diferente de cada um, encontram-se mesclados, compondo uma só massa. Numa fatia de bolo mármore, vemos claramente o papel da submissão masculina e da conseqüente união conjugal.

De acordo com Efésios 5:23, "o marido é o cabeça da mulher". O chocolate tem sabor mais forte, mas deve deixar espaço para a suavidade da baunilha. Na submissão masculina, o homem abre mão dos seus direitos como sabor predominante, para que os dons e a essência da esposa possam ser expressados com sua própria beleza e sabor distintos. Na submissão feminina, a esposa permite ao marido mesclar as duas cores e sabores do bolo, mas o marido deve permitir que a baunilha tenha seu lugar ao lado do chocolate com igual distinção. É nesse momento que entra em cena amar a esposa como a si mesmo. Ele deve amar a baunilha e deixar que haja lugar para ela tanto quanto ama o chocolate e reserva um lugar para ele.

Adivinhe o que isso significa. Sacrifício — especialmente no sentido usado por Paulo ao falar de abrirmos mão de nossos direitos a fim de honrar as convicções pessoais e a essência de nossa esposa. É claro que, em se tratando de sacrifício, falar é fácil, o complicado é fazer! Descobri que abrir espaço para Brenda — a "baunilha" de nosso casamento — era algo extremamente difícil. Uma coisa era admitir, por exemplo, que o dom de discernimento de Brenda para relacionamentos era mais forte que o meu. Outra coisa bem diferente era permitir que esse dom influenciasse minhas decisões diárias. Foi preciso abrir espaço para a baunilha no meu bolo de chocolate, mas isso significou verdadeiros sacrifícios que tiveram implicações profundas em meu relacionamento com a família que me criou.

Contudo, há coisas mais importantes do que exercer autoridade dentro do relacionamento conjugal. Uma delas, por exemplo, é cultivar a obra de união realizada por Deus em nosso casamento. Preocupar-se demais com questões relativamente triviais, mesmo aquelas mais dolorosas, é deixar de compreender a essência de um bom casamento.

Isso porque amar nossa esposa como a nós mesmos não tem nada a ver com emoções. Ou você se sacrifica pela essência dela como faz por seu próprio ser interior, ou não. Ou você coloca a baunilha em seu bolo, ou não. Se seu bolo é mesclado, então vocês dois são um. Se ele é todo de chocolate, então você não moveu uma palha sequer.

Façamos um exercício para estabelecer metas que uso em meus cursos para noivos. Numa das aulas, peço que cada participante trabalhe em separado numa lista de seus dez principais objetivos no casamento. Em seguida, peço aos alunos que peguem os três primeiros objetivos de sua lista e comparem com aquilo que seu noivo ou sua noiva escreveu. Rick e Kelly são um caso típico:

***Rick*:**

1. Fazer de Deus o centro do nosso lar.
2. Consolidar uma carreira.
3. Guardar dinheiro para comprar uma casa.

***Kelly*:**

1. Deixar que Deus controle e governe nosso casamento.
2. Fazer da família a nossa prioridade.
3. Construir uma boa comunicação.

O que significa para Rick amar a Kelly como a si mesmo? Significa que o segundo objetivo de Kelly deve ser tão importante para ele quanto o seu segundo objetivo. Rick também deve garantir que a terceira meta de Kelly receberá tanto tempo e atenção quanto a sua. Assim é a união na prática.

Encontrei Rick alguns anos depois. A essa altura, o jovem casal tinha uma filha de dois anos de idade chamada Clara e o segundo filho estava a caminho. A segunda meta estabelecida por Rick havia sido consolidar sua carreira e ele estava chegando lá. Seu sucesso havia sido tanto que um recrutador de executivos o havia contratado para trabalhar numa grande empresa em outro estado. Em seu emprego anterior, Rick costumava voltar para casa entre cinco e meia e seis horas da tarde. Agora, seu expediente ia até as seis e meia, sete horas. Para Rick, não havia nada de errado nisso, uma vez que ainda estava dentro da segunda meta mais importante de seu casamento. Kelly começou a se queixar que Rick não estava fazendo da família a sua prioridade.

Do ponto de vista dele, Rick podia oferecer uma explicação aceitável: "Desde que comecei a trabalhar nessa outra empresa, observei que existe uma expectativa tácita de que todos fiquem até mais tarde. Mas o estranho é que ninguém faz quase nada nessa última hora de trabalho. Ainda assim, Kelly, você e eu estamos juntos nisso e estou trabalhando por você e pelas crianças, meu amor. É só mais uma hora por dia. Você vai ter de se acostumar."

Kelly pensava diferente: "Concordo que estamos nisso juntos, Rick. Mas se você se preocupa tanto em fazer alguma coisa por mim e pelas crianças, pode começar voltando mais cedo para casa. O horário de dormir da Clara é às oito. Você costumava chegar em casa às seis e ter duas horas para brincar com ela toda noite. Ainda que para você trabalhar uma hora a mais pareça pouca coisa, isso representa metade do tempo que ficava com Clara. Olhando por esse lado, não é assim tão pouco. Se você estivesse, de fato, usando essa hora no trabalho de forma produtiva, talvez até eu considerasse alguma vantagem, mas nossa família é tão importante para você quanto sua carreira, não é? Você não deve sacrificar seu tempo com a família por uma hora improdutiva!"

O que Kelly estava pedindo? Que Rick desse tanto valor ao segundo objetivo dela quanto dava ao seu próprio. Mais alguns anos se passaram e perguntei a Kelly o que aconteceu. "Lutei por isso com unhas e dentes durante um ano e meio", disse ela, em tom irritado. "Por fim, simplesmente desisti." As faíscas de raiva em seus olhos diziam muito mais do que suas palavras. Sua renúncia dolorosa foi algo forçado. Rick não cedeu e o ressentimento tornou-se cada vez maior.

Kelly não era uma mulher fraca e podia cuidar dos assuntos do lar sem a presença de Rick. Ela havia sido uma empresária bem-sucedida antes de se demitir para ficar em casa com Clara. Apesar de adorar trabalhar fora, ela fez os sacrifícios dolorosos e necessários a fim de alcançar a segunda meta que havia estabelecido em seu casamento. Numa demonstração de seu amor por Rick, também havia feito outro sacrifício ao mudar-se para um lugar distante em função da carreira dele, mesmo tendo de deixar para trás amigos e familiares.

Será que Rick havia se sacrificado igualmente por ela? Não. Ele havia se recusado a fazer o sacrifício muito menor de voltar para casa uma hora antes. Havia ousado até sugerir que Kelly não entendia que estavam juntos em seu relacionamento conjugal. Tenha a santa paciência! O sacrifício de Kelly demonstrou claramente que ela sabia disso muito bem. Era Rick quem não estava entendendo. Foi uma situação que feriu Kelly profundamente, pois Rick havia passado por cima dela.

Não há nada de emocional ou místico na ordem para amar nossa esposa como a nós mesmos. Se Rick resolvesse voltar para casa uma hora antes, estaria amando sua esposa como a si mesmo e dando lugar para a baunilha em seu bolo.

Tudo se resume em ação e sacrifício.

Você Está Perdido?

Falemos um pouco mais sobre os objetivos da esposa, um mistério completo para muitos maridos. Nas palavras de uma esposa chamada Berenice, "Mesmo depois de eu ter explicado um milhão de vezes, meu marido continua não entendendo que a casa de uma mulher é um reflexo de seu ser interior. Acredito que ele não se importaria – talvez nem perceberia – se a gente morasse numa estrebaria."

Quando Berenice e Stan compraram sua casa nova, ela queria reformar os dois banheiros, que, na sua opinião, eram absolutamente horríveis. Escolheu piso e papel de parede novos e pediu a Stan que encontrasse algum tempo para dar uma ajeitada nos cômodos.

Seis anos se passaram.

"Esperei sentada", disse Berenice. "Em seis anos, Stan não conseguiu encontrar um único final de semana para me fazer feliz. Eu não era uma prioridade para ele. Toda vez que eu entrava num daqueles banheiros, me lembrava de que ele não se importava comigo. Primeiro, fiquei magoada e depois, zangada. Ressentia com todas as coisas que ele se certificava de fazer por si mesmo, e especialmente aquelas coisas que ele esperava que eu fizesse por ele."

A beleza de seu lar era uma parte essencial da alma de Berenice. Seu marido não precisava *gostar* de colocar papel de parede. Só precisava *fazê-lo*. E, se ele próprio não podia, então precisaria ter contratado alguém que fizesse o serviço. Não era necessário que ele desenvolvesse uma relação semelhante à de Berenice com sua casa, mas era importante que se esforçasse da mesma forma como fazia com seus próprios projetos.

Isso é submissão masculina à união. Isso é honrar a essência de sua esposa tanto quanto a sua. Assim como um biscoito com duas vezes mais recheio, dentro do casamento há o dobro de essência, e é preciso ter o mesmo amor por todo esse "recheio". Sua esposa anseia por uma união mais íntima com você. O grande propósito do casamento é que você seja um com ela e, pelo fato de as mulheres terem sido criadas para se relacionar, sua maior prioridade é que você honre a essência dela como a sua própria, vivendo com ela em submissão mútua. Esse é o desejo de toda mulher.

Na primeira aula do curso de noivos, sempre pergunto: "O que vocês esperam obter no casamento e que não teriam se permanecessem solteiros?" Eis as respostas de algumas mulheres:

Anna: "Quero companheirismo, poder compartilhar momentos de intimidade. Meu desejo é que, juntos, cultivemos um relacionamento com o Senhor e desenvolvamos laços profundos de amizade."

Vickie: "Não sei explicar muito bem, mas quero uma parceria tanto emocional quanto física. Não tenho nenhuma amiga chegada há muito tempo. Quero ter esse tipo de amizade com Craig."

Kathryn: "Gostaria de ter laços fortes, que ninguém possa romper e que permaneçam firmes enquanto as coisas estejam indo bem ou não."

Jennifer: "Quero companheirismo e alguém que esteja ao meu lado quando precisar. Quero ser feliz."

Stacy: "Meu desejo é ter companheirismo e amor, minha própria 'torcida organizada'. Quero alguém que me aceite como um todo, com minhas qualidades e defeitos, alguém com quem eu possa contar."

Bem no começo de meu casamento, eu teria sofrido ao ler essa lista. Será que eu era a "torcida organizada" de Brenda? Não, na verdade parecia mais um torcedor bêbado, falando besteira e jogando lixo na cabeça dela. Eu a aceitava como um todo, amando tanto suas qualidades quanto seus defeitos? De forma alguma.

A maioria de nós, maridos, não está pensando naquilo que sua esposa verdadeiramente deseja. Ela quer uma comunicação rica e laços que ninguém possa romper. Quer desabrochar no casamento. Quer que nossos olhos se encontrem e estabeleçam um diálogo cheio de significado.

Entre em qualquer restaurante e observe os casais mais velhos. A maior parte escolhe uma mesa pequena num canto, pede uma refeição durante a qual não trocam uma palavra e seus olhos raramente se encontram. Ao passarem lentamente por você quando estiverem saindo, olhe nos olhos da esposa. É angustiante ver toda a frustração. Será que era esse o sonho de Deus para ela no casamento? Será que é o sonho dele para nós? Antes de se casar, os olhos de toda mulher têm um brilho de esperança e expectativa. A crueldade do casamento faz esse brilho desaparecer.

Não fazia parte das expectativas de sua esposa que você passasse por cima dela. Antes do casamento, você parecia ser um homem bondoso e temente a Deus. Ela jamais sonhou que você a trataria dessa forma. Em nosso curso de noivos perguntamos às mulheres: "O que mais a impressiona em seu noivo?" Suas respostas são lindas:

Denise: "O que mais me impressiona é sua bondade e honestidade."

Karen: "Ele é tão atencioso e me respeita."

Pamela: "Fico impressionada com sua paciência."

Mara: "Ele é cheio de compaixão."

Amy: "Ele é tão carinhoso e sensível comigo."

Jodie: "Ele sempre me incentiva."

Ruth: "Nunca vi um homem tão gentil."

Deb: "Ele demonstra uma paciência incrível quando nos vemos num impasse."

Diane: "Ele quer fazer o possível e o impossível para ser um bom marido."

Será que daqui há dez anos essas mesmas mulheres vão dizer que foram enganadas pelo marido?

O que mais impressionou sua esposa sobre você antes do casamento? Você ainda causa essa mesma impressão? Ainda é a "torcida organizada" dela? Ainda mostra paciência em meio aos impasses? É atencioso e respeitoso o suficiente para se submeter à união conjugal?

Bondade, paciência, respeito, honestidade e compaixão são todos elementos necessários para a submissão masculina. Talvez no passado sua esposa visse essas qualidades em você. Não passavam de miragens? Sua alma costumava parecer um poço de água fresca no meio da terra seca e sedenta em que ela vivia e ela mergulhou de cabeça no casamento, confiando plenamente. Será que encontrou companheirismo ou acabou ficando com a boca cheia de areia? Considere a carta a seguir que recebi de uma leitora de *A Batalha de Todo Homem* (Mundo Cristão, 2004):

> As coisas não andam muito bem no meu casamento. Estou tão zangada com meu marido por tantos motivos que nem sei o que fazer com tudo isso. Parece que finalmente chegamos ao limite e as comportas se abriram de vez. Sinto como se a vida tivesse sido sugada de dentro de mim e não sei o que fazer. Posso olhar para ele e não sentir absolutamente coisa alguma! Ou então, sentir uma irritação tão grande que dá vontade de gritar. Ele não encara nem se esforça para resolver nada que seja difícil. Evita as coisas mais complicadas a todo custo até que tornem-se insuportáveis e que seja uma tortura consertá-las ou até que não tenham mais conserto. A cada discussão, parece não haver meio de chegar a um acordo. Cada um vai para o seu canto e ignora o outro. É impossível ter uma conversa racional com ele, e quando estamos discutindo alguma coisa, não nos atemos a um assunto, mas fazemos rodeios e usamos de artifícios. Ele sempre encontra um modo de se safar dos problemas e fazer com que me sinta culpada por eles. Na sua cabeça, ele não tem nenhuma responsabilidade.
>
> Agora que nossos filhos estão mais velhos, ele também está importunando a vida deles. Jamais pensei que chegaria a esse ponto, mas estou tão cansada que não me importo mais se as coisas estão se desintegrando. Também não posso mais defendê-lo diante dos filhos, pois são inteligentes demais e sabem da verdade. Além disso, como seria possível defender o que ele faz? Odeio minha casa. Amo meus filhos, mas logo eles não estarão mais aqui. E então? É provável que eu precise de um conselheiro para lidar com alguns sentimentos, mas meu marido só se sentiria ameaçado o suficiente para concordar se estivéssemos às portas do divórcio. Meu casamento é uma droga e estou cansada demais para me importar.

Infelizmente, a maioria dos homens é uma miragem. De acordo com um estudo recente, as estatísticas a nosso respeito são vergonhosas:

- oitenta e quatro por cento das mulheres acham que não têm intimidade (união) no casamento;
- oitenta e três por cento das mulheres acreditam que o marido nem sabe quais são as necessidades básicas de uma mulher com relação à intimidade (união) e nem como suprir essa intimidade;
- a grande maioria das mulheres divorciadas diz que os anos que passaram casadas foram os mais solitários de sua vida.

Como isso é possível? As esposas tinham tantos sonhos de união e intimidade. Deus nos chamou para amar nossas esposas como a nós mesmos e entregar nossas vidas para que pudéssemos ser uma só carne com elas.

Meu amigo, você precisa se submeter à união conjugal. Você deve isso à sua esposa, em respeito à confiança dela. Além disso, o Senhor comprou você por um preço e ainda lhe entregou uma de suas preciosas filhas como companheira. O que deu errado? Como é possível oitenta e quatro por cento das mulheres casadas de hoje sentirem que não têm intimidade com o marido? Que obstáculos têm nos impedido de responder ao chamado de Deus à união com nossas esposas?

Exploraremos algumas respostas no próximo capítulo.

Perguntas para Reflexão e Discussão

1. Como você definiria *união* de acordo com a forma como esse conceito é ensinado neste capítulo? E como você definiria *essência* de acordo com o modo como essa palavra é usada aqui?
2. Este capítulo afirma que a essência de sua esposa é que determina os critérios para a união em seu casamento. Qual é sua reação a essa afirmação?

3. Na sua opinião, o que é necessário para que um marido seja completamente convencido de que a essência de sua esposa determina os critérios para a união em seu casamento? Qual a importância de se ter essa convicção?
4. Em termos práticos do quotidiano, o que significaria para você permitir que a essência de sua esposa determinasse os critérios para a união em seu casamento?
5. Quais são suas dez principais metas para seu casamento? Dessa lista de dez, quais são as três mais importantes?
6. De que maneiras significativas você reconhece a importância de fazer sacrifícios de amor por sua esposa?
7. Antes de vocês se casarem, qual a sua qualidade que mais impressionava sua esposa? Você ainda a impressiona dessa maneira?

Capítulo Seis

Encarando as Dez Maiores "Geleiras"

Meu amigo solteirão estava perplexo. "A maioria dos casais cristãos ora com grande fervor e sinceridade antes de se casar e quase todos sentem que foram unidos por Deus", comentou comigo. "Então eles se casam e descobrem que têm mais diferenças do que coisas em comum. No fim das contas, admitem que não foi Deus quem os colocou juntos. O que acontece?"

Nada. O casamento é simplesmente um conceito ridículo, só isso. Primeiro pegamos um homem e uma mulher e dizemos que devem tornar-se um. Começando por aí, trata-se de uma idéia absurda diante das enormes diferenças entre homens, que são de Marte, e mulheres, que são de Vênus. Acrescente à mistura mais uma infinidade de distinções, como temperamentos, contexto familiar e origens religiosas. Depois disso, coloque na panela uma cultura saturada de imagens sexuais e distorcida por divórcios em que ninguém é culpado e que causam pouco estigma social. Complete com um beijo tímido para dar sorte, pronuncie-os marido e mulher e empurre-os para fora da igreja, passando por uma recepção sofisticada e uma montanha de presentes que os conduzem, finalmente, a uma dimensão desconhecida. Quando o carro deles fizer a curva, carregando os dois em sua feliz ignorância, dê uma risadinha e uma piscadela e comente com bom humor: "Isso é só o começo! Eles não sabem o que os espera!"

Eu, com certeza, não vi o trem vindo em minha direção. Brenda e eu nunca havíamos brigado antes do casamento e gostávamos até do mesmo tipo de pizza: lombo canadense e abacaxi. Sem dúvida, nosso casamento estava escrito nas estrelas. E, no entanto, numa encantadora noite de setembro, não demorou para o repicar dos sinos da igreja ser abafado pelo estrondo de uma discussão terrível.

Depois da recepção, passamos pela casa da mãe de Brenda para pegar algumas coisas. De repente, Brenda se deu conta da realidade de que estava, de fato, saindo de casa; e para sempre. Ela não conseguia partir. Quanto a mim, havia permanecido celibatário durante um ano inteiro e estava ansioso para, sabe como é, chegar logo à suíte nupcial reservada para nós num hotel ali perto. A última coisa que queria era perder tempo na casa de minha sogra, tomando sopa e comendo *crackers*.

Duas horas mais tarde, instantes depois que consegui carregar Brenda para dentro do quarto, já estava perdendo as estribeiras. Brenda informou que havia esquecido uma bolsa. "Vamos ter de voltar", disse ela.

Foi a gota d'água. "Então você vai sozinha!", esbravejei, atirando uma escova de cabelo do outro lado do quarto.

Depois desse começo nada promissor, levantamos no dia seguinte, pegamos o carro e rumamos para o oeste, em direção a Des Moines, onde começaríamos nossa lua-de-mel. Nosso destino final eram as Montanhas Rochosas, mas insisti que passássemos um dia em Des Moines para que pudesse colocar algumas coisas em ordem no trabalho antes de partirmos para o Colorado.

Brenda ficou horrorizada. "Nossa lua-de-mel deveria ser mais importante que seu trabalho!" protestou.

"De que adianta termos uma semana maravilhosa juntos se eu não puder nos sustentar quando voltarmos?" retruquei, com sarcasmo.

No terceiro dia, nos hospedamos num hotel que, de acordo com a definição de Brenda, era um "pulgueiro".

"Você deveria agradecer pelo que temos!", repliquei. "Além do mais, nós só vamos dormir aqui mesmo."

Ela começou a chorar. "Que coisa menos romântica", choramingou. "Não posso nem pôr os pés no chão sem tirar o sapato e as meias. Olha esse carpete, que nojento!"

Na quarta noite, ficou claro que precisávamos tomar alguma providência. Em sua inocência, Brenda perguntou: "Não seria bom fazermos nossa devocional? A última vez que oramos foi no dia do casamento."

Não me lembro da razão, mas sei que explodi. Talvez estivesse me sentindo inseguro. Não sabia exatamente como fazer uma devocional com uma esposa. Ou talvez estivesse cansado. Mas posso quase apostar que o motivo foi algo muito menos nobre do que isso. É bem provável que suspeitasse de que ler a Bíblia juntos significaria que não teríamos sexo naquela noite e que, de alguma forma, orar tiraria Brenda do "clima". Qualquer que seja o caso, saí do quarto feito um furacão, esbravejando: "Você parece uma beata!"

Na primeira semana depois que voltamos para casa, descobri que Brenda não sabia cozinhar. Alguns dias depois, ela saiu da lavanderia com um ar temeroso e disse: "Acho melhor você ver uma coisa." Todas as minhas camisas sociais brancas estavam dentro do cesto de roupas, só que agora ficaram cor-de-rosa.

"Você não sabia que deve separar as roupas brancas das coloridas", perguntei, em tom autoritário. Ela só balançou a cabeça de leve, pouco antes de eu explodir e fazer as camisas em pedaços.

Como Foi Que o Problema Começou?

É provável que você também tenha alguma história para contar sobre o início de seu casamento. Caso você esteja se perguntando como foi que toda essa coisa de homem-mulher começou, eis o resumo da ópera:

Ao que parece, certo dia Adão estava caminhando pelo jardim do Éden, se sentindo sozinho. O Senhor reparou e sentiu pena dele. "Qual o problema?", Deus perguntou. "Há alguma coisa que eu possa fazer por você?"

"Bem, seria legal ter alguém com quem conversar", disse Adão. "Pelo jeito, você anda bem ocupado ultimamente."

"Tudo bem. Vamos fazer o seguinte: Vou criar para você uma companheira, uma mulher. Ela juntará alimentos e os cozinhará para você e, quando vocês descobrirem as roupas, ela as lavará para você. Concordará com todas as decisões que você tomar, lhe dará filhos e jamais pedirá que você se levante no meio da noite para cuidar deles. Ela não o perturbará e será sempre a primeira a admitir que está errada quando vocês tiverem uma discussão. Ela lhe dará amor e paixão sempre que você desejar e jamais irá para a cama com dor de cabeça."

"Caramba, parece ótimo!", exclamou Adão, cada vez mais interessado. "O que uma mulher assim vai me custar?"

"Os olhos da cara."

Adão achou o preço meio alto. Então, teve uma idéia brilhante. "E o que dá para fazer com uma costela?", perguntou.

E o resto a gente já sabe...

Achamos graça, mas na verdade parece que nossas expectativas com relação ao casamento são constantemente frustradas. Como, por exemplo, logo depois do dia do casamento. Você já se perguntou se casou-se com a pessoa certa? Já pensou que talvez tenha deixado passar a mulher que Deus havia planejado para ser sua esposa ideal? Se a resposta é "sim", bem-vindo ao clube.

Somos tão diferentes! E daí? Todo mundo é. Uma vez que assimilamos essa verdade, alcançar a união conjugal parece uma missão impossível. Entramos em pânico, temos a impressão de que fomos logrados e talvez procuremos uma forma de negociar. No entanto, em Romanos 14, Paulo afirma que a compatibilidade não é, de maneira alguma, um pré-requisito para a união. As discussões e a incompatibilidade sempre farão parte do casamento.

Por isso, é necessário que você seja um líder de coração terno, um homem capaz de abrir mão de seus direitos em favor da união. Mas a obstinação sempre aparece e serve de empecilho. Considere a seguinte passagem das Escrituras:

> Vieram a ele alguns fariseus e o experimentavam, perguntando: É lícito ao marido repudiar a sua mulher por qualquer motivo?
>
> Então, respondeu ele: Não tendes lido que o Criador, desde o princípio, os fez homem e mulher e que disse: Por esta causa deixará o homem pai e mãe e se unirá a sua mulher, tornando-se os dois uma só carne? De modo que já não são mais

> dois, porém uma só carne. Portanto, o que Deus ajuntou não o separe o homem.
>
> Replicaram-lhe: Por que mandou, então, Moisés dar carta de divórcio e repudiar?
>
> Respondeu-lhes Jesus: Por causa da dureza do vosso coração é que Moisés vos permitiu repudiar vossa mulher; entretanto, não foi assim desde o princípio.
>
> (Mateus 19:3-8)

Observe que não são nossas diferenças irreconciliáveis que poderiam servir de empecilho para amarmos nossas esposas como a nós mesmos. Antes, é nossa própria *falta de disposição*.

O que Acontece com os Homens?

Por que não amamos nossas esposas? Por que temos um coração tão endurecido?

Para começar, somos seres do sexo masculino. Nós, homens, somos diferentes das mulheres e existem algumas qualidades do nosso ser e da maneira como nos relacionamos com as mulheres e com o casamento que precisamos entender e confrontar. Podemos chamar essas características de "geleiras" em potencial no casamento, pois sua tendência é esfriar o movimento contínuo de afeto no relacionamento.

Não é que, por natureza, as mulheres sejam melhores do que nós. Porém, ao ler a seguinte lista de dez características que os homens costumam trazer para o casamento, você verá como elas podem tornar extremamente difícil amarmos como Cristo amou.

1. Os homens são rebeldes por natureza

Tudo bem que Eva foi a primeira a ser enganada no jardim do Éden, mas Adão, por sua vez, sabia que comer do fruto era errado e ainda assim o fez. Desde então, ao longo dos milênios, os filhos de Adão (ou seja, nós) têm se mostrado igualmente rebeldes, escolhendo fazer as coisas a seu próprio modo e com uma intensidade muito maior do que aquela manifestada pela maioria das mulheres (como pode ser visto, por exemplo, nos índices de criminalidade muito mais elevados entre homens do que entre mulheres).

Não demora para que consideremos uma vida normal algo entendiante. Por natureza, nos cansamos rapidamente de nos sujeitar às necessidades e à essência de nossas companheiras. Preferimos que as coisas sejam feitas do nosso jeito, que é mais interessante.

2. O ego do homem é maior e mais frágil do que o da mulher

A fragilidade de nosso ego também serve de empecilho para a união e a intimidade. Nas palavras de Tracy: "Quase tudo em nosso casamento é plano ou desejo de Gil. Ele nunca demonstra seus sentimentos mais profundos, e não posso dizer que, em algum momento, tenha sentido uma união plena com ele. Certa vez, ele disse: 'Se eu me abrisse e mostrasse meus sentimentos para você, ficaria vulnerável'."

Ao mesmo tempo que devemos dar espaço para que os dons de nossas esposas se desenvolvam, nosso ego frágil pode facilmente considerar uma ameaça essa expressão dos dons superiores dela. Uma esposa chamada Mônica me disse:

> Depois de um tempo, senti que seria capaz de criar nossos filhos se meu marido não estivesse por perto para nos frustrar. Quando ele chegava em casa e queria mandar em tudo, só causava confusão. A maior parte do tempo, suas escolhas de divertimento para a família não tinham nada que ver com o que as crianças queriam fazer. Se eu tentasse apresentar uma outra sugestão, ele ficava arrasado. Isso me levou a assumir ainda mais o controle ao tentar deixar tudo planejado de antemão. Estava apenas tentando ajudá-lo a ser um pai melhor. Além disso, parecia mais do que natural que eu escolhesse as atividades da família, uma vez que sabia dos horários de todos. Mas ele não via as coisas por esse ângulo e dizia que eu tinha uma compulsão por exercer controle. Isso me deixava zangada e era difícil pensar em nós dois como companheiros, trabalhando juntos.

3. De certo modo, os homens são menos sensíveis às necessidades de outros

Num mundo perfeito, o cabeça da casa deveria demonstrar mais sensibilidade do que os outros, mas não vivemos num mundo perfeito! Foi o que Mary disse:

> Logo no começo de nosso casamento, meu marido queria desfrutar intimidade nos momentos mais inconvenientes. Parecia que, se fôssemos receber visitas, então ele simplesmente precisava de sexo. Mas minha cabeça estava a mil, tentando fazer todos os preparativos. Estava exausta depois de cozinhar, lavar roupas e tentar manter a casa em ordem enquanto me preparava para receber os convidados. De repente, eu o encontrava deitado no quarto, feito uma aranha esperando que eu fosse suprir suas necessidades.
>
> Ele nunca percebia que eu precisava da ajuda dele ou que seria melhor esperarmos até mais tarde, depois que as visitas fossem embora. Era muito difícil sentir-me unida a ele naquela hora. Ele não se importava com o que se passava comigo, mas se importava que suas necessidades sexuais fossem supridas.
>
> De lá para cá, temos conversado sobre minhas necessidades e expectativas, especialmente quando temos convidados em casa. Ele não apenas abriu mão de ter sexo antes de nossos amigos chegarem, como também passou a me ajudar a fazer os preparativos. Tornou-se um homem compreensivo, o que trouxe uma união e intimidade que não sentíamos quando nos casamos. E nosso relacionamento sexual está melhor do que nunca.

Para a maioria dos homens, a princípio é preciso se esforçar para ser sensível. Não nascemos com a sensibilidade que a submissão mútua requer.

4. Os homens têm mais dificuldade do que as mulheres de expressar em palavras aquilo que estão sentindo

Em um estudo realizado na universidade de Stanford, a pesquisadora Diane McGinness deu a algumas crianças pequenas doze tarefas e registrou todas as suas vocalizações. O resultado? Os meninos falaram tanto quanto as meninas, mas de forma completamente distinta. As meninas conversaram umas com as outras e todas as expressões vocais foram feitas com o uso de linguagem e através de frases. Os meninos não demonstraram absolutamente nenhuma inclinação verbal. Apenas sessenta por cento de suas vocalizações foram na forma de linguagem, enquanto os quarenta por cento restantes constituíram-se de exclamações monossilábicas como "Uau!", "Ei!" ou ruídos. (Já notou como os homens xingam e usam mais palavrões do que as mulheres?) Por motivos óbvios, nossa deficiência verbal natural não contribui para a causa da união.

5. O cérebro dos homens concentra-se mais em fatos e lógica do que em emoções e intuições

Por causa das diferenciações cerebrais durante o desenvolvimento fetal, o cérebro da mulher possui mais pontos laterais de transmissão entre seus dois hemisférios. A mulher tem mais facilidade de consultar todas as suas experiências passadas e, com freqüência, é capaz de usar de discernimento com mais rapidez e precisão, manifestando aquilo que chamamos de "intuição".

As mulheres são capazes de se lembrar de detalhes de qualquer briga que vocês tenham tido nos últimos vinte anos, incluindo a cor dos sapatos que você estava usando quando saiu furioso no meio da discussão. Nós, homens, muitas vezes nos vemos em absoluta desvantagem num conflito e, com freqüência, procuramos fazer todo o possível para evitar uma confrontação. Essa fuga não contribui para a comunicação.

Além disso, um estudo recente da Escola de Medicina da Universidade de Indiana revelou que as mulheres empregam os dois hemisférios do cérebro quando estão escutando, enquanto os homens utilizam um hemisfério só. Comunicamo-nos só com metade de nosso cérebro!

Como líderes, devemos permitir que os dons mais desenvolvidos de discernimento que nossa esposa possui abençoem nosso casamento e promovam a união. Ela fica mais do que feliz em poder ajudar com sua intuição. No entanto, com demasiada freqüência, preferimos fazer pouco de qualquer coisa que se assemelhe vagamente a um pensamento intuitivo. Foi o que ouvi de Rita:

> Se discordasse de uma opinião de Clay, ele me obrigava a ver as coisas do jeito dele. Se eu expressasse uma opinião contrária, isso parecia ameaçar sua liderança, especialmente no que se referia a pessoas. Se eu percebesse uma falha ou falsidade em alguém, ele dizia que estava julgando.
>
> Poderia tê-lo ajudado a lidar melhor com outras pessoas se ele tivesse valorizado mais minha opinião. Tenho a impressão de que

muitas vezes ele sabia que eu estava certa sobre alguém, mas, como líder, sentia como se ele devesse detectar essas falhas. Meu discernimento não podia ser o único fator decisivo, mas o julgamento dele bastava.

No fim, ele se ofendia todo se discordasse dele, de modo que eu acabava me calando. Esse silêncio trouxe uma certa paz, mas muitas vezes, ao tratar com pessoas, Clay cometia erros que poderiam ter sido evitados. Eu me ressentia disso, o que só fazia com que nos afastássemos ainda mais.

Nossa masculinidade pode nos impedir de enxergar os aspectos mais refinados da essência de nossa esposa, de modo que, volta e meia, passamos por cima deles.

6. Os homens são sexualmente estimulados pelo que vêem

Somos mais propensos a nos desencaminharmos sexualmente, pois nossos olhos vão atrás de qualquer saia mais curta que passa. Juntando a isso nossa natureza rebelde, temos um enorme obstáculo à união. Numa tentativa de descrever a sexualidade masculina, uma esposa chamada Debbie foi sucinta: "Os homens são uns porcos", uma acusação um tanto apropriada. Ao invés de purificarmos nossos olhos e submetermos nosso comportamento a Deus, muitas vezes optamos por fazer as coisas à nossa maneira. Veja, por exemplo, esta carta que recebi de uma leitora do livro *A Batalha de Todo Homem*.

Meu marido engoliu a mentira de que "todos os homens olham" pois são estimulados visualmente. Ele leu seu livro *A Batalha de Todo Homem*, mas continua dizendo que é impossível a qualquer homem de verdade evitar olhar para uma "gata" de biquíni fio dental. Isso me perturba, mas ele ameaçou divorciar-se caso eu não parasse de "enchê-lo" sobre esse assunto. Disse que, se estou esperando encontrar um homem que não olhe para outras mulheres, é melhor esperar sentada.

Não consigo suportar a idéia de que, para o resto de minha vida, serei privada de uma vida plena em meu casamento. Pelo fato de me sentir tão perturbada com isso e por meu marido estar

> cansado de ser lembrado disso, ele olha ainda mais! Dá para imaginar? Não importa onde esteja com ele, sei que é impossível prender sua atenção. É assim em TODO LUGAR!

Observe a dor dessa mulher ao ver diante de si as longas décadas de solidão que ainda se estendem diante dela. Talvez sejamos mesmo uns porcos. A lascívia de nossos olhos endurece o coração para os sentimentos sexuais mais profundos de nossa esposa. Achamos que ela deve jogar conforme nossas regras, do contrário, encontraremos um dos muitos "haréns cibernéticos" que estão sempre à nossa espera na Internet.

7. Antes do casamento, os homens assumem a responsabilidade de nutrir o relacionamento amoroso

Depois do casamento, vêem a esposa como alguém que deve cuidar deles. Pioneiros intrépidos, uma vez que conquistamos esse território chamado amor, entregamos as rédeas do relacionamento às nossas esposas e vamos para o fundo do carroção tirar uma soneca.

E qual é nossa justificativa? É mais provável que seja a preguiça, mas a maioria dos homens gosta de usar 1 Coríntios 11.9: "Porque também o homem não foi criado por causa da mulher, e sim a mulher por causa do homem", e distorcer inteiramente essa passagem.

Não faz muito tempo, Brenda releu todas as cartas que lhe mandei durante nosso namoro. "É triste que eu não tenha nenhuma carta sua falando da morte de meu pai", comentou. Uma vez que ele havia falecido pouco antes do nosso casamento, achei que ela havia perdido as tais cartas. "Devo ter escrito alguma coisa."

"Não", disse ela. "Àquela altura você havia parado de escrever. Seu entusiasmo já havia se esfriado."

Acho que entreguei as rédeas nas mãos dela meio cedo, mas essa é nossa natureza. O sacrifício da submissão masculina não nasce com facilidade num coração como esse.

8. Os homens precisam de menos romance do que as mulheres

Temos a tendência de esquecer de cuidar do fogo de nosso relacionamento. Dizemos para nós mesmos: "Tudo bem, agora tenho uma esposa.

Qual é o próximo item da lista?" No entanto, o romance encontra-se no cerne da essência feminina. Toda esposa é uma romântica irremediável, uma vez que as mulheres são movidas ao romance.

Quando comprei flores para ela em nosso aniversário de casamento alguns dias atrás, Brenda não sabia se gritava, pulava, dançava ou chorava. Assim, fez tudo isso ao mesmo tempo! Ela adora jantar nos mesmos restaurantes, passar de carro pelas casas e apartamentos onde moramos e andar de mãos dadas no final da tarde, quando o sol está se pondo. Aprecia quando gasto tempo com ela, mas gosta especialmente dos meus presentes bobos e minhas surpresas divertidas.

É natural nos concentrarmos menos no romance depois do casamento. Para piorar, nosso ímpeto masculino "turbinado" e altamente sexualizado pode nos fazer confundir as coisas. De acordo com Jean:

> Adoro a intimidade romântica de um abraço e de um pouco mais de atenção, mas qualquer abraço ou beijo que eu dê em Jim parece sugerir que quero fazer amor com ele. Que coisa mais irritante! Só quero que ele saiba que eu o amo e saber que a recíproca é verdadeira, sem ter de ir correndo para a cama. Só quero que me segure em seus braços e converse comigo, quero estar perto dele.

As esposas muitas vezes se vêem com o tanque de romance vazio e seu motor só continua funcionando graças ao vapor que resta de memórias dos tempos em que ainda nutríamos nosso relacionamento amoroso. Dificilmente damos o devido valor a essa área crucial da essência feminina quando deixamos as coisas ao encargo de nossos recursos masculinos.

9. O homem usa seu trabalho para defender-se da inferioridade

Uma esposa normalmente usa seu marido para defender-se da inferioridade, de modo que é natural dar mais valor ao seu relacionamento conjugal do que o marido. A união não ocupa o centro da atenção dele.

Certo dia, fui visitar o escritório de Jeff. Conversávamos tranqüilamente quando, de repente, seu rosto se iluminou e ele disse: "Você quer ver minhas metas para a empresa?" Cheio de orgulho, tirou da gaveta uma pasta enorme e, abrindo-a, encontrou o resumo de seu planejamento para os próximos sete anos. Havia descrito em detalhes as metas de vendas e responsabilidades, os equipamentos que gostaria de adquirir e seus planos de construir um prédio para os escritórios. Em páginas a fio, relacionou os objetivos anuais, mensais e semanais que teriam de ser alcançados para concretizar todos aqueles objetivos importantes.

Ao sair do escritório, fiquei imaginando por que ele não havia organizado uma pasta daquelas com as metas para o seu casamento. E eu, por acaso tinha algo do gênero? Enquanto isso, Janet, a esposa de Jeff, estava definhando emocionalmente. O "planejamento para os próximos sete anos" de seu marido não incluía investir em seu casamento. "Sinto-me mais como sócia dele do que sua esposa", comentou Janet, acrescentando que pouco tempo atrás havia se candidatado a um emprego para "recuperar sua identidade".

"O que você sente por Jeff nesse momento?", perguntei.

"Nada. Meus sentimentos por ele morreram."

Estremeci com as palavras que já havia ouvido antes em algum outro lugar.

10. Os homens desejam que o casamento lhes dê paz, e as mulheres desejam que lhes dê união

Podemos facilmente nos contentar com um relacionamento de "parceria empresarial" no casamento, desde que haja paz e sexo suficientes. Esse tipo de casamento, porém, é um bolo só de chocolate. Veja o que Jane Fonda disse (na revista *Good Housekeeping* de novembro de 2000) quando lhe perguntaram: "O que você aprendeu sobre si mesma e sobre os homens?"

> Por uma questão de "sobrevivência", minha geração aceitou essa idéia de que devemos reprimir nossas próprias necessidades a fim de permanecer numa relação com um homem. Sou a pessoa ideal para dizer isso, pois já fui casada três vezes. Não é que os homens sejam maldosos ou perversos. A educação que receberam é que os levou a isso. Você pode ter poder político ou expressão profissional, como é o meu caso. Mas perde sua voz e voto por trás das portas fechadas de seu lar, que é o seu relacionamento mais importante. Ninguém me disse para agir dessa forma em relação aos

homens. Isso foi gravado em nossa mente e coração, que estamos sendo egoístas se dissermos coisas como: "Isso me magoa", "Não quero fazer isso" ou "Preciso de um tempo sozinha".

Apesar de seus maridos se sentirem bem consigo mesmos, Jane estava só. Ela atribui o problema à sua geração, mas, para nossa humilhação como homens, as mulheres de todas as gerações dizem a mesma coisa.

Ao invés de irmos além de nossa preferência masculina pela paz ao invés da união, em nosso egoísmo, nos acomodamos com aquilo que consideramos mais confortável. Repito que não se trata de *não podermos* amar nossa esposa, mas de *não estarmos dispostos*.

Você Está Disposto a Tornar-se Mais Terno?

Essa lista de dez características masculinas não é muito animadora. Os homens são, por natureza, insensíveis, menos concentrados e pouco interessados na submissão masculina. Não é de admirar que a união conjugal é algo tão raro. Diante das inúmeras incompatibilidades do casamento, precisamos de um coração mais terno a fim de abrir mão de nossos direitos em favor da união. É algo que não faz parte de nossa aptidão natural.

Posso me identificar com essas dez características, pois, logo no começo de nosso casamento, era completamente dominado por todas elas. Lembro-me de participar de um encontro de casais com Brenda durante um final de semana. Ao voltarmos para casa no domingo, eu me sentia bem tanto comigo quanto com o nosso casamento. Então, uma profunda sensação de mau presságio me acertou em cheio e comentei com Brenda, enquanto dirigia: "Sinto como se estivesse rumando para a Terra Prometida, mas posso ver no horizonte o alto da cabeça de um dragão esperando para acabar comigo".

O que era esse dragão? Aquele monstro enorme de características masculinas, o qual eu sabia que muito em breve teria de exterminar. Havia tanta coisa que precisava mudar em mim!

Você se vê nas descrições da lista de "geleiras"? Quantas dessas características masculinas você submeteu à sua esposa em reverência a Cristo? Muitos de nós simplesmente dão de ombros e acham que as coisas são assim mesmo. Meu pai sempre dizia: "Gosto de mim mesmo exatamente do jeito que sou. Se você não concorda, então vai ter de lidar com isso."

Há também aqueles que acreditam que entendemos de tudo, inclusive de nosso casamento. Veja o que diz Pam:

> Meu marido e eu somos casados há trinta e dois anos. Você sabe o que aconteceu na terça-feira à noite? Peter disse para mim: "Eu te amo mais do que nunca. Acho que em toda a nossa vida juntos, nunca estivemos tão próximos."
>
> E ele estava sendo sincero! Sabe o que eu pensei quando ele disse isso? "Você está louco! Você nem me *conhece*!"

Peter tem a paz que desejava do casamento, mas não a união. Então, como é possível sentir-se mais próximo da esposa do que nunca? Talvez seja pelo fato de não terem dívidas e de a casa estar praticamente paga. Talvez seja por ele ter um emprego que o realiza e no qual pode ficar até se aposentar. Talvez, porque a tensão de criar e sustentar os filhos tenha passado. Os netos pulam no seu colo e, depois de muitos anos, ele tem tempo de cultivar alguns *hobbies*. Para ele, há paz em todas as áreas de sua vida. Não é de admirar que considere seu casamento perfeito.

Porém, o mesmo não se aplica a Pam:

> Minha impressão é de que Peter sente-se ameaçado ou inferiorizado quando consigo lidar com as coisas, entender as pessoas ou ser organizada. Isso tem dificultado nosso relacionamento. Tive de parar de lecionar e assumir qualquer cargo de liderança até que ele descubra qual é o papel de liderança dele. Há tanta coisa que preciso manter guardada dentro de mim. Poderia ter sido de grande ajuda para ele ao longo dos anos e poderíamos ter sido muito mais próximos.

Infelizmente, Peter não enxerga que ele deseja paz, ao invés de união, e nossa cegueira endurece o coração. Não é que sejamos deliberadamente maldosos; o problema é que não conseguimos ver as coisas com muita clareza em função daquelas características naturais que relacionei anteriormente. Essa cegueira é resultado de todo o nosso histórico de vida. Temos poucos exemplos a seguir, poucos homens que se dignaram a viver em submissão mútua com a esposa. Se oitenta e quatro por cento da nossa turma não faz a mínima idéia de como desenvolver a intimidade no casamento, como tentar encontrar um grande número de homens que o fazem?

Exemplos à parte, e quanto a você? Tem dificuldade de enxergar certas coisas em decorrência daquelas dez características? Se esse é o caso, como você pode saber? Alguém tem de lhe dizer. Alguns anos atrás, Deus tocou minha vida de maneira muito clara, levando a um profundo crescimento cristão. Esse processo teve início quando senti que logo assumiria um papel de liderança mais visível dentro da igreja. Desejava saber se havia partes de meu caráter que eu não estava enxergando e que poderiam enfraquecer de alguma forma a minha liderança. Assim, fiz a seguinte pergunta a quatro homens: "Que traços ou características você vê em mim que poderiam me impedir de tornar-me um líder eficaz nesta igreja?" Decidi perguntar a um pastor e a um diácono que me conheciam bem e a outro pastor e a outro diácono que me conheciam superficialmente. Imaginei que assim poderia ter uma idéia mais clara de meus pontos fortes e fracos.

O resultado foi animador e também arrasador. Os quatro homens citaram exatamente a mesma falha em minha pessoa! Consideraram-me distante e inacessível. Essa informação me deixou arrasado, pois sabia que se os quatro podiam ver tal característica, então o mesmo se aplicava a noventa e oito por cento do resto da raça humana. Todo aquele tempo, essas falhas de caráter haviam sido óbvias para todos, menos para mim. Que humilhação!

Porém, saber a verdade também foi bastante animador, pois a partir de então, pela graça de Deus, poderia tratar disso. "Você se arriscou e foi corajoso!", exclamou Brenda. "Eu jamais seria capaz de fazer uma coisa dessas." Mas para mim não pareceu algo corajoso. Se eu desejava liderar, *precisava* saber a verdade. Eram coisas para as quais eu estava *cego*. De que outra maneira poderia descobrir a verdade, senão perguntando?

Saber a verdade é metade da batalha. Ao invés de assumirmos presunçosamente o papel de líderes conjugais, achando que somos um presente de Deus para nossas esposas, devemos ajustar nossa maneira de pensar de modo que corresponda mais à realidade de que o casamento irá exigir um bocado de mudanças da nossa parte.

Como descobrir esses pontos que você não consegue enxergar? Você faz parte dos oitenta e quatro por cento que não estão vivendo em união com sua esposa? Perguntar a outros não é a *única* forma de descobrir esse tipo de coisa.

Você pode perguntar a si mesmo. Quando ouve aquelas músicas românticas antigas e pensa nas letras, você sempre vê sua esposa ou pensa em alguma namorada do passado distante ou beldade recente do escritório? Quando canta junto com o rádio enquanto dirige, está cantando única e exclusivamente para sua esposa?

Talvez o melhor caminho para chegar à verdade seja perguntar à sua esposa, como eu perguntei àqueles quatro homens. Criamos uma série de questões que você pode copiar e entregar à sua esposa. Mas coloque o capacete, pois quando as mulheres lêem essa lista, às vezes ficam zangadas. Em outras ocasiões, choram copiosamente ao ver o que perderam em seu relacionamento com o marido. Pode crer que sabemos disso por experiência própria.

Você é corajoso e ousado o suficiente para fazer essas perguntas à sua esposa?

Nós achamos que sim.

Uma Avaliação da Liderança do Marido

Sua avaliação da nossa união

1. Em sua opinião, o que cria mais impasses entre nós? Como lido com esses impasses? Nesses casos, é freqüente eu resolver o impasse de modo que favoreça meus próprios interesses? Minha abordagem afeta nossa união?

2. Quais são as atitudes da minha parte que passam por cima de quem você é, da essência de sua alma? Em minhas decisões, costumo respeitar e honrar a essência de sua alma tanto quanto a minha? Pareço mais um pai tentando convencer você a aceitar meus pontos de vista ou mais um co-herdeiro procurando compreendê-la?

3. Quais são as atitudes da minha parte que impedem você de se sentir plenamente unida a mim? De que maneira isso afeta sua relação comigo?
4. Você acredita que temos uma união mais íntima? Em que pontos ela se rompe? Entendo qual é meu papel nesse rompimento e estou me esforçando para mudar isso?

Sua avaliação da minha liderança espiritual

5. Qual de nós dois tem maior conhecimento da Palavra de Deus? Como você se sente com isso? De que maneira isso afeta sua união comigo?
6. Quando as falhas de caráter aparecem, qual de nós se submete mais rapidamente às Escrituras e procura mudar? Há falhas de caráter em mim que tenho adiado para resolver? Há outras de que tenho me recusado a tratar? O que isso revela sobre meu amor por você?
7. Qual de nós dois é mais rápido na hora de perdoar? Quem é mais rápido na hora de pedir perdão? De que modo isso afeta seu sentimento de união comigo?
8. Qual de nós é mais constante em suas orações e devocionais? Qual de nós se sente mais à vontade nas devocionais que fazemos como casal? E como família? Isso afeta nossa união?
9. Ao longo dos anos, a temperatura espiritual de nosso relacionamento tem subido ou descido? Minha liderança tem conduzido você a um nível cada vez mais elevado? Mostro-me resistente quando você procura elevar nossos padrões de comportamento?

Sua avaliação da ternura de meu coração

10. Quando chegamos a um impasse, qual de nós dois cede com mais freqüência?

11. Qual de nós dois gosta mais de se sacrificar e servir? Tenho uma atitude positiva quando estou servindo?

12. Quem sofre mais inconveniências em nosso relacionamento, você ou eu?

13. Quem é o "principal servo" de nossa família, o melhor exemplo de serviço?

14. Suponhamos que nosso pastor lhe diga: "Quero indicar seu marido para diácono (ou presbítero). Quais seriam suas ressalvas quanto ao caráter dele?" O que você responderia?

15. Deus a chamou para submeter-se à minha autoridade. Meu estilo de liderança deve facilitar sua submissão. É isso o que acontece?

Sua avaliação de mim como servo

16. Até que ponto compreendo que meu tempo, na verdade, não me pertence? É comum eu tomar decisões unilaterais com referência ao meu tempo?

17. Até que ponto compreendo que não tenho direito de tomar decisões unilaterais sobre ir a um jogo de futebol, trabalhar, sair com meus amigos etc?

18. Você acredita que procurei verdadeiramente conhecer você ao longo dos anos e mudar meus comportamentos e decisões a fim de respeitar aquilo que descobri a seu respeito?

19. A maior parte de meu prestígio e auto-estima vem de meu sucesso como líder e marido em casa ou de meu trabalho e outras conquistas?

20. Tenho aprendido com rapidez novas maneiras de servi-la melhor e dar-lhe mais liberdade em nosso relacionamento e nosso lar?

21. Dedico-me de todo o coração a ajudá-la a ter uma vida plena e se desenvolver dentro de nosso casamento? Ou você sente

que está carregando sobre seus ombros a maior parte das responsabilidades de nosso casamento e família?

22. Dou espaço para você desenvolver seus dons e ministérios? Você percebe que seus dons e talentos representam uma ameaça para minha liderança?
23. Quando você demonstra possuir um dom bem desenvolvido em certa área, respeito esse dom, permitindo que suas opiniões tenham maior influência em minhas decisões nessa área?
24. Sou paciente com suas fraquezas, como sou com minhas próprias, e, em amor, compenso-as com minhas virtudes ou costumo julgá-la por suas falhas?
25. Você sente liberdade em confrontar os pecados em minha vida ou fico tão ofendido que você prefere nem se dar ao trabalho?

PERGUNTAS PARA REFLEXÃO E DISCUSSÃO

1. De que maneiras você viu suas próprias tendências para quaisquer das características masculinas típicas (em termos do seu relacionamento com mulheres) relacionadas abaixo?
   - Uma natureza rebelde.
   - Um ego maior, porém mais frágil, que o de sua esposa.
   - Menos sensibilidade para com as necessidades dos outros.
   - Menos capacidade de expressar verbalmente suas emoções e sentimentos.
   - Mais concentração na lógica e em fatos do que em emoções e intuições.
   - Estímulo sexual visual.

- Menos propensão a continuar sendo romântico depois do casamento.
- Menor necessidade de romance.
- Uso do trabalho como proteção contra a inferioridade.
- Desejo de ter paz (mais do que união) no casamento.

2. Gaste o tempo que for necessário trabalhando (junto com sua esposa) na Avaliação da Liderança do Marido.

Capítulo Sete

Liderando como Servo

Se você tem filhos pequenos, provavelmente conhece os bonequinhos alemães Playmobil. Essas figuras de plástico — cavaleiros, *cowboys*, construtores e donas de casa — têm a cabeça arredondada e mãos fixas numa posição que lhes permite segurar uma grande variedade de acessórios, desde chicotes e baldes até bonecas e carrinhos de bebê. Quando minha filha Rebecca tinha seus dois ou três anos de idade, costumava olhar para essa turma colorida e chamá-la de "bonecos de beliscar", por causa da forma como as mãos deles pareciam estar preparadas para beliscar alguém.

Uma noite, Rebecca e sua amiga Tracy estavam sentadas no chão da cozinha brincando com os "bonecos de beliscar" quando me afundei numa das cadeiras da mesa da copa depois de um dia cheio. Olhando meio distraído para elas, acabei ficando fascinado com toda a imaginação da brincadeira de Rebecca com a família de cabeça redonda. Enquanto cuidava do jantar no fogão, a mamãe boneca brincava alegremente com o bebê boneco. Enquanto isso, Tracy trazia o papai boneco do trabalho em seu carro. Ao passar por sua doce esposa de cabeça redonda, ela fez o papai boneco parar e lhe dar um beijo no rosto. De repente, Tracy franziu a testa numa expressão carrancuda e fez o papai boneco marchar até a sala, atirando-o então sobre um sofá. "O papai vai se deitar", anunciou a todos com tom de desgosto. "Papai nunca faz nada para ajudar."

Estremeci em minha cadeira. O pai de Tracy era como muitos maridos de nossa cultura, que não fazem idéia de como deve ser um bom casamento. Uma vez que tantos maridos não têm a mínima noção de como devem agir ou liderar, acomodam-se com o que lhes parece mais natural. Diante da lista de nossas características inatas apresentadas no capítulo anterior, isso não é nada bom! Claro que podemos dizer que desejamos "ser um marido melhor" ou "passar mais tempo em casa e menos no escritório", mas esses chavões desaparecem rapidamente diante das tentações e pressões da vida. Sem um plano-mestre para transformar nossa mente com relação à liderança no casamento, voltamos aos nossos costumes naturais e, como resultado, levamos uma vida medíocre.

Para fazer progresso, é preciso começarmos incorporando atos sacrificiais de liderança, deixando que Jesus seja nosso exemplo máximo. Pouco antes de morrer, Jesus utilizou uma prática comum de sua época — lavar os pés ao entrar numa casa — para nos mostrar o que fazer:

> Depois de lhes ter lavado os pés, tomou as vestes e, voltando à mesa, perguntou-lhes: Compreendeis o que vos fiz? Vós me chamais o Mestre e o Senhor e dizeis bem; porque eu o sou. Ora, se eu, sendo o Senhor e o Mestre, vos lavei os pés, também vós deveis lavar os pés uns dos outros. Porque eu vos dei o exemplo, para que, como eu vos fiz, façais vós também.
>
> (João 13:12-15)

Porém, não devemos nos sacrificar simplesmente para seguir um exemplo, do contrário nossas atitudes serão facilmente distorcidas. Não faz muito tempo, nossa família estava num restaurante italiano quando nosso filho mais novo, Michael, usou cinco dólares do seu próprio dinheiro para comprar uma porção de salgadinhos de queijo para dividir com todos. Tínhamos sido ensinados sobre sacrifício em nosso culto familiar e ficamos contentes com o desejo de Michael em dar o exemplo. O problema é que ele passou o resto da noite contando vantagem por causa dos tais salgadinhos como se tivesse marcado o gol de vitória da Copa do Mundo!

O Que Significa Fazer Sacrifícios

Muitas vezes, qualquer "sacrifício" que fazemos por nossa esposa é mais para dar uma polida em nossa própria imagem do que para fazer, de fato, algo por ela. Deixe-me dar um exemplo: quando Brenda trabalhava como enfermeira no centro cirúrgico, era chamada com freqüência para atender emergências no meio da noite. No entanto, ela nunca se levantava sozinha naquelas madrugadas frias. Eu acordava com ela, saía para esquentar o carro e raspar o gelo do pára-brisa enquanto ela se aprontava. Só voltava para a cama quando ela partia.

Nas manhãs em que ela estava trabalhando em seu horário normal, enquanto ela tomava banho, eu preparava o almoço que ela levava para o serviço, colocando na sacola alguma coisa especial, como um chocolate. Às vezes, passava pelo carro dela no estacionamento do hospital e deixava um bilhetinho romântico preso ao limpador de pára-brisa. Quando saíamos para jantar, sempre pedia aperitivos antes da refeição, fazendo uma extravagância só porque sabia o quanto ela gostava desse tipo de coisa. As colegas de trabalho de Brenda ficavam sabendo do tratamento "especial" que ela recebia e comentavam com inveja: "Você tem tanta sorte de o seu marido ser gentil assim!"

Brenda sorria e respondia: "É verdade." Mas, por dentro, não sabia o que sentir por causa da forma como eu muitas vezes a insultava. Claro que ligar o carro, dar chocolates e escrever bilhetinhos românticos eram coisas ótimas, mas provavelmente beneficiavam mais a mim mesmo do que a Brenda. Gostava de ser conhecido como um "sujeito sensível". Mais do que isso, adorava o que suas amigas e colegas diziam sobre mim: "Você tem um marido tão carinhoso e atencioso!"

Pode ser que eu fizesse tudo o que estava na lista de *Cinqüenta coisas para agradar sua esposa*, mas ainda era culpado de passar por cima dela durante as outras vinte e três horas do dia. Se você, como "Árbitro Supremo", está acabando com a união do seu casamento, não basta polir sua imagem fazendo "sacrifícios". É preciso transformar completamente sua mentalidade e motivações.

Quando Jesus lavou os pés de seus discípulos, esse ato de submissão não foi uma forma de ele mostrar sua maior humildade ou sensibilidade. Sua principal motivação não foi servir de exemplo, como podemos ver nessa passagem das Escrituras:

> Ora, antes da Festa da Páscoa, sabendo Jesus que era chegada a sua hora de passar deste mundo para o Pai, tendo amado os seus que estavam no mundo, amou-os até ao fim... levantou-se da ceia, tirou a vestimenta de cima e, tomando uma toalha, cingiu-se com ela. Depois, deitou água na bacia e passou a lavar os pés aos discípulos e a enxugar-lhos com a toalha com que estava cingido.
>
> (João 13:1 - 4, 5)

Jesus sabia que seu tempo na terra estava chegando ao fim e estava triste por ter de deixar seus amigos. Queria demonstrar seu amor por eles mais uma vez antes de partir. Cristo fez o mesmo pelo restante da humanidade, suportando os horrores da crucificação como manifestação suprema de sua submissão no ato de amor sacrificial mais extraordinário de toda a história.

Cada um de nós deve fazer o mesmo por sua esposa. O sacrifício da submissão masculina servirá de exemplo, mas seu propósito maior é libertar nossa esposa de modo que ela possa ter uma vida plena e desenvolver todo o seu potencial. Ao nos lembrarmos novamente das palavras de Paulo, vemos que a submissão deve estar arraigada no amor e na união:

> Se, por causa de comida, o teu irmão se entristece, *já não andas segundo o amor fraternal*. Por causa da tua comida, não faças perecer aquele a favor de quem Cristo morreu. Não seja, pois, vituperado o vosso bem. Porque o Reino de Deus não é comida nem bebida, mas justiça, e paz, e alegria no Espírito Santo. *Aquele que deste modo serve a Cristo é agradável a Deus e aprovado pelos homens.*
>
> (Romanos 14:15-18)

A liderança de servidão é mais do que lavar os pés da esposa de vez em quando ou passar o aspirador na casa antes de ela voltar do *shopping*. É mais do que arrumar a cozinha, lavar as roupas ou encher o tanque do carro dela. Temos vizinhos que não teriam problema algum em fazer essas mesmas coisas por nós.

O Importante É Ser

O serviço não consiste em algo que *fazemos* — mas naquilo que *somos*. Não podemos simplesmente agir como servos de vez em quando, de acordo com nossa própria conveniência. Antes, é preciso tornar-se um servo — nossa mente precisa ser transformada para pensarmos como tal e nosso coração precisa ser convertido para que nos sujeitemos como tal — o tempo todo. Jesus *tornou-se* um servo. Também devemos nos *tornar* servos e rejeitar nossa mentalidade de Árbitros Supremos. Como podemos fazer isso?

Por escolha. Apesar de o belíssimo exemplo de servidão de Jesus ser limitado em nosso casamento (afinal, ele nunca se casou), o Pai oferece o modelo transformador de que precisamos quando descreve o servo dos tempos do Velho Testamento:

> Se comprares um escravo hebreu, seis anos servirá; mas, ao sétimo, sairá forro, de graça... Porém, se o escravo expressamente disser: Eu amo meu senhor, minha mulher e meus filhos, não quero sair forro. Então, o seu senhor o levará aos juízes, e o fará chegar à porta ou à ombreira, e o seu senhor lhe furará a orelha com uma sovela; e ele o servirá para sempre.
>
> (Êxodo 21:2-5, 6)

Imaginem a cena. Um judeu falido acorda certa manhã e vê-se sem saída. Atolado na pobreza, sem qualquer esperança de melhorar de vida, sem possuir coisa alguma além de um estômago vazio, não lhe resta outra escolha senão vender-se como escravo no mercado. Ombros encurvados, o orgulho há muito perdido, a única expressão de seu rosto pálido é a mais triste vergonha, os olhos fundos fixos no infinito.

De repente, um desconhecido de olhar bondoso aparece diante dele. De algum modo, esse homem vê no escravo um vestígio de valor.

"Será um traço de amor aquilo que vejo nos olhos desse homem?", pergunta-se o escravo. Parece impossível, mas as esperanças do escravo ressurgem quando seu senhor paga o preço pedido por ele e o leva para casa. De fato, seu senhor o ama. Ele o veste bem e alimenta com fartura, dirige-se a ele com gentileza e o chama de "irmão". Seis anos passam voando e, dentro do coração do escravo, desenvolve-se um amor profundo por seu senhor. Deseja retribuir pela graça e misericórdia recebidas dele.

Quando finalmente chega o dia de o escravo ser libertado, com olhos cheios de lágrimas seu senhor oferece presentes para que o homem leve consigo. Ele recusa, mas oferece em troca seu próprio presente: sua vida, antes destruída e agora restaurada pelo senhor. Oferecendo sua orelha para ser furada, ele recebe a marca com alegria, abrindo mão de seus direitos e seu futuro em troca da honra de servir e agradar seu senhor para o resto da vida.

Reconhecemos esse retrato: é nossa vida em Cristo. Fomos escravos, à venda no tablado do mercado, uma vida destruída por toda a perversidade e insensatez de nossos atos.

Nosso Senhor tão puro encontrou, de modo inexplicável, algum valor em nós e pagou por nossa liberdade com seu sangue para que pudéssemos servi-lo. Ao experimentar seu grande amor, retribuímos esse afeto trabalhando para o seu Reino, marcados de bom grado pelo Espírito Santo (ver Efésios 1:13).

Essa cena do Velho Testamento sugere outro retrato que apresentarei para você. Um dia, meus olhos se abriram e vi diante de mim alguém que até então não conhecia, minha esposa Brenda. Tendo encontrado valor em mim, ela pagou um alto preço para que eu fosse seu. Respondi a esse amor recebendo com alegria a marca de um anel dourado que dizia a todos que eu pertencia a ela. Ela era minha "senhora" e assumi o compromisso de servi-la para sempre.

É claro que não sou literalmente escravo de Brenda. Em primeiro lugar, devo amá-la como Cristo amou a Igreja, e ele não é escravo de sua Noiva. Ao contrário dos escravos do Velho Testamento, que não tinham direito algum, nós, maridos, certamente temos nossos próprios direitos separados de nossa esposa. Além disso, de acordo com o que entendo das Escrituras, ocupamos, sem dúvida alguma, a posição de autoridade no lar.

Dito isso, nossa posição como líderes não pode ser separada do chamado de Deus à submissão, e esse modelo de servo do amor pode e deve servir de paradigma para nossa liderança. Um servo ama seu senhor como ama a si mesmo, e tem o compromisso de ajudar seu senhor a viver plenamente e se desenvolver ao máximo como pessoa. Você já ouviu isso antes?

Mas Fred e Steve, minha esposa não é senhora de mim! É verdade, mas o propósito de tornar-se um com a essência dela é que deve ocupar o senhorio de sua vida. Como líder, você abre mão de seus direitos da maneira que for necessária, não porque ela exerça autoridade sobre você, mas porque você a ama. Você foi ordenado a amá-la justamente dessa forma por alguém que, *de fato*, tem autoridade sobre você — Jesus Cristo.

Certa vez um homem nos perguntou: "Vocês falam tanto sobre servir e ceder. Não há momentos em que sentem que não são o cabeça do lar?"

A resposta é "não". Sabemos que pode parecer paradoxal, mas a obediência a Cristo leva a bênçãos paradoxais. Essa abordagem de servo, na verdade, fortalece nossa liderança no casamento, ao invés de diminuí-la.

Veja o que Brenda, minha esposa, tem a dizer:

> A submissão nunca foi uma coisa natural para mim. Foi ainda mais difícil me submeter quando não tinha praticamente respeito algum pela espiritualidade de Fred. Em nossos tempos de grandes brigas e conflitos com os parentes, costumava perguntar a mim mesma: "Por que deveria me submeter a alguém que encontra-se numa condição espiritual pior que a minha?"
>
> Sabia que devia me submeter por amor ao Senhor. Sabia que os caminhos do Senhor são retos, que Jesus Cristo havia se sacrificado por mim e que desejava que eu me submetesse a Fred por amor ao Senhor. Então, Fred mudou e tornou-se mais fácil me submeter quando ele passou a liderar por meio de seu exemplo.
>
> O compromisso de Fred com o serviço ao longo desses anos tem me ensinado muita coisa. Ao olhar para ele, sou inspirada a

> tornar-me uma pessoa melhor, e ao vê-lo entregar-se a si mesmo e abrir mão de suas vontades, senti o desejo de fazer o mesmo.

Entendeu? Quando lidero como servo, a submissão de minha esposa torna-se algo mais fácil para ela, uma vez que fortalece minha liderança.

Outro benefício conjugal da submissão à união é que ela torna seu casamento "à prova de casos". Brenda explica: "Não sou uma candidata muito forte a ter um caso, pois entendo perfeitamente que isso é pecado. Além disso, penso muitas vezes: 'Como poderia ter um caso? Ele me trata tão bem e abre mão de tanta coisa por mim. Como poderia ser tão desleal e ignorar isso tudo?'"

Podemos até imaginar o que você está pensando. Você ouviu seu pai dizer uma porção de vezes: "Quem é homem de verdade controla a casa." Mas os homens de verdade não são necessariamente ditadores em seu lar. É o caso de Greg, um dos caras mais durões que conheço. No campo de futebol, se você entrasse numa dividida com ele, *você* seria dividido ao meio e, de quebra, ele ainda comeria seu fígado de aperitivo. Fazendeiro forte e inteligente, Greg parece meio homem e meio fera, mas compreende o que é a submissão mútua e exerce uma liderança terna sobre sua esposa, Candy. Nas palavras da própria Candy:

> Sou tão feliz de ser esposa de Greg. Toda noite, quando ele volta do trabalho pronto para tomar banho, quer que eu fique no banheiro com ele para conversarmos. É tão meigo. Nunca pensei que Deus me daria um casamento maravilhoso e um marido incrível como Greg, especialmente depois dos tipos horríveis que namorei na faculdade.
>
> Todo domingo à noite, Greg se encontra com quatro amigos. O casamento de alguns deles não anda muito bem, mas sabem que nosso relacionamento é algo especial. Um dia desses, um deles comentou com Greg: "Você deve estar fazendo alguma coisa direito, pois é evidente que sua esposa adora você." Greg não poderia ter ficado mais contente!
>
> Muitas esposas têm um marido dominador, mas Greg sempre pensa em meus sentimentos. De um modo geral, submeter-me a ele

> é algo que me dá liberdade, pois sei que ele busca ao Senhor em primeiro lugar.

Hummm. A nosso ver, Greg não é nenhum mariquinhas. Alguém se habilita a questionar a força de sua liderança?

Uma Questão de Estilo

Ao optar pela submissão mútua, não estamos falando de abdicar da coroa. Estamos falando de abrir mão do seu *estilo*. Ao bancar o Árbitro Supremo, você passará por cima das convicções de sua esposa e acabará com a essência da alma dela. Num contexto desses, será impossível ela se desenvolver e nunca haverá união nem intimidade.

Há um modo muito melhor de exercer liderança. Afinal, o sinal mais claro de loucura é fazer a mesma coisa repetidamente — ser arbitrário — e esperar resultados diferentes. Bancar o árbitro é algo que faz nossa esposa definhar e torna os anos de casada os mais solitários de sua vida. É hora de fazer as coisas de outra maneira.

É claro que, ao se tornar Servo Supremo, é necessário usar de sabedoria, pois a submissão mútua pode levar a dois extremos. Num deles, vemos aqueles homens que consideram-se monarcas de um reino, governando sobre a esposa como se fossem déspotas. Essa atitude só nutre ressentimento e traz desequilíbrio para a relação. Do outro lado da moeda encontram-se aqueles homens que abdicaram de seu papel de liderança masculina em função do feminismo. Em outras palavras, transformam *a esposa* em déspota do reino, submetendo-se a ela e deixando de assumir a liderança. Os dois extremos são nocivos à família, pois constituem relacionamentos que vão contra os princípios de Deus, ou seja, o casamento deixa de ser paralelo à relação de Cristo com a Igreja.

Ao assumir a posição de servo, você não se verá em nenhum desses extremos. Antes, você é e continuará sendo o líder. Por maior que seja a submissão masculina de Greg, tanto ele quanto Candy compreendem o que é a liderança masculina, como Candy nos relata:

> Houve um tempo em que o trabalho era uma questão difícil em nosso casamento. Nós dois detestávamos nossos empregos, de modo

> que Greg pediu demissão e voltou para a Universidade de Iowa. Depois de se formar e obter a licenciatura para lecionar, Greg descobriu que detestava dar aula e que seu desejo era cuidar de uma fazenda. Para mim, essa decisão gerou um bocado de estresse, pois havia sido criada num lar economicamente estável, no qual meu pai recebia um salário fixo todo mês. Além disso, não podia suportar a idéia de ser esposa de um fazendeiro. Assim, tomei uma atitude "madura" e me tranquei no banheiro de nosso apartamento! No devido tempo, acabei entendendo o que Greg estava pensando e me submeti à sua decisão, e agora vivo muito feliz em nossa fazenda.

Precisamos liderar e fazê-lo com firmeza, mas precisamos de um estilo de liderança de serviço que crie união e traga alegria à nossa esposa. Como é esse estilo de liderança na prática? Vejamos o retrato da vida do servo a fim de extrair dessa imagem mais características importantes do amor dele por seu senhor.

Uma vez que a orelha do servo era furada, *seu tempo não lhe pertencia mais*. Não podia se levantar pela manhã e simplesmente decidir que ia pescar. Devia consultar seu senhor e saber o que havia de mais urgente a ser feito. *O servo tinha poucos direitos*. Se seu senhor era piedoso, então o servo usufruía dos direitos determinados pela Bíblia, mas estes podiam ser contados nos dedos de uma só mão. Para adquirir quaisquer outros direitos, era necessário discuti-los com seu senhor.

Não faltava serviço. Pelo fato de amar seu senhor, *o servo estava sempre buscando novas maneiras de servi-lo*. Pensava em formas de alegrar o coração dele ou aliviá-lo de alguma carga que estivesse pesando sobre sua mente ou seu corpo.

Ele desenvolvia novas aptidões a fim de aumentar o prestígio de seu senhor e torná-lo mais estimado em sua comunidade, sendo essa a fonte de muito do seu próprio prestígio. Orgulhava-se de seu papel de serviço ao senhor e considerava-o uma honra. Apesar de ele mesmo ser sábio, *considerava as idéias e opiniões de seu senhor tão valiosas quanto suas próprias*.

Quanto aos dons espirituais de seu senhor, o servo estava disposto a realizar as tarefas mais humildes e ingratas *a fim de dar espaço para seu senhor poder exercer esses dons*. Se seu senhor demonstrava fraquezas que prejudicavam seu ministério e seus relacionamentos, o servo *aceitava essas fraquezas com paciência*, como se fossem suas próprias falhas, até que seu senhor fosse fortalecido pela graça e misericórdia de Deus e pelas experiências ao longo da vida. O servo também trabalhava de modo que *protegesse a fé de seu senhor*.

Se o pecado do próprio servo prejudicasse seu senhor, *ele não protelava para procurar libertação desse pecado*. Amava seu senhor e *tinha grande prazer em servir* de todas as formas possíveis.

Na verdade, era uma vida boa. Claro que para nós essa idéia toda é absurda. Quem abriria mão de sua liberdade para comprometer-se com um relacionamento desses?

Porém... é isso o que você deveria ter feito no dia do seu casamento.

Uma Nova Forma de Liderar

A adaptação conjugal é algo simples. Antes do casamento, você era o capitão da sua vida, navegando sua embarcação com base nas convicções pessoais e na essência da alma de uma só pessoa: você.

Agora, você encontra-se no comando do *Matrimônio dos sete mares*. Como capitão, deve saber comandar com base nas convicções pessoais e na essência da alma de *duas* pessoas. Se esse conceito é novo para você, é bom aprender logo.

Por vezes, as convicções de duas pessoas são conflitantes. Porém, de acordo com Paulo, a submissão masculina será um elemento necessário para manter a união a bordo de sua embarcação. A submissão masculina requer uma disposição humilde que respeita a essência de sua esposa.

Onde posso encontrar essa disposição? Nossa sugestão é que você observe e adote a disposição do servo, pois, em primeiro lugar, ele ama seu senhor como a si mesmo e tem o compromisso de ajudar seu senhor a viver em plenitude e desenvolver-se como pessoa. Essa é exatamente a mesma vocação que encontramos no casamento. Além disso, a disposição de servir oferece a humildade necessária para ceder em favor da união conjugal.

Nas duas primeiras seções deste livro, descrevemos o fenômeno comum do "entorpecimento" dos sentimentos da esposa e o papel do homem na submissão mútua como forma de reavivar esses sentimentos.

Nas duas seções seguintes, ensinaremos você a pensar como um servo. O que está em jogo? O desejo de toda mulher – união e intimidade com seu marido.

E seu eu não aprender a me submeter? Seu cruzeiro conjugal se transformará num naufrágio catastrófico. Ou, dentro da nossa analogia da "morte" dos sentimentos, seu casamento continuará no cemitério! Claro que você pode ter uma esposa dócil que fará vista grossa para sua falta de submissão, mas é bem provável que quando vocês estiverem sentados num restaurante, todos vejam que não há mais vida no olhar dela. Ou talvez você tenha uma esposa obstinada que se irrita com sua liderança e convive com você como se fosse uma "casada solteira", mas pode ser que um dia ela embarque em seu navio. Na melhor das hipóteses, sua esposa é uma mulher temente a Deus que, apesar de não conseguir se submeter por respeito a você, encontra em Cristo as forças para ser submissa por amor a Jesus.

Em todos esses casos, não há união. Pode haver paz, longevidade conjugal e até a aparência de que vocês têm o casamento perfeito. Porém, sua relação não é fundamentada na intimidade. Como resultado, os estragos começam a aparecer por toda parte, incluindo uma área particularmente importante para os homens – a vida sexual.

Também é Bom para Sua Vida Sexual!

Para as mulheres, a atração sexual baseia-se no relacionamento. Se você se recusou a assumir a atitude de servo, sua esposa terá pouca ou nenhuma atração sexual por você. Seja qual for o caso, é assim que funciona.

Certa vez um pastor disse a alguém: "Está vendo aquela cadeira ali? É minha cadeira de aconselhamento. Sabe qual é a queixa que ouço com mais freqüência de homens casados?"

"Não, qual é?", perguntou o outro.

"Que não estão tendo sexo."

Os leitores de *A Batalha de Todo Homem* nos inundaram de e-mails com variações dessa mesma pergunta: "O que posso fazer para que minha esposa deseje ter sexo comigo?"

É uma pergunta e tanto. Já ouvimos homens fazerem comentários como os de Jim:

> Admito que não sou perfeito em minha pureza sexual, mas será que posso conversar com você sobre um outro assunto? Minha esposa chegou para mim terça-feira passada e me disse: "Jim, tenho algo a lhe dizer, mas não sei exatamente como começar. Vou ser bem direta. Não gosto de sexo e gostaria muito de que não precisasse mais ter relações".
>
> Fiquei estarrecido. Não sabia muito bem o que dizer, mas acabei perguntando: "É alguma coisa que estou fazendo de errado ou algo que posso melhorar?" Ela respondeu: "Não é nada com você. Todas as minhas amigas se sentem assim também. Não há uma que se salve."

Por que as mulheres não querem ter sexo com os maridos? A resposta é que não têm um verdadeiro relacionamento com eles. Não sentem intimidade alguma. Esses maridos não permitem que a essência da alma dessas mulheres seja respeitada, amada e tenha espaço para se expressar.

Mas temos uma notícia que deve inspirá-lo: Todos os homens que conhecemos que estão praticando a submissão mútua têm uma vida sexual extremamente gratificante.

Você quer aprender mais sobre a submissão mútua e a disposição de servir? Se sua resposta é "sim", ótimo. Nos próximos capítulos, iremos discutir as características do exemplo do servo em relação ao casamento. Mais para o final do livro, eu lhe mostrarei como incorporar essa nova atitude e disposição à sua vida sexual.

PERGUNTAS PARA REFLEXÃO E DISCUSSÃO

1. O que as palavras *liderar como servo* significam para você depois da leitura deste capítulo?

2. Que tendências você observa em si mesmo de fazer "sacrifícios" visando muito mais melhorar sua própria imagem do que, de fato, servir sua esposa?
3. De que maneiras importantes você reconheceu que servir não é algo que *fazemos*, mas algo que *somos*?
4. Este capítulo afirma que é impossível separar a posição do marido como líder de sua submissão e que o exemplo do servo deve ser o paradigma de sua liderança. Qual é sua reação a essa idéia? Até que ponto você crê nisso e aceita essa afirmação? Ela gera dúvidas ou levanta questões em sua mente?
5. De que maneira você descreveria seu estilo de liderança dentro do casamento? Como ele se compara ao estilo do servo?
6. Na sua opinião, o que Deus deseja que você faça em seu casamento em resposta àquilo que você leu até agora neste livro?

PARTE III

REVELANDO SEU CORAÇÃO DE SERVO

CAPÍTULO OITO

QUEM DETERMINA SEUS DIREITOS É SUA "SENHORA"

> Acaso, não sabeis que o vosso corpo é santuário do Espírito Santo, que está em vós, o qual tendes da parte de Deus, e que não sois de vós mesmos? Porque fostes comprados por preço. Agora, pois, glorificai a Deus no vosso corpo.
>
> (1 CORÍNTIOS 6:19, 20)

Comprei minha primeira espingarda há dez anos, incentivado por meus amigos Brad e Dave. Eles me ajudaram a encontrar uma bela calibre doze da marca Browing. Comemoramos a compra indo até um grande terreno baldio para uma rodada de tiros livres. Tinha um talento natural para "mirar e atirar" e num instante havia reduzido a pó uma série de discos de argila. Descobri que tiro livre era o hobby mais relaxante que já havia experimentado.

Brad e Dave sugeriram que eu poderia me interessar por atirar em alvos vivos, de modo que numa bela manhã de sábado, pouco antes de o sol nascer, fui caçar faisão com os dois. Uma vez que meu pai detestasse essa prática, eu nunca havia saído para caçar. Para dizer a verdade, esperava que fosse ficar entendiado. Achei que ficaríamos andando de um lado para o outro no meio do mato, vestindo jaquetas cor de laranja fosforescentes e atirando em um ou dois pássaros distantes.

Ao nos aproximarmos dos primeiros arbustos, um faisão apareceu de repente e Brad o colocou na sua mira. Quando atirou, dezenas de outros pássaros levantaram vôo e nós três começamos a disparar como se estivéssemos no meio de um combate acirrado. Meu coração disparou! Naquele momento, entendi por que durante os dois meses e meio da temporada de caça ao faisão homens crescidos passam todos os fins de semana percorrendo campos cobertos de geada. Não via a hora de voltar. Havia sido fisgado.

Ao entrar em casa às cinco da tarde, desembestei a contar todos os detalhes para Brenda. "Querida, você não vai acreditar", exclamei. "Finalmente encontrei um hobby que eu adoro! É demais! Não vejo a hora de sair de novo com o pessoal no próximo sábado."

Brenda não compartilhou do meu entusiasmo. Não conseguia imaginar como andar de um lado para o outro, emaranhado em milharais e tropeçando no mato, podia ser relaxante. Mas não era só isso. Sábado era o dia que passávamos juntos como família, e ela esperava por isso a semana inteira.

"Você não imagina como é bom eu saber que você encontrou um hobby tão legal", ela disse. "Há tempo que você precisava de alguma coisa assim, mas você precisa entender o que isso significa para mim. Vou ter de cuidar sozinha das crianças seis dias da semana. Além disso, que graça tem o sábado sem você por perto?"

Procurei minimizar suas preocupações, uma vez que havia me divertido *demais* caçando faisões. "Sei que é um sacrifício para você", admiti. "Mas a temporada é curta – só dois meses e meio. Preciso aproveitar ao máximo."

Brenda não estava convencida. "Seria ótimo se você pudesse fazer isso todo final de semana", disse. "Mas sair para caçar toma muito do tempo que você passa comigo e com as crianças. No domingo tem a programação da igreja, de modo que sobra apenas o sábado."

Vi que estava perdendo território à medida que a conversa se desenrolava.

Ela continuou: "Já que você gosta tanto do seu novo hobby, devemos entrar num acordo sobre quantas vezes por ano você pode sair para caçar. Assim você não se sentirá tentado a ceder quando seus amigos o convidarem."

Essa sugestão – aliás, muito boa – me pegou de surpresa. Ponto para Brenda. Raciocinando rapidamente, concluí que deveria ser o mais "sacrificial" possível. "Que tal três vezes?", sugeri. Não parecia muita coisa, uma vez que a temporada de caça ao faisão durava cerca de quinze semanas.

"Que tal duas vezes?"

"Duas? Pense bem, meu amor! Você sabe que sair só três vezes já é um sacrifício enorme para mim. Tenho todo o direito de sair para caçar pelo menos três vezes por ano!"

Vamos parar por aqui e congelar a imagem. Por que eu não podia fazer o que achava melhor? Não havia conquistado o direito de me distrair e relaxar? Não era o sujeito que colocava a comida na mesa todo mês, o líder que podia resolver uma discussão unilateralmente e de uma vez por todas? Além disso, não é verdade que todo ser humano tem o direito de ser feliz?

É Meu Direito, Certo?

Era bem isso: meu direito de ser feliz. A Declaração Internacional dos Direitos Humanos não fala alguma coisa sobre isso?

Na verdade, teria sido melhor para Brenda se estivesse escrito na declaração "direito à vida, liberdade e justiça", uma vez que o casamento não consiste numa busca pela felicidade. Antes, eu deveria estar buscando o que era justo, e não há nada de justo em passar por cima de Brenda, colocando um hobby em primeiro lugar e ela e as crianças em segundo.

O melhor a fazer é pensar em nossos direitos com uma atitude de servo: não temos direito algum, exceto aqueles com os quais nossa esposa concorda. Tiago diz que ir atrás de direitos que acreditamos ter é o principal motivo de brigas e desavenças. "De onde procedem guerras e contendas que há entre vós? De onde, senão dos prazeres que militam na vossa carne? Cobiçais e nada tendes; matais, e invejais, e nada podeis obter; viveis a lutar e a fazer guerras" (Tiago 4:1, 2).

Tinha o direito unilateral de escolher quando iria caçar ou será que essa era apenas *minha* forma de encarar a situação? Foi mais fácil responder a essa pergunta quando me coloquei no lugar de

Brenda. Fiquei imaginando que era final de novembro. Um dia entro na cozinha e Brenda exclama, cheia de empolgação: "Oi, amor, amanhã vou começar a fazer as compras de Natal. Algumas lojas vão abrir bem cedo com promoções imperdíveis. Vou tomar café com a Amy e a Marta às seis e meia para podermos aproveitar melhor o dia. Você precisa ver as ofertas do shopping!"

"Tudo bem, eu cuido das crianças", digo tranqüilo, pensando em como elas podem ficar jogando videogame enquanto eu assisto futebol na TV.

"Muito obrigada pela ajuda, amor. Tenho só mais um favorzinho para te pedir."

"Diga, meu anjo."

"Li no jornal que as lojas vão fazer essas promoções até o começo de janeiro. Não estou dizendo que vou comprar alguma coisa sempre que sair, mas todos os finais de semana daqui até janeiro minhas amigas e eu vamos 'bater pernas' por todas as lojas para aproveitar as melhores ofertas daqui até Indianápolis."

"C-c-como?"

"Você deve se planejar para poder ficar em casa com as crianças desde a hora em que elas levantarem até o final da tarde, quando eu voltar."

"E quando seria isso, meu docinho?"

"Sei lá. Por volta da hora do jantar. Ah, não fique com esse olhar tristonho."

"É que parece um bocado de tempo."

"Não se preocupe, meu chuchu. A temporada de compras é curta – só umas oito semanas. Não é ótimo? Sei que você vai entender, uma vez que é tão pouco tempo!"

Posso ouvir o som das risadas vindo de toda parte, de norte a sul – são as mulheres lendo este livro e pensando: Até parece!

Sejamos Razoáveis

E como terminou a história de sair para caçar?

"Puxa vida, Brenda", insisti. "Seja razoável! Não acho que é muito pedir três sábados para caçar faisão."

"Tudo bem", anunciou Brenda, resolvendo o impasse. "Serei razoável e lhe darei os três dias. Estou certa de que você também vai considerar razoável cuidar das crianças três dias inteiros para que eu possa ir às compras com a Pam."

Brenda não dava a mínima para o que era justo, mas era extremamente importante para ela que eu visse o preço que estava pedindo que minha família pagasse. "Achei que já estava fazendo um grande sacrifício ao pedir apenas três sábados. Agora você está me fazendo parecer um 'banana' que precisa perguntar à esposa quantas vezes ele pode sair para caçar."

"Sei disso, meu amor, e não estou tentando passar por cima de sua autoridade. Mas temos tão pouco tempo com as crianças, e um dia elas não vão mais estar aqui conosco. Você é tão importante para elas que parece loucura gastar tanto tempo caçando, por mais divertido que seja."

Não demorei muito a responder: "Dois sábados, então." Ela me deu um grande abraço.

Posso ouvir você esbravejando: *Mas isso não foi certo!* Talvez não, mas teria sido certo eu abrir mão de algo que era uma prioridade para Brenda em troca da liberdade de ir caçar quando bem entendesse?

Será que ir caçar todos os sábados teria, de fato, sido um empecilho para que ela educasse seus filhos no temor do Senhor? Essa não é a questão. Se ela acreditava que sim, então toda vez que saísse para caçar, eu a estaria insultando, o que não seria certo. O apóstolo Paulo mostrou, através de seu próprio exemplo, que o mais justo é ceder a fim de manter a harmonia:

> Se nós vos semeamos as coisas espirituais, será muito recolhermos de vós bens materiais? Se outros participam desse direito sobre vós, não o temos nós em maior medida? Entretanto, não usamos desse direito; antes, suportamos tudo, para não criarmos qualquer obstáculo ao evangelho de Cristo.
>
> (1 Coríntios 9:11, 12)

Paulo preferia viver como se não tivesse direito algum, ao invés de criar obstáculos para o evangelho. Você daria preferência para o que é certo ou para o que é justo? Você jamais será um servo enquanto considerar seus direitos como parte do processo na hora de tomar decisões.

Seria errado eu ir caçar toda semana? Para mim seria, pois minha esposa é que estabelece as condições para que haja união, lembra? Por outro lado, pode ser que sua esposa não pense que sua ausência durante a curta temporada de caça tenha um impacto mais duradouro sobre seus filhos. Pode ser que ela diga: "Vai fundo! Só tome cuidado!" Se esse for o caso, acerte um faisão por mim.

Com isso, quero dizer que é a "senhora" que define seus direitos (e lembre-se mais uma vez de que, apesar de nos referirmos à sua *esposa* como "senhora", na verdade essa é a maneira resumida de dizermos que, na verdade, o que Deus determinou como "senhor" do seu relacionamento é *o propósito de tornar-se um com a essência dela*). Isso porque somos chamados a viver em união, e a essência de sua esposa determina os termos dessa relação. Defender nossos direitos não ajuda em nada a *enxergar* as convicções e a essência de sua esposa, e muito menos a respeitá-las.

Você tem poucos direitos próprios, além daqueles concedidos por sua "senhora". Entender esse fato é uma garantia de que você levará em conta as convicções e a essência de sua esposa na hora de tomar as decisões. Quando você vive dentro do seu casamento dizendo "Eu tenho todo o direito de _______", então não importa com o que você preenche a lacuna. Você pode achar que tem o direito de sair com seus amigos toda semana. Pode achar que tem o direito de escolher todos os programas de TV que sua família assiste, de decidir onde vocês vão passar as férias, de resolver a qual restaurante vocês vão.

Porém, nada disso é um direito até que sua esposa concorde.

Não Esquenta – É só um Programa de TV

Jon foi criado assistindo a jogos de basquete com seu pai e seu avô. Agora que é um homem casado, assiste aos jogos na TV todas as quintas e sábados e também a seqüência de dois jogos da NBA no domingo. Isso perturba profundamente sua esposa, Marlee, e toda essa atenção reservada aos jogos de basquete tem sido nociva para o seu relacionamento. Ao tratar do assunto, Jon simplesmente comenta: "Tenho todo o direito de assistir a esses jogos. Trabalho feito um louco a semana inteira e preciso disso para relaxar."

Papo furado!

Para Earl e Karen, o problema eram os bingos. De acordo com Karen, "Não queria que ele ficasse jogando, pois é errado e sempre acaba se endividando. Mas ele fazia o que bem entendia. Também viajava sem mim nos finais de semana, o que não me agradava nem um pouco, uma vez que ele já passava um bocado de tempo fora durante a semana, cuidando dos negócios. Além disso, ele controlava o talão de cheques e nunca me dava dinheiro para as despesas da casa. Earl se recusava a mudar e continuava fazendo o que achava melhor, apesar do que eu sentia. Nunca experimentei verdadeira intimidade com ele."

É muito melhor nos acostumarmos a abrir mão de nossos direitos. Logo, isso *se tornará um modo de vida* e você nem perceberá mais. Você terá a disposição de um servo, e as atitudes sacrificiais se tornarão rotineiras.

Deixe-me dar um exemplo. Alguns anos atrás, Brenda e eu passamos meses esperando pelo primeiro episódio da nova temporada da série *Star Trek: A Nova Geração*. O último episódio da temporada anterior terminou com uma nave dos perversos Borgs prestes a disparar contra a Terra. A nave *Enterprise* tinha apenas uma chance de impedir os Borgs de acabarem com nosso planeta. A última cena do episódio final mostrava o capitão da *Enterprise* ordenando: "Fogo!"

Esperamos meses para descobrir o que iria acontecer, e faltavam alguns momentos para começar o novo episódio. Brenda e eu estávamos no sofá da sala de TV, totalmente absortos enquanto recapitulavam o episódio anterior. A cada cena a tensão crescia, a parte final prometia. Aproveitamos o último intervalo para correr até o banheiro e nos reabastecer de salgadinhos, ansiosos para ver o clímax emocionante.

Três minutos depois, Brenda sentiu um mau cheiro. Eu não reparei em nada, o que não era de surpreender, uma vez que meus olhos estavam grudados à tela. Brenda olhou para o lado e viu nosso pequeno Michael rindo sem graça, pois não havia chegado a tempo ao banheiro, sujando suas calças e também o carpete. Brenda soltou um gemido com o qual eu concordei plenamente. Um de nós teria de dar banho em Michael, o que levaria uns dez minutos, enquanto o outro teria de limpar o carpete. Pelo menos o sortudo que fosse limpar o carpete ainda poderia assistir ao programa ao mesmo tempo.

Mas quem daria banho em Michael?

Simplesmente peguei Michael no colo sem discutir. É isso que os servos fazem. Agir como um servo significa abençoar sua esposa e dar-lhe a chance de desenvolver todo o seu potencial. Sei o quanto Brenda apreciou esse meu gesto, mas foi mais do que isso. Eu a estava amando como a mim mesmo e liderando ao dar o exemplo.

E Quanto às Coisas Esquisitas?

Antes de mudarmos de assunto, fica a pergunta: Temos o direito de possuir nossas próprias idiossincrasias simplesmente porque fazem parte do nosso "charme"? Não se isso provoca desunião.

Vejamos essa questão em mais detalhes. Quando lavo meu rosto pela manhã, gosto de jogar bastante água nele e, por tabela, em toda a pia ao redor. Brenda simplesmente diz: "Se você quer ser um pato, tudo bem, mas seque a pia depois."

Assim, quando eu termino, pego a toalha e seco tudo.

Nate, por outro lado, diz: "Gosto de fazer uma porção de ruídos quando estou tomando sopa. É mais gostoso assim." Esses barulhos todos irritam sua esposa ao extremo. Além disso, todas as noites depois do trabalho, Nate gasta uma hora "de molho" na banheira. Sua esposa sente que está trabalhando como uma condenada para colocar o jantar na mesa enquanto ele faz seu "banho de beleza". Em resumo: você não tem o *direito* de passar uma hora na banheira.

Considere ainda este outro exemplo: Você não tem o direito de "fingir de morto" quando está discutindo com sua mulher, mesmo que essa seja sua forma predileta de lidar com conflitos. Lembro-me de falar com Tim, um rapaz que sempre fazia isso com sua noiva. Durante uma conversa que os dois tiveram comigo, ele cruzou os braços, colocou o queixo para a frente com orgulho e sorriu, dizendo: "Às vezes passo uma semana inteira em silêncio, e ainda assim ela não consegue descobrir por que estou zangado."

Sua noiva deu um sorriso sem graça e depois lançou um olhar triste para o chão. A primeira coisa que me ocorreu foi ligar para o cartório e dizer: "Quando o Tim aparecer para pegar a certidão de casamento, aproveitem e preparem também sua certidão de divórcio. Assim ele economiza uma viagem, pois vai precisar logo desse documento." Ao invés disso, porém, tentei fazer Tim ver as coisas de modo um pouco mais razoável.

A esta altura, é possível que você esteja imaginando *quais são* nossos direitos. Como maridos, temos alguns, mas não muitos. Até mesmo nossa satisfação sexual e nossa autoridade sobre o lar devem ser definidas dentro do contexto das convicções e da essência da alma de nossa esposa.

No curso para noivos, costumo dizer: "Pois bem, rapazes, se algum de vocês tem um problema em abrir mão de seus direitos em troca da mulher que você ama, então levante-se e fuja para as montanhas."

Se pelo menos um casal em cada curso não resolve adiar seu casamento, fico imaginando se não fui claro o suficiente.

Perguntas para Reflexão e Discussão

1. De acordo com este capítulo, o casamento não consiste na busca pela felicidade. Até que ponto você concorda com essa avaliação?
2. A seu ver, quais são seus direitos como marido neste momento?
3. Até que ponto você consegue se identificar com a experiência de Fred de querer sair para caçar com mais freqüência do que sua esposa desejava? Quais são algumas questões parecidas que surgiram em seu casamento?
4. Este capítulo também diz que seus direitos como marido não devem ter influência sobre as decisões que você toma em seu lar. Você concorda? Justifique.
5. Qual é sua reação mais imediata ao conceito de abrir mão de seus direitos como marido? Você aceita inteiramente essa

idéia? Você tem dúvidas ou resiste a esse conceito de alguma forma?

6. Este capítulo diz que abrir mão de nossos direitos como maridos também pode tornar-se um hábito, um modo de vida, de modo que você não precisa mais pensar nisso o tempo todo. Até que ponto você considera isso verdade de acordo com sua própria experiência?
7. Depois de ler este capítulo, você acredita que existe alguma coisa que Deus deseja que você faça no seu casamento? O quê?

Capítulo Nove

Seu Tempo Não lhe Pertence

Um servo está sempre à disposição de seu senhor. Para ele, isso não é um problema; afinal, vive para servir seu senhor. Ele nunca diz: "Acho que vou tirar uma noite de folga". Seu tempo não lhe pertence, a menos que seu senhor assim o permita.

Quando Sandy e eu (Steve) conversamos sobre o que é importante para uma mulher e o que toda mulher deseja, sempre acabamos falando sobre o que era importante para ela e o que eu estava (ou não) fazendo para dar-lhe aquilo que desejava. Um dos desejos mais importantes de uma mulher é tempo, de modo que Sandy e eu discutimos qual era o significado conceitual de tempo. De acordo com ela, quando uma esposa não tem tempo com seu marido, sente-se desvalorizada e extremamente solitária.

Quando uma esposa sente que não está sendo devidamente acalentada, valorizada e amada, ela definha até desaparecer, ao invés de desabrochar em abundância de vida e empolgação. Se não for estimulada, sua beleza e encanto podem acabar encobertos.

Quando os homens notam essa letargia, afastam-se da imagem sombria e indistinta da mulher com a qual se casaram. Infelizmente, ao invés de dedicarem mais tempo a ela e reverterem essa situação, passam ainda *menos* tempo em casa. Quanto mais a esposa definha, mais justificado ele considera ter sua própria vida. A morte do espírito da esposa pela falta de compromisso dele é, com freqüência, a morte do relacionamento, pois o marido não suporta ficar com uma mulher tão apática.

A outra reação da esposa à falta de tempo é a guerra. Ao invés de definhar, essa mulher começa a lutar pelo que é seu. Sua raiva se espalha por toda parte, envolvendo tanto o marido quanto ela própria. Está furiosa e quer que ele saiba disso e descubra uma forma de desfazer o estrago. Sua guerra é contra ele, mas, na verdade, ela está lutando por seu senso de valor. Afinal, ela sonhou que o casamento seria um relacionamento em que ela se sentiria mais valorizada do que nunca.

A reação de um marido a uma esposa que declarou guerra nunca é algo agradável de se ver. Pode ser que ele se retraia ou então que contra-ataque, mas esse tipo de conflito nunca leva à aproximação, intimidade e maturidade do relacionamento. Essa dinâmica pode mudar quando o homem decide ser um servo e, como qualquer servo faria, dar seu tempo livremente. Essa atitude fará toda a diferença do mundo.

O Tempo Faz Toda a Diferença

Eu (Steve) costumava fazer parte de uma empresa doentia, onde quase todos que ocupavam cargos administrativos trabalhavam seis dias por semana. Nas tardes de sábado, esperava-se que os gerentes trabalhassem, pelo menos, até as três da tarde. Uma das piadas na hora do cafezinho era: "Se você não pretende aparecer aqui no sábado, arrume suas coisas e nem pense em vir trabalhar junto com todo mundo no domingo." Eis o que acontecia no domingo: depois de colocar em dia os serviços atrasados, todo mundo saía para jogar golfe juntos quase todos os finais de semana. Como disse, era um lugar doentio.

Eu não me encaixei no esquema. Raramente ia trabalhar no sábado e nunca saía para jogar golfe com os outros. Assim, comparado a esses outros caras, eu era fanático por Sandy. Porém, não eram homens como aqueles que eu devia usar como parâmetro. Meu parâmetro devia ser o servo, e não um *workaholic* do sul da Califórnia. Apesar de não estar desperdiçando meu tempo como faziam os meus colegas, também é certo que não o estava dedicando a Sandy.

Por isso, quando conversamos sobre o que as mulheres precisam de um modo geral, o tempo apareceu no topo de sua lista. Durante um bom tempo, não fui muito bom em dedicar tempo a Sandy. Ficava perto dela, mas não *com* ela. Minhas preocupações e inúmeras atividades nos mantinham tão distantes que não teria sido muito diferente se eu tivesse saído para jogar golfe com meus colegas de trabalho aos domingos.

Quando perguntei a Sandy o que havia melhorado em nosso relacionamento, ela concentrou-se na questão do tempo. Observou como eu fazia pequenas coisas que mostravam que eu estava prestando atenção nela – como massagear os músculos de seu pescoço e das costas, que precisavam de um pouco de amor e atenção. Não estava simplesmente ao lado dela, mas *presente* com ela. E essa presença era muito mais agradável (e muito menos confusa!) do que meu corpo estar num lugar e minha mente, em outro.

Sandy observou uma outra coisa que eu também estava fazendo diferente. Havia parado de negociar meu tempo com ela. No passado, sempre que ela me pedia que fizesse alguma coisa, eu negociava de modo a realizar a tarefa numa outra hora, outro dia ou outra semana. Então, comecei a deixar o que estava fazendo e simplesmente cumprir a tarefa imediatamente. Tornei-me como um computador com uma tecla de *enter*. Tudo o que Sandy precisava fazer era digitar seu pedido e eu atendia. Parecia uma coisa pequena, mas para ela era de um valor enorme. Para Sandy, essa minha atitude era uma diferença visível em termos de compromisso e reconhecimento.

Quando demorava a atender seus pedidos no passado, era como se não estivesse assumindo um compromisso completo com ela. Minha conduta era o oposto da maneira como Cristo havia se entregado à Igreja ou da atitude de um servo comprometido com seu senhor. Quando observei essa diferença e mudei meu comportamento, ela sentiu o amor que eu queria que sentisse. Não foi preciso definhar nem declarar guerra. Então, comecei a observar algo interessante: ela não me pedia mais que fizesse tanta coisa. Sandy não precisava mais provar para si mesma que eu estava comprometido. Podia ver e sentir isso, pois sabia que eu estava "presente de verdade" quando passávamos tempo juntos.

Se sua esposa é uma mulher que está definhando ou que se encontra em pé de guerra, talvez você queira refletir sobre quanto tempo e que tipo de tempo você está dedicando a ela. Em outras palavras, qual é sua abordagem à questão do tempo no casamento?

Existe um Tempo Livre?

Assim como o servo, todo marido deve encarar seu "tempo livre" (ou seja, o tempo que ele pode usar como lhe aprouver) com humildade ou acabará facilmente passando por cima das necessidades da esposa. No tempo em que eu (Fred) estava namorando Brenda e morando em Moline, me ocupava jogando beisebol duas vezes por semana e adorava o passatempo. Para mim, não havia nada mais gostoso que o cheiro de um gramado recém-cortado, as linhas que haviam acabado de ser riscadas com giz e o estalo do taco acertando a bola.

Aquele era o meu "Campo dos Sonhos" lá no Iowa. Quando começamos nossa vida de casados, esperava continuar jogando. Nosso time só participava de dois jogos por semana e, portanto, eu ficava fora só umas duas horas por noite.

No entanto, não demorou para eu notar algo perturbador. Toda noite, Brenda voltava para casa ressentida e podia ver que ela havia chorado. Isso porque o ambiente no hospital onde ela trabalhava como enfermeira na cirurgia era quase insuportável. Não faltava gente fumando, usando linguagem vulgar e fazendo piadas sobre os órgãos genitais dos pacientes. Devia ser horrível.

Para piorar, Brenda ainda estava profundamente entristecida com a morte de seu pai, e, depois que saía do trabalho, essa realidade voltava com força total. Se eu não estivesse em casa para distraí-la, Brenda via diante de si horas solitárias que demoravam a passar. Sabia o quanto eu gostava de jogar beisebol, de modo que foi corajosa e abriu mão de minha presença. Não me lembro de alguma ocasião em que tivesse me pedido que não jogasse mais. Porém, sempre que eu voltava de um jogo, podia ver que ela havia chorado. Ela descansava a cabeça em meu ombro e derramava mais algumas lágrimas.

Para mim, o uso do tempo era uma luta. Não compreendia plenamente a profundidade da dor de Brenda e sabia que, na verdade, não havia nada que pudesse fazer de qualquer modo. A meu ver, ela teria de superar aquilo tudo e, a longo prazo, seria uma experiência positiva para ela.

Dizia para mim mesmo que precisava de alívio físico depois de um longo dia no escritório. Fazer exercícios sempre havia me ajudado a manter minha sanidade mental. Por outro lado, o que dizer da sanidade de *Brenda*? Ainda que eu tivesse meia dúzia de boas justificativas para continuar jogando, será que minha escolha era baseada no amor? Éramos uma só carne e, mesmo que não pudesse literalmente sentir a dor de minha esposa, devia refletir sobre minhas decisões como se estivesse passando pela mesma experiência que ela.

No final, não importava o ponto de vista pelo qual eu encarava a questão, chegava à seguinte conclusão: Brenda precisava mais de mim do que eu precisava de beisebol. Sabia que ela queria que eu ficasse em casa, ao invés de sair e limpar tacos. Nessas circunstâncias, seu desejo era mais importante do que o meu.

Como ela me estimou por essa decisão! E valeu a pena, pois esse ato voluntário de submissão impediu que minha esposa me visse como um absoluto crápula naqueles tempos em que vivia passando por cima dela. Para Brenda, foi um ato heróico de união, e ela fala nisso até hoje.

Como se Escreve "Amor"?

Para usar nosso tempo com sabedoria, devemos considerar nossas esposas as "senhoras" de nossas vidas, não num sentido tradicional, no qual elas têm a última palavra, mas no sentido de que elas nos compraram por um preço. Retribuímos seu amor ao abrir mão de nossos direitos e liberdade a fim de sermos um com elas. A união é nosso compromisso maior, e a essência de sua esposa é que define as condições para essa união.

Diante desse fato, nosso tempo não nos pertence e, num certo sentido, estamos à disposição de nossas esposas. Não é que sejamos sua propriedade, mas nossas esposas têm sonhos ligados a nós, e o chamado de Deus nas vidas delas não pode se realizar sem nosso tempo.

De acordo com um velho ditado, se você pedir a uma esposa que soletre a palavra "amor", ela dirá "t-e-m-p-o".

Nós, homens, não soletramos amor dessa forma, de modo que maridos e mulheres se verão diante de um impasse. É possível, ainda assim, haver união? Sim, mas, como maridos, não podemos tomar decisões unilaterais relativas ao tempo, ou pagaremos caro por isso. Apesar de não associarmos o amor tão diretamente ao tempo, precisamos aprender a fazê-lo, se esperamos amar devidamente nossas esposas e filhos. Esse tipo correto de amor só pode existir no coração de um servo, pois requer sacrifício.

Brenda e eu temos quatro filhos, e não nos resta muito tempo a sós durante o dia. No entanto, aprendi, ao longo dos anos, que ela precisa de tempo só para sentar-se e conversar comigo. Para ela, essas conversas são uma fonte de intimidade. O problema é que, sou mais alerta e produtivo pela manhã, de modo que, às dez da noite, estou quase em estado de coma. Se me deitar na cama, caio no sono e só acordo oito horas depois.

Porém, foi preciso me lembrar de que meu tempo não me pertence. Se Brenda precisa ficar acordada e conversar, devo fazer de tudo para me envolver em sua conversa – e não cair no sono. Assim, criei uma regra para mim mesmo: quando vou para nosso quarto à noite, não posso me deitar na cama imediatamente. Ao invés disso, sento-me na minha "cadeira da conversa", como a chamo. Consigo ficar acordado e conversar com Brenda, se é isso o que ela precisa. Aprendi que é assim que se escreve amor: "t-e-m-p-o". Trata-se de um pequeno gesto de união que respeita as necessidades vitais de minha esposa, como eu respeitaria uma de minhas próprias necessidades.

Há Qualidade e Quantidade?

Você já deve ter ouvido pais falando sobre seus filhos: *Não tenho muito tempo para ficar com eles, mas o tempo que passamos juntos é de qualidade!* Não sabemos o que isso quer dizer. Nossas esposas e filhos também não sabem e, mesmo que soubessem, como poderíamos construir um relacionamento sobre as bases desse chamado "tempo de qualidade"? Em se tratando de negócios, ninguém faz isso, não é? Como você sabe muito bem, as melhores relações de trabalho são construídas ao dedicar-se um bocado de tempo aos seus colegas e clientes.

Além disso, como é possível prever qual será a qualidade desse "tempo de qualidade"? E se acontece um imprevisto e seu "banco" de tempo é assaltado? Seus filhos precisam esperar mais um mês até você encontrar outra tarde livre na sua agenda?

Aliás, como distinguir o que é ou não de qualidade? Certa vez, comprei alguns ingressos para meu filho Jasen e eu irmos assistir a um jogo de beisebol da segunda divisão. Meu plano era gastar com ele tempo da melhor qualidade, tempo de homem para homem, durante o qual eu poderia explicar-lhe alguns dos aspectos mais complexos desse jogo de que eu gostava tanto. No final do primeiro tempo, ele encontrou um amigo, foram brincar no meio da arquibancada e sumiram durante o jogo. E lá se foi o tempo de qualidade!

Porém, naquela mesma semana, fui ao supermercado comprar pão. Laura estava com três anos e meio de idade e levei-a comigo, pois ela adorava passear de carro. Quem poderia dizer que seria um tempo de qualidade? A caminho do supermercado, ela me perguntou do banco de trás: "Pai, o que quer dizer salvação?" Isso é que eu chamo de tempo da mais alta qualidade!

A única maneira de garantir que você terá tempo de qualidade é *certificar-se de que haja tempo em grande quantidade!* Deus lhe concede um número determinado de ocasiões em que você poderá sair para pescar com seus filhos e, quando esses dias passarem, não voltarão mais. Não perca uma dessas oportunidades! Posso dizer ainda que Deus lhe dá um número limitado de ocasiões em que você coloca seus filhos no carro e vai ao supermercado. Também não desperdice esses momentos.

Comparando Agendas

A maioria de nós não demora a descobrir que é preciso consultar nossas esposas antes de marcar compromissos. De acordo com Cheryl, "gosto da maneira como Dave sempre me consulta antes de marcar alguma coisa com seus amigos à noite ou nos finais de semana". Trata-se de algo que deveria ser um comportamento normal no dia-a-dia.

O que está em questão aqui não é tanto como encaramos nosso tempo, mas sim a arrogância com que consideramos o tempo de *nossas esposas*. Não é tanto que desperdiçamos nosso tempo, mas a maneira com que passamos por cima do tempo dela, como ilustra esta história de Ellen:

> Allan organiza seu trabalho de modo a ter tempo para mim e para as crianças, especialmente nos finais de semana em que não está no serviço. Mas ele tem dificuldade em ver que há um tempo certo para fazer as coisas. Quando, por exemplo, ele acha que precisa discutir algo ou tratar de algum assunto com as crianças, parece não conseguir esperar por um momento oportuno.
>
> Ele trata das questões exatamente quando elas surgem em sua cabeça, mesmo que normalmente não seja um momento oportuno – como alguns minutos antes de as crianças irem para a escola, ou quando eu estou saindo para o trabalho, ou ainda quando não há tempo suficiente para responder. Sempre que comento isso com ele, parece não entender que as coisas profundas do coração precisam ser discutidas dentro de um ambiente apropriado. Como líder, ele sente que, se tem tempo de fazer alguma coisa ali, naquele instante, todo mundo também precisa arranjar tempo para isso.
>
> É difícil reagir corretamente, sem qualquer ressentimento por sua falta de aptidão para enxergar que está errado. Isso dificulta até mesmo que tenhamos uma atitude correta mais tarde. Infelizmente, acho que nossos filhos o consideram um caso perdido. Não conseguem ver que, além dessa sua deficiência, ele tem um coração enorme e nos ama demais.

É nessas áreas mais sutis do tempo que você fica sabendo se desenvolveu um coração de servo ou se ainda é o Árbitro Supremo. A vida diária revela se seu tempo é mais importante que o dela – se ela precisa parar tudo o que está fazendo para receber suas ordens e ouvir suas declarações. Tal desrespeito jamais viria do coração de um servo. Além disso, um servo nunca sonharia em repreender seu mestre pela forma como ele usa seu tempo. Porém, como maridos, é o que fazemos com nossas esposas com freqüência excessiva. Esse tipo de comportamento é arrogante e ultrajante e, infalivelmente, acaba com a união. Sei disso por experiência própria...

Brenda era enfermeira formada e extremamente competente em seu trabalho, uma vez que adorava o que fazia. Quando Jasen – nosso primeiro filho – nasceu, Brenda e eu resolvemos que ela ficaria em casa e deixaria sua carreira por algum tempo. Meus negócios finalmente estavam indo bem o suficiente para conseguirmos pagar as contas, e sentimos que seria a coisa certa a fazer para a nossa jovem família. Tomamos outras decisões para criar uma vida familiar estável, de modo que pudéssemos passar o máximo de tempo juntos. Estabelecemos um horário para eu voltar do trabalho a fim de que Brenda pudesse ter a comida pronta e para que jantássemos juntos como família. Porém, criamos uma outra regra que podia ter precedência sobre a anterior. Quando um dos filhos precisava de mais atenção, Brenda tinha liberdade de deixar o que estava fazendo e gastar tempo lendo ou brincando com quem estivesse carente. Essa segunda regra significava que podia acontecer de eu me matar no escritório para conseguir chegar em casa no horário e então descobrir que não precisava ter me apressado.

Quando nasceu nosso segundo filho e depois o terceiro e o quarto, Brenda começou a lançar mão dessa regra com mais freqüência. Lembro-me de voltar para casa e encontrar a cozinha vazia, sem coisa alguma no fogão, a louça do almoço ainda na mesa e sons de caos vindos de todos os cômodos. Isso me irritava. *O que ela fica fazendo o dia todo? Se eu fosse encarregado desse serviço, isso nunca aconteceria!* E, às vezes, cometia o erro de dizer o que estava pensando.

Contudo, não fazia idéia de como era a rotina de Brenda com quatro filhos. Ainda que eu pudesse fazer mais coisas do que ela durante o dia, de que maneira estaria respeitando sua essência ao dizer-lhe isso? Ela é a mãe, certo? Não tem liberdade de tomar suas próprias decisões sobre como administrar seu dia? E daí que isso não se encaixa nos meus parâmetros? Deus conhece as habilidades dela e não teve problema nenhum em colocar quatro pequeninos sob seus cuidados. Quem eu penso que sou?

Além disso, minha arrogância só tornava ainda mais difícil ela manter suas prioridades em ordem. Se eu a pressionasse sobre a regra do "Jantar Pronto às Seis", como ela poderia cumprir a regra da "Criança Carente Precisa de Tempo"? Tornei-me um obstáculo justamente para aquelas prioridades que eu mesmo havia determinado.

Nenhum servo ousaria repreender seu senhor pelo uso que ele faz de seu tempo. Era esperado que o servo respeitasse a sabedoria do senhor, e o respeito por nossas "senhoras" também deve tornar-se algo esperado. Significa que em momento algum podemos discutir a forma como o tempo é administrado em nossa casa? Claro que não. Porém, sem dúvida, significa que a opinião da esposa tem mais peso no que se refere à forma como ela usa seu tempo em casa com as crianças.

Perguntas para Reflexão e Discussão

1. Como você descreveria sua abordagem do tempo em seu casamento depois de ver essa questão em discussão neste capítulo?
2. Até que ponto você se identifica com as experiências que Steve ou Fred contaram neste capítulo?
3. Com que freqüência e pormenor você consulta sua esposa ao planejar sua agenda?

Capítulo Dez

Abrindo Espaço para os Dons de Sua Esposa

Nós, homens, normalmente não somos *experts* em termos de hospitalidade. Para nós, se espalhar pelo sofá refletindo sobre o sentido da vida – ou assistindo a um bom jogo de futebol – é o que há de melhor na vida. Quem precisa de gente? Todo mundo de que precisamos já está ao nosso redor: nossas famílias.

Antes de me casar, era muito raro convidar alguém para ir ao meu apartamento, e, quando isso acontecia, você podia considerar-se honrado se eu abrisse um pacote novo de amendoins só para você. Meu estilo de vida era um tanto espartano. Quando Brenda viu meu apartamento pela primeira vez, ficou estarrecida. Minha sala de estar era decorada com uma cadeira de praia dobrável, uma televisão de treze polegadas sobre o carpete gasto e quatro quadros baratos encostados na parede. (Para que pendurá-los? Afinal, estavam bem à altura dos olhos quando eu me sentava em minha cadeira.)

Quando nos casamos, Brenda *teve* de decorar nosso lar, que, na época, era um apartamento simples num subúrbio de Des Moines. Logo percebi (pois é, até alguém tapado como eu...) que Brenda tinha um talento especial de hospitalidade e cordialidade tanto com nossos amigos como com pessoas que mal conhecia. Sempre que convidava um outro casal ou família para nos visitar, seus preparativos eram um desafio à minha sanidade mental.

"Fred, você pode pegar os guardanapos?", pedia da sala, onde certamente estava ajeitando as revistas na mesinha de centro.

"Aqueles na despensa?", perguntei da cozinha.

"Não, não os de papel! Use os de tecido, guardados na caixa junto com a porcelana. Assim todos vão se sentir especiais", respondeu Brenda.

"Tudo bem, pode deixar que coloco na mesa", disse eu, um tanto confuso.

"Mas não é só para *colocá-los* na mesa. Arrume-os em formato de flores, como eles fazem no restaurante Elwell. Não ficam lindos daquele jeito?"

"Não sei arrumá-los como flores", gritei de volta e depois resmunguei baixinho: "E também não quero aprender."

"Tudo bem, eu te ensino. Vai ser divertido!"

Entrou na sala de jantar onde eu estava, pegou um guardanapo de pano, dobrou para lá e para cá e – *voilá* – os guardanapos se transformaram num jardim sobre a mesa.

"A propósito, vamos deixar as crianças colocarem *marshmallows* dentro do fondue de chocolate. Não vai ser o máximo?", perguntou Brenda.

"Acho que sim", menti. "Vou pegar uns palitos."

"Que palitos, seu bobo! Comprei uns garfos de fondue hoje, são uma gracinha. Os filhos do Gary vão adorar. Vão se sentir sofisticados e lembrar disso por um bom tempo", exclamou, empolgada.

Minha cabeça estava a mil por hora, mas não tive tempo de colocar os pensamentos em ordem, pois Brenda também insistia em que passássemos aspirador e um pano no chão e arrumássemos tudo como se fôssemos receber a rainha da Inglaterra. Contudo, apesar de a casa estar impecável e de a mesa encontrar-se milimetricamente arrumada, nossos hóspedes sempre se sentiam à vontade e não tinham medo de bagunçar alguma coisa. Não sei como Brenda consegue fazer isso. Como disse, é um dom. Claro que eu achava tudo aquilo uma frescura, mas ela parecia gostar tanto de receber as pessoas em casa que eu raramente reclamava... no começo.

Então, nossos quatro filhos começaram a crescer. Para eles, flores de guardanapo não queriam dizer nada. Estavam sempre precisando de alguma coisa, aprontando alguma ou querendo algo para comer, o que acabava dificultando as coisas para o estilo de Brenda e, com freqüência, deixava pouco tempo para ela fazer os preparativos para receber nossos hóspedes. Às vezes, ainda era preciso administrar outras crises, como comprar chuteiras novas para o campeonato de futebol dente-de-leite que começava no dia seguinte. Forçada a se adaptar a um ritmo alucinante, ela corria de um lado para o outro feito uma barata tonta. Quando finalmente conseguia ir para casa, era quase hora dos convidados chegarem e ainda precisava passar aspirador no carpete, bater os tapetes – coisas que "simplesmente não consegui fazer por causa das crianças". Quando eu voltava para casa depois do trabalho, ela estava em pânico, e a maioria dessas tarefas acabava sobrando para mim, enquanto nos esforçávamos ao máximo para que tudo estivesse "nos trinques" quando os convidados chegassem.

Então, fui firme com ela.

"Por que você faz tudo isso?", perguntei, com aspereza. "É ridículo! Ninguém se importa de verdade com o jeito como os guardanapos estão dobrados, nem se a casa está perfeita. Pelo amor de qualquer coisa, eles são nossos amigos! Se não conseguem conviver com um pouco de bagunça, então que jantem em outro lugar. Melhor ainda, que encontrem outros amigos!"

Como essa linha de argumentação não deu certo, lancei mão de uma outra abordagem.

"Olhe para você!", exclamei. "Está correndo para cima e para baixo feito uma louca atrás de coisas que nem importam! Você está deixando as crianças e eu perturbados. Cheguei num ponto em que nem quero mais convidar as pessoas para vir aqui em casa. Pare com isso!"

Estou certo de que feri os sentimentos de Brenda, mas alguém precisava tomar a iniciativa e dizer a verdade. Eu sabia que estava com a razão. Ou será que não?

Isso É um Ministério?

Depois de um dos meus pequenos sermões, Brenda me disse, em meio a lágrimas: "Não posso mais convidar ninguém para vir aqui até que as crianças estejam mais crescidas. Se não vou conseguir receber bem nossos convidados, então é melhor que nem venham."

Aquilo era ainda mais louco. Minha intenção não havia sido dizer que não queria mais ter visitas em casa, pois gostava de receber nossos amigos. "Brenda, você está me dizendo que vai nos privar como família da companhia de nossos amigos só porque você não pode fazer tudo do jeito que quer? Não acha que é uma medida um pouco extrema?"

"Será que você não entende, Fred?", perguntou ela, com olhos suplicantes. "Não espero que você se preocupe com essas coisas como eu, mas é importante fazer o meu melhor. Para mim, receber nossos amigos é um ministério."

Ministério? Era a primeira vez que eu ouvia esse termo relacionado a churrascos de domingo. A palavra me acertou em cheio. Brenda considerava isso um *ministério*? Finalmente comecei a entender, e quando isso aconteceu, refleti sobre a maneira como vinha lidando com aquela situação. Normalmente, quando a hora H se aproximava, eu ajudava sem muita vontade a cuidar das crianças, dar uma ajeitada na casa ou varrer a calçada. Fazia uma coisa aqui e outra ali até o momento de atender à campainha e convidar nossos amigos para entrar. Só então acabavam todos os preparativos.

Sem dúvida, precisava ser firme, mas era comigo mesmo que devia fazê-lo! Precisava dar espaço para que Brenda desenvolvesse seu dom de hospitalidade.

Se íamos ter visitas durante a semana, eu voltava uma hora antes do trabalho para ajudar com o serviço da casa. Nos finais de semana, certificava-me de estar por perto *horas* antes de os convidados chegarem. Fazia a maior parte das tarefas braçais, como passar aspirador e tirar o pó dos móveis, liberando Brenda para dar seus toques especiais em tudo. Lavava tigelas e panelas enquanto as receitas progrediam de estágio em estágio. No inverno, tirava neve da entrada ou varria a calçada no verão. Preparava um fogo na lareira e ajeitava as almofadas do sofá. Em resumo, transformava-me em "Multi-Homem", o herói da faxina e da arrumação.

Observei que Brenda e eu nos tornamos mais próximos ao trabalharmos juntos com o objetivo comum de deixar a casa um brinco, pronta para os convidados famintos que iriam saborear uma das deliciosas refeições caseiras de minha esposa.

Mas não é só o objetivo em comum que conta, ou eu entender o dom de Brenda e sentir a mesma premência que a leva a fazer tanta coisa. Na verdade, não entendo. O fato é que comecei a reconhecer que ela possui um ministério autêntico dentro de nosso lar e passei a honrá-lo juntamente com os meus próprios ministérios.

Assim, ela sente-se unida a mim. A essência de Brenda é que determina as condições para a união. Se eu passasse por cima do seu dom de hospitalidade, não haveria união.

Façamos uma rápida reflexão sobre esse assunto. Nenhum senhor compra um servo na esperança de que este dificulte a expressão de seus dons e ministérios. E nenhum servo permite que sua orelha seja furada com a intenção de tornar mais penoso o trabalho de seu senhor. O servo ama seu senhor e abre mão de tudo para certificar-se de que seu senhor tenha uma vida plena e garantir que seus dons e ministérios possam se desenvolver ao máximo.

E quanto à sua esposa? Você está contribuindo para que ela agrade ao Senhor?

Imagine a liberdade que sua esposa possuía para servir a Deus antes do casamento. Quando Deus tocava o coração dela para fazer alguma coisa, ela simplesmente atendia. Quando Deus lhe pedia que contribuísse com um missionário necessitado, ela obedecia. Ela acatava as convicções do Espírito sem interferência alguma. Podia descansar quando precisasse e orar quando desejasse. Agora, tudo isso deve passar por você, certo?

Ela esperava ter ainda mais liberdade depois que se casasse. Foi isso o que aconteceu? Você deu espaço para ela e tomou alguns fardos sobre seus ombros para que ela pudesse, de fato, se desenvolver?

Descubra Quem Ela É

Nesse aspecto, Fred não é o único transgressor ao recusar-se a permitir que sua esposa se desenvolva. Eu (Steve) tenho uma esposa que é a mulher mais criativa do mundo. Quando ela coloca um abajur ao lado de uma cadeira, pode ter certeza de que aquele é o lugar certo. Tudo o que ela toca se ajeita e fica lindo, e Deus lhe deu muitos talentos criativos.

Porém, quando nos casamos, eu não ligava a mínima. Só queria que ela se parecesse com as mulheres que eu conhecia. Queria me sentir bem, e nem me passava pela cabeça o que ela poderia sentir se eu impusesse minha vontade. A criatividade de Sandy podia ser vista nas roupas lindas que ela comprava. Apesar de ela ter um bom gosto e estilo que outras mulheres invejavam, eu não me importava. Queria que ela se vestisse como uma princesinha. Comprava saias rodadas e blusas com laços para ela e me enchia de orgulho quando ela se vestia do jeito que eu gostava. Tudo bem que ela ficava sem graça, impaciente e zangada, mas para mim estava linda de morrer.

Tenho uma foto dela vestindo uma dessas roupas bregas que lhe comprei, e meu coração se aperta só de olhar para ela. Como eu era idiota de esperar que ela se vestisse de um jeito comum, sem graça e monótono, ao invés de permitir que ela se expressasse. Por que demorei tanto para perceber seus dons singulares e minha própria responsabilidade de ajudála a desenvolver esses talentos maravilhosos, ao invés de rebaixá-los? Como tantos homens cristãos, achei que meu trabalho era ser o chefe, e o mais importante de tudo era aquilo que eu dizia. Os sentimentos de minha esposa não valiam nada se comparados à minha opinião sobre como as coisas deviam ser.

Essa atitude do coração é capaz de acabar com qualquer relacionamento e destruir as mulheres em geral. Encontrei-me há pouco tempo com Rich Stearns, um dos diretores da organização Visão Mundial, e estávamos discutindo a terrível situação das mulheres ao redor do mundo. A pobreza com a qual elas sofrem tem muitas causas, mas nós dois concordamos quanto a uma das mais importantes: o pecado dos homens. São os homens que maltratam essas mulheres, consideramnas cidadãs de segunda categoria e as expulsam de casa ou as abandonam sem a menor consideração pelo bem-estar delas. Alguns homens são literalmente mais atenciosos com seus animais de estimação do que com a esposa! Esse tratamento mantém as mulheres subjugadas, totalmente alienadas dos propósitos de Deus para elas.

Que diferença gritante do ideal de Deus, no qual a mulher é valorizada pelo homem! Assim, avalie a maneira como você trata sua esposa. Se é grosseiro e desatencioso, confesse isso a ela, peça seu perdão e comece o processo de descobrir finalmente o que Deus planejou para ela.

Preste Atenção!

Talvez você tenha dificuldade em reconhecer o ministério de sua esposa, mas sempre poderá *ouvir* sua premência se mantiver suas antenas ligadas. Eis um exemplo.

Ao redor da vizinhança onde eu (Fred) moro, há uma pista de cerca de três quilômetros de extensão onde Brenda e eu gostamos de nos exercitar, dando voltas de bicicleta nas noites quentes de verão. Num começo de noite, enquanto completávamos a penúltima das nossas cinco voltas habituais, vimos nosso amigo Jack conversando na entrada da garagem com José, um conhecido nosso da igreja. Ansiosos para completar as cinco voltas antes de parar, só acenamos amigavelmente e continuamos pedalando. Quando passamos por lá novamente, no final da quinta volta, vimos que o carro de José não estava mais lá e que Jack já havia entrado em casa.

Brenda ficou preocupada que Jack tivesse achado falta de educação da nossa parte não parar para cumprimentá-lo antes e disse: "Talvez você devesse entrar e explicar para Jack que queríamos completar nossas voltas antes de parar e conversar com ele e José."

Só podia ser brincadeira! Em primeiro lugar, eu tinha coisas melhores a fazer. Estava gravando algumas músicas para o diretor do ministério de louvor da igreja e queria terminar isso antes de ir para a cama. Em segundo lugar, estava ficando escuro. Nunca bato à porta de um vizinho depois que já escureceu no verão. Talvez seja uma coisa de homem, mas a casa de um sujeito é seu castelo, e bater à porta depois de escurecer é como atacar a paz do seu reino. Em terceiro lugar, sabia que Jack era um cara típico. Não havia nem pensado nisso, pois os homens simplesmente não pensam nessas coisas. Não queria fazer uma tempestade num copo d'água. Em quarto lugar, só gente fresca sai por aí se certificando de que ninguém está magoado. Em quinto lugar, Jack estava claramente de bom humor e parecendo muito amigável enquanto conversava com José, mas eu não estava num dia muito sociável. Sabia, que se batesse à sua porta, ficaríamos conversando pelo menos meia hora, quarenta minutos.

"Isso é absolutamente desnecessário, Brenda", disse eu. "Pode crer que Jack já se esqueceu de que passamos na frente da casa dele."

"Pode até ser, mas ultimamente, quando passamos por ele de bicicleta outras vezes, tive a impressão de que ele queria dizer alguma coisa. Só gostaria que ele soubesse que, quando estamos andando de bicicleta, é um exercício, e não passeio. Não paramos porque precisamos terminar de nos exercitar, e não porque somos antipáticos."

Meu nível de irritação subiu dois pontos. Precisava gravar as músicas e logo seria hora de dormir. Fechei a porta da garagem, passei por Brenda para entrar na sala e disse: "Não vou ser controlado pelas impressões dele. Se ele acha que sou mal-educado só porque não paro toda vez que passo pela casa dele de bicicleta, isso é problema dele. Tenho minha própria casa, minha própria vida e não preciso explicar minhas decisões para cada vizinho que encontro pelo caminho. Além disso, ele nem pensou no que aconteceu. Homens não ligam para essas coisas."

Sentei-me e pus um CD para tocar. Brenda me seguiu e sentou-se perto de mim, com jeito de quem não ia embora tão cedo. "Ainda acho que é a coisa certa a se fazer", comentou.

"Então vá você conversar com Jack. Tenho outras coisas para fazer, como gravar essas músicas."

"Você sabe que não posso fazer isso. Não posso bater à porta e dizer para a Tânia: 'Oi, posso falar com o Jack?' Seria esquisito demais!"

A essa altura, havia chegado aos limites conhecidos de minha paciência. "As coisas precisam ser sempre do seu jeito, não é? Você acha que é a única pessoa da família que entende alguma coisa de relacionamentos."

Num tom não muito meigo, ela me lembrou: "Você sabe que tenho mais percepção para essas coisas do que você."

Ao que eu repliquei: "Isso não significa que você nunca está errada e eu nunca estou certo. Ele é um cara, e caras se conhecem. Ele nem pensou mais nisso."

"Ainda assim, acho que você devia ir lá", disse ela. Mesmo que estivesse determinado a não ceder, sabia que não demoraria muito para estar pedalando de volta para a casa de Jack. Apesar de não entender como isso podia ser tão importante para ela, podia *ouvir* como era. Ela não conseguia deixar aquilo de lado. Não havia me dado um único motivo decente, mas devia haver uma razão. Decidi que iria, mas que faria isso mais tarde. Não estava com pressa de bancar o bobo na frente de Jack.

Sem poder ler meus pensamentos, ela achou que eu estava me fingindo de morto. "Tudo bem! Fique assim", disse Brenda de mau humor. "Eu vou para cima tomar um banho e me preparar para dormir."

Não ia deixá-la sair sem uma resposta: "Puxa, que legal da sua parte. Você vai dormir depois de me mandar sair e ficar sabe-se lá quanto tempo fora. Não me espere acordada. Talvez eu nunca volte." Tudo bem que eu estava sendo infantil, mas tinha meus motivos.

Peguei a bicicleta e fui até a casa de Jack. A essa altura, já estava bem escuro e me sentia um tonto batendo à porta do castelo de Jack. Quando a porta se abriu, Jack apareceu com uma expressão sincera de surpresa. Apertou minha mão dando um grande sorriso e me convidou para entrar. "Vamos conversar um pouco!"

Eu sabia!

Decidi diverti-lo com uma descrição detalhada dos vinte minutos passados, imaginando que poderíamos rir juntos sobre o raciocínio das mulheres.

Jack entendeu onde eu queria chegar. "Quando você e Brenda passaram por aqui e foram embora nem pensei mais no assunto."

"Foi o que eu achei", disse, pensando comigo mesmo: *Espere só até Brenda ouvir isso!*

Ficamos batendo papo por uns (sim, eu estava certo) quarenta minutos.

Na verdade, fiquei lá tanto tempo que Brenda achou necessário ir me salvar e pedalou até a casa de Jack. Ao voltarmos juntos para casa, ela perguntou, com cautela: "Então, o que ele disse?"

"Disse que não havia nem pensado nisso."

"Deve ter dito isso só por educação."

Dei de ombros e disse: "Duvido. Os homens não são complicados desse jeito. Além disso, deu para ver que ele não havia se importado." Percorremos o resto do caminho em silêncio. Ela sabia que eu estava certo.

Ao me preparar para ir dormir, sentei-me em minha cadeira e falei: "Brenda, você precisa me dizer uma coisa. Fui até a casa do Jack apesar de saber que isso não era necessário. Fiz isso só por você, simplesmente porque parecia importante para você. Isso quer dizer alguma coisa para você?"

Esperava uma resposta curta e simples. Fiquei admirado com seu entusiasmo ao exclamar: "Claro, foi importante demais! Estou me esforçando para sermos bons vizinhos. Acho que, como cristãos, poderíamos nos dedicar mais a isso. A meu ver, você deu um passo importante nesse sentido e isso significou muito para mim."

Fiquei absolutamente pasmo. Nosso medidor de intimidade subiu bastante naquela noite, e uma coisa tão simples como ir conversar com meu vizinho a pedido de Brenda tocou profundamente o seu coração.

Tudo bem que eu estava certo desde o começo e tratava-se de um caso perfeito para o Árbitro Supremo entrar em ação. Poderia ter arbitrado em meu próprio favor e ficado em casa, ter concluído minha gravação e ido para a cama no horário de sempre. Mas teria sido justo? Eu teria calado a voz dela antes de ouvir a premência de seu coração e teria enterrado seu ministério.

Um servo sempre dá espaço para os dons e ministérios de seu senhor, a fim de que ele possa ter uma vida plena e se desenvolver. Por isso devemos continuar conversando com nossas esposas, não tanto para entender, mas para ouvir seus sentimentos. Devemos abrir espaço para aquilo que Deus coloca nos corações delas e respeitar seus dons, mesmo que seja difícil reconhecer alguns deles. Seu esforço para criar espaço para os dons de sua esposa dá à essência dela a liberdade de encontrar seu lugar dentro do casamento.

Perguntas para Reflexão e Discussão

1. Que oportunidades você e sua esposa têm de trabalhar juntos por um objetivo em comum?
2. De que maneiras significativas você está facilitando que sua esposa sirva e agrade ao Senhor?

3. De que maneiras significativas você tem permitido que sua esposa desenvolva os seus dons?
4. Como você avaliaria os dons de sua esposa? Em quais oportunidades de ministério ela se sente mais realizada?

Capítulo Onze

Abrindo Espaço para as Fraquezas Dela

O servo amava seu senhor de todo o coração. E por que não deveria? Apesar de seu senhor ter suas fraquezas, ainda era cheio de graça e misericórdia e certamente digno do amor do servo. *Veja tudo o que meu senhor faz por mim, apesar de suas fraquezas!* Ao invés de ressentir-se com essas fraquezas, o servo as aceitava em amor. Sempre que podia, procurava usar suas virtudes para compensar as fraquezas de seu senhor.

Ter um coração de servo nos permite fazer a mesma coisa por nossas esposas. Sem dúvida, sua esposa tem fraquezas que podem torná-la difícil de apreciar, assim como suas fraquezas tornam você alguém difícil de ser apreciado por ela. Ainda assim, ela é uma dádiva de Deus, e ele escolheu essa dádiva específica para você por um motivo. O amor é o motivo da maior parte dos presentes.

Tomemos, por exemplo, o dia dos pais. Não há como prever de que maneira o amor se traduzirá em presentes nessa ocasião. Tenho quatro filhos, de modo que recebo quatro presentes cheios de amor. Num típico dia dos pais, pode ser que eu receba uma jaqueta moderna, um CD fantástico de meu cantor cristão favorito, mais uma gravata e uma pedra pintada.

O que devo dizer? "Puxa, gostei muito do CD e a jaqueta é demais, mas vocês dois que deram as outras coisas precisam tomar jeito. Tirem seus presentes daqui!" Não, em se tratando de presentes, você aceita o que recebe e o faz com alegria pelos sentimentos de seus filhos, pois presentearam com um coração amoroso.

Da mesma forma, apesar de sua esposa ser o presente mais precioso de Deus para você aqui na Terra, convenhamos que esse pacote tem algumas pedras pintadas no meio. Por que Deus faria isso? O desígnio do coração divino era o amor. Não devemos nos ressentir com esses atributos "negativos", pois têm a finalidade de torná-lo uma pessoa melhor, e não um homem amargurado.

Um Propósito Transformador

Quando eu (Steve) me casei com Sandy, não pude acreditar no quanto não a conhecia. Comecei a ver uma porção de coisas de que não gostava, coisas que me incomodavam. Dei início a uma campanha para mudála a fim de que eu tivesse liberdade de ser eu mesmo. Na verdade, estava procurando uma desculpa para não crescer. Ao longo do tempo, percebi algo que você também pode descobrir: *As coisas que mais me irritavam eram aquelas que Deus mais estava usando para me transformar*.

Sandy queria, por exemplo, que as tarefas fossem realizadas sem demora, o que era um verdadeiro desafio para um procrastinador como eu. Além disso, não conseguia me conformar com a maneira como ela era confrontadora (ou, pelo menos, era assim que eu a via). Na verdade, sua "confrontação" era a mais verdadeira e amorosa honestidade. Se alguém passasse dos limites, ela tratava da questão, ao invés de fazer de conta que nada havia acontecido, a posição passiva que eu preferia.

Tudo o que havia em Sandy que era diferente de mim era Deus me desafiando a crescer. As diferenças de Sandy me transformaram no homem que sou agora. Se ela tivesse me venerado ingenuamente e permitido que continuasse a ser como antes, Deus não teria trabalhado em minha vida como fez e essa obra não estaria em andamento até agora. Felizmente, deixei de pensar no quanto Sandy é uma pessoa "difícil". Ao invés disso, estou procurando as áreas nas quais preciso mudar em resposta a essas diferenças que há entre nós. Minha transformação não é fácil nem indolor, mas sou grato, pois continua a ocorrer a cada dia – graças a Sandy.

Deus quer que o casamento seja um agente transformador em sua vida, e é preciso aceitar esse propósito divino. Ele deseja que o casamento apare suas arestas e escolheu sua esposa – esse pacote especial, contendo justamente essas falhas –, pois era a pessoa mais adequada para realizar tal trabalho em sua vida. Ela o forçará a crescer, de modo que você aprenderá a amá-la mesmo quando não sentir vontade. Deus quer que você seja um agente de transformação na vida *dela*. Um servo sempre sabe qual é seu lugar, pois Deus o definiu para ele:

> Porque, pela graça que me foi dada, digo a cada um dentre vós que não pense de si mesmo além do que convém; antes, pense com moderação, segundo a medida da fé que Deus repartiu a cada um.
>
> (Romanos 12:3)

Em outras palavras, não se esqueça de que você também tem fraquezas e espera que sua esposa use de bondade, ainda que tais falhas aparem dolorosamente as arestas dela. Como servo exemplar, você pode ensiná-la a amar alguém apesar das fraquezas dessa pessoa.

Em meu casamento, eu (Fred) devo admitir que Brenda aprendeu essa lição primeiro. Meu gênio era mais do que uma fraqueza, era um pecado – e rapaz, como era feio! Ainda que, em algumas ocasiões, ela tenha apontado um dedo acusador contra mim, ela jamais me humilhou. Também nunca me atacou verbalmente quando eu cometia meus deslizes. Nunca deixou de me conceder o perdão que eu pedia. Nunca se negou a me abraçar quando eu pedia perdão por haver falhado outra vez. Ela até chorou junto comigo quando confessei como ainda estava tão preso aos problemas de minha infância. Em meio a tudo isso, ela nunca me privou de nossa intimidade sexual, apesar de algumas vezes eu provavelmente ter-lhe parecido repulsivo. Ela sabia como permitir que suas virtudes compensassem minhas fraquezas e como ser o sal purificador de minha vida.

Isso também faz parte do propósito de Deus para o casamento. Não só devemos aceitar as fraquezas de nossa esposa com misericórdia e graça, como também nossas virtudes e nosso compromisso amoroso devem servir de sal purificador na vida dela. Você e sua esposa estão dando origem a um novo ramo de sua árvore genealógica. Uma vez que Deus o instituiu como líder, deseja que seu ramo seja o mais forte e puro possível:

> Quanto ao homem, os seus dias são como a relva; como a flor do campo, assim ele floresce... Mas a misericórdia do SENHOR é de eternidade a eternidade, sobre os que o temem, e a sua justiça, sobre os filhos dos filhos.
>
> (SALMO 103:15-17)

Não se engane: Deus está interessado em nós como indivíduos. Por intermédio de Jesus, Deus nos alcançou como indivíduos e morreu por nós como indivíduos. No entanto, ele também está interessado em nós como elos de uma cadeia muito importante. Ele conhece o poder da herança que é passada de geração em geração e como é fácil a mensagem da salvação ser passada aos nossos filhos dentro de um lar consagrado.

Jonadabe é uma figura relativamente obscura na Bíblia, mas é um exemplo de valor inestimável para os maridos (leia a história dele, que começa em 2 Reis 10:15). A primeira vez que o vemos, está percorrendo as ruas de Samaria, quando Jeú depôs o rei Acabe.

Jeú recebeu ordens do profeta de Deus para depor o rei perverso e levou a cabo sua incumbência com grande zelo. Ao correr de um lado para o outro em Samaria, exterminando os setenta filhos de Acabe e destruindo todo e qualquer vestígio de adoração a Baal que via pela frente, ele encontrou Jonadabe, filho de Recabe, e o convidou para subir em seu carro. É provável que quisesse mostrar seu zelo na frente de Jonadabe, que era conhecido por todos como um dos homens mais piedosos de sua época e um firme opositor do culto a Baal e de qualquer outra coisa contrária a Deus.

Jonadabe só volta a ser mencionado no livro de Jeremias:

> Palavra que do Senhor veio a Jeremias... dizendo: Vai à casa dos recabitas, fala com eles, leva-os à Casa do Senhor, a uma das câmaras, e dá-lhes vinho a beber.

> Então, tomei a Jazanias, filho de Jeremias, filho de Habazinias, aos irmãos, e a todos os filhos dele, e a toda a casa dos recabitas; e os levei à Casa do Senhor, à câmara dos filhos de Hanã, filho de Jigdalias, homem de Deus, que está junto à câmara dos príncipes, e sobre a de Maaséias, filho de Salum, guarda do vestíbulo; e pus diante dos filhos da casa dos recabitas taças cheias de vinho e copos e lhes disse: Bebei vinho.
>
> Mas eles disseram: Não beberemos vinho, porque Jonadabe, filho de Recabe, nosso pai, nos ordenou: Nunca jamais bebereis vinho, nem vós nem vossos filhos... Obedecemos, pois, à voz de Jonadabe, filho de Recabe, nosso pai, em tudo quanto nos ordenou...
>
> (Jeremias 35:1-6-8)

O povo de Deus havia se desviado novamente e estava ignorando o Senhor. Deus queria mostrar a Jeremias uma verdade importante que devia ser dita contra os filhos de Israel:

> Então, veio a palavra do Senhor a Jeremias, dizendo: Assim diz o Senhor dos Exércitos, o Deus de Israel: Vai e dize aos homens de Judá e aos moradores de Jerusalém: Acaso, nunca aceitareis a minha advertência para obedecerdes às minhas palavras? — diz o Senhor.
>
> As palavras de Jonadabe, filho de Recabe, que ordenou a seus filhos não bebessem vinho, foram guardadas; pois, até ao dia de hoje, não beberam; antes, obedecem às ordens de seu pai; a mim, porém, que, começando de madrugada, vos tenho falado, não me obedecestes.
>
> (Jeremias 35:12-14)

O termo *filhos* refere-se a todos os discípulos, mas sem dúvida inclui também os descendentes. Você sabe quanto tempo havia se passado desde que Jonadabe havia dado seu exemplo? Duzentos anos! A obra purificadora que ele começou em sua árvore genealógica teve um impacto tão grande que foi sentido quinze gerações depois.

Sempre que ouço falar de Jonadabe, eu (Fred) me lembro da tataravó de meu pastor, John Palmer. No final do século dezenove, essa mulher deixou para trás uma vida ímpia e voltou-se para o Senhor. Foi tão fiel a Cristo e seu exemplo foi tão poderoso que, nos cem anos desde então, todos os seus descendentes foram pastores, missionários ou esposas de pastores ou missionários. Você acha que ela foi um ramo forte na sua árvore genealógica?

Minha árvore genealógica, por outro lado, é cheia de pecado. Em seus ramos você pode encontrar adultério, pornografia, incesto, abuso sexual, maus-tratos físicos e inúmeros exemplos de ódio, discórdia, inveja, ataques de raiva, ambições egoístas, bebedeira e coisas do gênero. Algumas dessas características também estavam arraigadas em mim.

Todo homem chega num ponto em que deve decidir: Vou purificar o meu ramo da árvore genealógica ou vou permitir que esse veneno se infiltre nas gerações futuras, deixando essa tarefa ao encargo de um outro homem mais adiante? Se você deseja purificar seu ramo, adotar uma atitude abnegada como a de Abraão certamente o ajudará muito. Abraão foi escolhido para ser o pai de muitas nações, pois Deus sabia que ele levaria sua família a seguir ao Senhor. Deus sabe que você fará isso? Baseado em que evidências?

Uma Estaca no Chão

O processo de purificação do seu ramo da árvore genealógica começa com a interrupção do fluxo de veneno de gerações passadas ao se fincar uma estaca no chão e declarar diante de Deus que você levará sua família a segui-lo.

Com isso, você cria para sempre a geração de transição em sua herança familiar. Você conduz sua família durante a transição de um padrão doentio de vida para uma experiência constante de viver para Deus. Nas gerações futuras, as pessoas olharão para sua árvore genealógica e verão que, depois que seu ramo brotou, a família nunca mais foi a mesma. Verão que, sob sua liderança, a vida de gerações vindouras sofreu uma influência positiva, e não negativa. Não é fácil ir contra as tendências das gerações passadas desse modo, mas determinar um novo rumo faz o esforço valer a pena.

Você determina esse novo rumo estudando os padrões de Deus e assumindo o compromisso de viver de acordo com eles e deixar de fora todo o seu relativismo. Um exemplo disso é a abordagem da pureza descrita no livro *A Batalha de Todo Homem*. Afirmamos claramente o padrão divino para a pureza sexual, usando as próprias palavras do Senhor: "Mas a impudicícia e toda sorte de impurezas ou cobiça nem sequer se nomeiem entre vós, como convém a santos" (Efésios 5:3). A intenção de Deus é clara, e dedicamos o livro a mostrar aos homens como treinar seus olhos e sua mente para deixar de lado as imagens sensuais que resultam numa gratificação sexual impura.

Para mim (Fred), o pecado sexual é praticamente um patrimônio hereditário do qual desfrutei. Para purificar meu ramo da árvore e dar cabo desse legado, tive de assumir um compromisso – sem qualquer transigência – com os padrões de Deus para a pureza sexual.

É claro que é muito mais fácil simplesmente deixar esse veneno infiltrar-se nas gerações futuras. Conheço alguém que fez o seguinte comentário sobre os padrões de Deus: "Ele não espera mesmo que vivamos dessa forma." Outra pessoa escreveu: "Fico admirado com as conclusões que você tirou desse versículo. Quanto à questão dos homens desviarem o olhar, isso é esperar demais da natureza 'procriadora' de todos os homens. Não estou certo se é realista esperar que os homens ajam dessa forma."

Quando os padrões de Deus parecem difíceis demais, simplesmente misturamos um pouco de cinza com o preto e branco do Senhor a fim de criar algo novo, algo cômodo, algo medíocre. Apesar da comodidade, continuamos sendo prisioneiros do pecado como nossos antepassados e nossa consciência se turva até que não conseguimos mais determinar muito bem o que é certo e o que é errado.

Fincar a estaca no chão e assumir o compromisso de seguir os parâmetros divinos sem qualquer transigência detém o fluxo do veneno antigo em nosso novo ramo. Para completar o processo de purificação, é necessário derramar graça e misericórdia em nosso lar ao longo dos anos, coisa que fazemos ao seguirmos os princípios de submissão mútua e ao amarmos em meio às fraquezas. Como vimos, esse comportamento não é uma rua de uma só mão. Através do amor e da misericórdia, Cristo usou Brenda para ajudar a purificar meu caráter e podar a terrível índole tão comum na minha árvore genealógica.

Como maridos, devemos todos fazer o mesmo, amando nossas esposas no estágio em que elas se encontram hoje e permitindo que Cristo nos use para ajudar a construir seu caráter (de acordo com o plano dele, e não com o nosso). É pouco provável que sua esposa comece a vida de casada sendo mais encantadora do que você. É verdade que agora ela é uma mulher casada e uma "menina crescida", como a mãe dela lhe disse que seria um dia. No entanto, ela nem sempre se *sente* uma menina crescida, e certamente não *age* como tal. Ao entrarmos no casamento, todos nós nos encontramos em diferentes níveis de maturidade.

Um Ombro Para a Fraqueza Dela

Qual é a bagagem que sua esposa carrega? Ela certamente não é imune. Pode ser que traga consigo a bagagem de acontecimentos trágicos, como o golpe arrasador que foi o divórcio de seus pais ou o abuso verbal intenso de seu pai. Inúmeras meninas são acariciadas e estupradas, ao longo dos anos, por primos, tios e pais. Conheço um líder leigo que violentava sistematicamente a filha jovem de um amigo, citando as Escrituras ao fazê-lo.

Eu (Steve) jamais me esquecerei da noite em que estava ouvindo Chuck Swindoll falar para cerca de dez mil cristãos e, bem no meio de sua admoestação para que todos endireitassem sua conduta, ouvi uma declaração que nos pegou de surpresa. O silêncio no estádio foi tanto que daria para ouvir um alfinete até antes de cair. Swindoll declarou: "Sei que alguns de vocês estão tendo sexo com seus filhos. Estou lhes dizendo para dar um basta. Estou pedindo que parem. Pensem no impacto que isso terá sobre seus filhos. É hora de parar". Por que ele disse isso? Era pastor de uma igreja e ouvia confissões de líderes e membros que haviam se envolvido em relações incestuosas. Se esse é o seu caso, repito o que Chuck disse naquela noite, o que espero que tenha sido um ponto crítico de mudança para muitos que o ouviram: "É hora de você parar de ter sexo com seus filhos."

A revista científica *Cerebrum* publicou uma notícia há pouco tempo, afirmando que o trauma do abuso infantil cria novas ligações em partes do cérebro, alterando tanto sua função quanto sua estrutura. Entre os efeitos, pode haver um desenvolvimento menor do hemisfério direito, uma redução nos pontos de transmissão do corpo caloso e distúrbios nos impulsos elétricos em várias partes do cérebro. As anormalidades podem persistir até a idade adulta, causando na vítima problemas como agressividade, controle emocional inadequado, disfunções da memória e de atenção e graves disfunções de personalidade.

Mesmo que sua esposa não seja traumatizada pelo divórcio ou pelo pecado, as lutas da vida adulta podem pesar sobre ela por um bom tempo. Todos nós vivemos fora do Éden, sob a maldição do pecado. A vida é como um rolo compressor, que esmaga com facilidade nossos sonhos frágeis de companheirismo e união. Muitas vezes, precisamos trabalhar arduamente para pagar as contas, e nem sempre temos tanto tempo juntos quanto gostaríamos. Algumas vezes somos criticados e usados por nossos chefes e ficamos com a mente tão entorpecida que não queremos falar sobre isso quando chegamos em casa. E a dor do parto traz ao mundo bebês tão amaldiçoados pelo pecado quanto nós.

Como você sabe, trouxe comigo um bocado de bagagem para dentro do casamento. Apesar de Brenda ter trazido consigo pouco mais que uma sacola, também não era a pessoa mais fácil de se lidar. Havia sido esmagada pelo rolo compressor da vida e estava vivendo uma dor profunda. Em várias ocasiões, não era nada amável.

Brenda havia saído de um lar onde tudo era estável e, nos primeiros meses de casamento, viu seu mundo ruir ao seu redor. Não preciso explicar os motivos novamente, mas ela estava estremecendo nas bases debaixo de tanta pressão. Então veio Jasen, um bebê difícil, que se recusava a dormir. O desânimo de Brenda quase debilitou nós dois. Confusa como estava, simplesmente não podia suportar mais um abalo. Para mim, ela não parecia mais ser a mesma pessoa, e de forma alguma era o que eu esperava de uma esposa.

Felizmente, havia acabado de assumir com Deus meu compromisso de "pastar" para salvar nosso casamento. Ao ler sobre Urias pela primeira vez, comecei a ver Brenda com outros olhos. Ao invés de desprezar suas fraquezas, comecei a tomá-las sobre meus ombros como se fossem minhas próprias limitações. Tenho, por exemplo, uma força de vontade muito forte e posso lidar com situações que exigem vigor físico. Decidi levantar e ficar com meu filho toda vez que ele acordava durante a noite, ainda que Brenda tivesse parado de trabalhar fora depois que Jasen nasceu. O mais lógico seria pensar que, uma vez que Brenda não "trabalhava" e poderia descansar durante o dia, então ela é que deveria se levantar durante a noite. Poderia ter lhe dito: "Vamos lá, agora você é uma menina crescida. Faça um esforço e seja corajosa!" Mas ela ainda não estava pronta para agir como uma menina crescida. Assim, precisei amá-la do jeito que era.

Brenda se casou comigo e era minha cordeirinha. Por certo não era mais a mesma pessoa com a qual pensei ter me casado e nem sempre sentia carinho por ela. Mas ainda assim eu a carreguei, pois era a coisa certa a fazer.

Durante esse tempo, notei algo estranho. O esgotamento físico de amamentar, as noites de sono irregular (ela se levantava para amamentar e depois dava Jasen para mim) e a exaustão psicológica acabaram com Brenda. Se ela acordasse pela manhã e se deparasse com uma cozinha suja, ficaria imediatamente desanimada e teria dificuldade de começar o dia. Sua coragem estava derretendo feito um picolé no sol e Brenda preferia ficar o dia inteiro de pijamas.

Não gostava de ver minha amada começando o dia dessa forma. Claro que poderia ter lhe pedido que se ajeitasse, respirasse fundo e se esforçasse mais. Poderia tê-la lembrado de que ela não estava correspondendo às minhas expectativas. Ao invés disso, prometi-lhe que eu nunca mais iria para a cama sem antes arrumar a cozinha.

Sabia o que essa promessa iria me custar. Por causa da exaustão de Brenda, minha promessa significava que, com freqüência, ela iria para a cama e me deixaria sozinho lavando toda a louça e esfregando as panelas. Minha promessa significava que, em muitas ocasiões, ela já estaria dormindo quando eu fosse para a cama e não teríamos sexo. Significava que eu abriria mão de quase uma hora de sono precioso, mas sabia que minha promessa também ajudaria a cuidar de minha cordeirinha de maneiras que ela nunca havia imaginado serem possíveis. Jamais quebrei minha promessa de arrumar a cozinha.

A seu tempo, nas mãos de Cristo, Brenda cresceu e tornou-se a mulher que é hoje. Ela é *tudo* o que eu sabia que viria a ser um dia. Mas sabe de uma coisa? Ela é muito mais do que isso em função de nossa unicidade. Ela viu minha misericórdia diante de sua fraqueza, mesmo nos tempos menos encantadores.

A ESPOSA DE HOJE

Você está levando em consideração as fraquezas de sua "senhora", amando sua esposa por aquilo que ela é *hoje* e não pelo que pode vir a ser em algum momento do futuro? Tudo bem que você pode estar surpreso e desanimado com as fraquezas que encontravam-se escondidas em sua esposa até que esta vida colocou vocês dois nesse novo rumo. Ainda assim, sua esposa tem um coração que bate como o de uma cordeirinha, que ainda percorre saltitante os campos de esperança e desejo, ansiando por seu amor. Pode ser difícil ver isso. Talvez o pai dela tenha sido um alcoólatra ou tenha abusado dela ao invés de protegê-la. Talvez ela não seja uma cristã muito fervorosa. Talvez tenha sido promíscua antes de conhecer você.

Todas essas coisas podem ser verdade, mas também há outras verdades em questão. *É um fato* que sua esposa abriu mão de sua liberdade individual ao ser fiel a você e crer que você proveria amor e força. Sua esposa *ainda* é a pequena cordeirinha de Deus, quaisquer que sejam as dores e os pecados pelos quais tenha passado e as feridas que leve em seu caráter. Não se esqueça: Deus *confiou-a* aos seus cuidados. Você irá se ressentir com ela ou restaurá-la? Seu coração está disposto a se dedicar à restauração? Existe algum ato mais nobre do que derramar sua misericórdia sobre sua cordeirinha preciosa?

Trate sua esposa de acordo com o que ela é hoje, e não com aquilo que você deseja que ela venha a ser. E daí que, no momento, ela não é quem deveria ser? E você, é? Além disso, não é importante que ela se torne tudo o que você espera, mas sim que torne-se como Cristo. Sua misericórdia e força podem ajudá-la a chegar lá.

Só mais uma coisa: não faz parte da natureza humana querer fazer um trabalho que não é nosso, especialmente quando parece que nossa esposa é medrosa e fraca e não fazemos idéia de quanto tempo teremos de carregá-la. Mas eleve-se acima da natureza e seja como Cristo para variar: "Bem-aventurados aqueles cujas iniqüidades são perdoadas, e cujos pecados são cobertos; bem-aventurado o homem a quem o Senhor jamais imputará pecado" (Romanos 4:7, 8). Bem-aventurada também é a esposa desse homem. Ela precisa de alguém que compreenda, que preencha suas lacunas até que ela possa se recuperar.

Você pode tornar-se o herói de sua esposa:

> Meu pai sempre foi muito dominador e autoritário, e tornou-se cada vez mais difícil aceitar suas ordens, especialmente depois que me converti. É maravilhoso viver sob a proteção de Lee, ao invés da dominação de meu pai.

Seja misericordioso enquanto sua esposa se recupera de sua infância:

> Meu marido assumiu o trabalho da casa, ainda que não gostasse disso. Limpar o chão não era o meu forte e não ligava a mínima para a arrumação da casa, ainda que tivesse sido criada num lar em que tudo sempre tinha de estar perfeito. Então, quando minha mãe nos abandonou, caímos no outro extremo e passamos a viver num chiqueiro. Jim sabia como eram as coisas na casa de meu pai e, portanto, foi muito bom ao me incentivar e ajudar a manter nossa casa limpa.

Seja misericordioso enquanto as fraquezas ou simples diferenças de sua esposa o incomodam:

> Se Michael faz alguma coisa que me irrita muito, há certas ocasiões em que tenho dificuldade de expressar essa exasperação da maneira correta. Assim, criei uma regra para mim mesma e decidi que não vou abrir minha boca até poder dizer as coisas com tato e sem humilhá-lo. Às vezes, funcionava e, mais tarde, eu conseguia conversar com carinho. Porém, quando não dava certo, eu ficava emburrada. É um hábito terrível, mas no processo de tentar segurar as palavras até conseguir pensar numa forma amável de dizê-las, às vezes fico emburrada. Claro que, quando chego nesse estágio, já não consigo pensar numa única palavra amável.
>
> Michael não apenas escolhe ignorar essa fraqueza, como também aproxima-se de mim com todo o carinho e me tira da minha concha. Faz questão de ouvir minhas opiniões e frustrações. É possível que já saiba o que vou dizer, mas para me extrair do meu

> mau humor, insiste em alguma forma de comunicação. A conversa normalmente se transforma em sorrisos, lágrimas, risos e termina com nós dois fazendo as pazes – e até fazendo amor! Meu marido é incrível.

As fraquezas de sua esposa criarão impasses e serão uma ameaça à união conjugal. O que você fará para que esses impasses redundem em união? Exigirá, como líder dela, que se endireite e se comporte corretamente? Sem dúvida, você é capaz de encontrar um modo mais eficaz de ajudá-la quando ela precisa de orientação. Por que não abrir mão de seus direitos de líder e amá-la com bondade durante esses impasses?

Como seus dons, as fraquezas de sua esposa são parte integrante da essência da alma dela, e não se deve passar por cima de nenhuma dessas coisas. Você ama a si mesmo e trata suas próprias fraquezas com misericórdia e graça, na esperança de que outros não o levem a mal e o aceitem. Assim, permita que as fraquezas de sua esposa sejam expressadas com tanta liberdade quanto as suas. Então, pela graça, trabalhem juntos com ternura e diligência no sentido de purificar o legado que deixarão para aqueles que ainda hão de vir.

Eu (Steve) quero desafiar você a pôr em prática aquilo que finalmente comecei a fazer. Pare de avaliar sua esposa e ressentir-se com ela por não encaixar-se perfeitamente nos seus padrões. Ao invés disso, comece a aceitá-la e apreciá-la, e mostre isso de maneiras práticas. Quando você exige que ela mude ou quando a manipula a fim de mudar, na verdade a está forçando à obstinação a fim de defender sua posição e sua identidade. No entanto, quando você a ama em qualquer circunstância, ela baixa a guarda. Deixa de lado sua obstinação, pois sente que tem liberdade de se desenvolver plenamente, de mudar e de ser a esposa de que você precisa.

Assim, se sua abordagem tem sido se esgoelar com cada uma das imperfeições de sua esposa, humilhe-se, confesse sua atitude de desamor a Deus e a ela e veja o que acontece. Se ela for como noventa e oito por cento das mulheres, se aproximará de você e seu relacionamento continuará crescendo, enquanto você apreciá-la e aceitá-la com todas as suas imperfeições.

Perguntas para Reflexão e Discussão

1. De que maneiras significativas você pode, em amor, usar suas virtudes para compensar as fraquezas de sua esposa?
2. De que maneiras Deus tem usado as diferenças entre você e sua esposa para amadurecê-lo e torná-lo um homem melhor?
3. Em termos práticos do dia-a-dia, o que você pode fazer dentro de seu casamento e de sua família para fortalecer e purificar seu ramo da árvore genealógica?
4. Em termos práticos do dia-a-dia, o que você pode fazer para ser misericordioso com sua esposa em relação às fraquezas dela?

Capítulo Doze

Abrindo Espaço para as Idéias Dela

Nenhum servo jamais sonharia em privar seu senhor do direito de expressar suas opiniões. Afinal, ele é o senhor, e esse fato, por si só, torna suas opiniões dignas de serem ouvidas. Será que a voz de sua "senhora" também não merece ser ouvida?

Quando estávamos namorando, dávamos às nossas esposas valor suficiente para deixá-las falar conosco sobre qualquer assunto em qualquer nível. Pense naqueles dias de namoro, quando não conseguia se cansar das longas conversas com a jovem que você sabia que seria sua esposa. Você adorava ouvir todas as idéias dela, todas as suas maiores esperanças e todos os seus sonhos mais profundos, enquanto dividiam uma porção de batatas fritas em alguma lanchonete. Cada opinião era um fio encantador da tapeçaria que ela tecia ao redor do seu coração. Então, as coisas mudaram...

Você a Está Silenciando?

Quando termina a lua-de-mel e nossas diferenças nos acompanham até em casa, as opiniões de nossas esposas se parecem mais com amarras que ameaçam asfixiar nossa liberdade e perturbar a paz. Nenhum sujeito pensaria em ignorar sua amada antes do dia do casamento, mas em lares de todo tipo e em toda parte, um sem-número de homens está silenciando a voz de suas esposas enquanto elas procuram expressar suas idéias. De acordo com Jane, os resultados disso na união conjugal não são nada agradáveis:

> Meu marido costuma se zangar pois não estou "no mesmo canal" que ele. Assim começam as brigas, durante as quais ele diz coisas degradantes e humilhantes a meu respeito. Não há qualquer compaixão ou consideração por meus sentimentos. É algo extremamente doloroso.

Silenciar a voz de sua esposa é pecar contra ela. Também trata-se de um pecado contra Deus, pois impede que ele cumpra os propósitos que tem para a voz de sua esposa no reino dele.

René considera-se uma pessoa aberta e que não tem dificuldades de compartilhar seus sentimentos. Seu marido, Paul, é um homem mais introvertido que compartilha poucas de suas idéias com outras pessoas, especialmente na escola dominical. Certa vez, os dois estavam voltando da igreja quando tiveram a seguinte conversa:

> "Por que você falou dos nossos filhos de novo na classe de casais?", perguntou Paul. "E, a propósito, por que você tem de falar tanto?"
>
> "Preciso expressar minhas experiências e *insights*", respondeu René.

Dizer à René para não manifestar suas idéias seria como dizer para um peixe não nadar. Cada vez que Paul lhe dizia para calar-se, em seu interior René sentia como se o estivesse envergonhando. Não que ela saísse contando segredos de família quando falava de seus filhos; era só que os meninos davam um bocado de trabalho. *Deve ser de alguma coisa específica de minha pessoa que Paul não gosta*, René pensava. *Sou uma pessoa aberta e ele sentia-se atraído por essa qualidade quando estávamos namorando*.

Os dois conversaram sobre isso, mas o impasse não foi superado num só dia e nem mesmo depois de vários meses. Ao longo dos anos, porém, depois de várias pessoas da classe de escola dominical comentarem com Paul o quanto haviam sido ajudadas pelas experiências que René compartilhava, ele começou gradualmente a apreciar a honestidade da esposa. Por fim, parou de controlar o que René dizia.

Liberte a Voz Dela

A maior parte dos dons de sua esposa é expressada através de suas idéias e opiniões. Sua voz é o veículo através do qual nós, maridos, seremos abençoados, de modo que privá-la de sua voz, ordenando que se cale, em público, faz com que muitos dos dons que ela recebeu de Deus se tornem inúteis. Além disso, quando você a impede de expressar suas opiniões em casa, o estrago é infinitamente maior.

As conferências do movimento Mulheres de Fé têm sido um grande sucesso, pois Deus escolheu usá-las para dar a algumas pessoas dedicadas e extraordinárias uma voz dentro da comunidade cristã. As palestrantes que antes falavam para duzentas ou duas mil mulheres agora falam para vinte mil. Essas palestrantes encontraram suas vozes e as estão usando para transmitir encorajamento a mulheres de todo o país. É justamente essa a intenção do movimento Mulheres de Fé: encorajar as mulheres.

Depois de alguns anos trabalhando com esse ministério, eu (Steve) senti uma necessidade cada vez maior não apenas de encorajar as mulheres, mas também de capacitá-las. Meu desejo era ajudá-las a encontrar as aptidões e talentos necessários para sobreviver e ser bem- sucedidas em um mundo extremamente difícil. Através do estudo de grupos específicos, pesquisas e sessões de *brainstorming*, começamos a identificar diversas áreas críticas nas quais as mulheres sentiam que precisavam de ajuda para tornarem-se tudo o que Deus queria que fossem. Uma das questões mencionadas com mais freqüência era “encontrar minha voz”. Trata-se de uma expressão estranha mas que, obviamente, significa muito mais do que aprender a falar. Significa descobrir quem você é de fato e expressar essa identidade de maneira a honrar a Deus. Como resultado de nossa pesquisa, desenvolvemos um congresso chamado *Breakthrough [Avanço]*, no qual um dos elementos chaves é ajudar as mulheres a encontrarem sua voz.

O motivo pelo qual tantas mulheres precisam desse tipo de ajuda é que muitos homens pressionam e forçam a mulher a calar-se, refletindo a personalidade dele ao invés de ser ela mesma. É comum a mulher sentir que seu papel é considerado tão inferior que nem sequer tem direito de se expressar ou sentir-se uma pessoa completa aos olhos de Deus. Os homens garantem sua própria posição ao abafar ou ignorar a individualidade, identidade e talentos singulares das mulheres. Porém, muitas mulheres estão resistindo a isso e exigindo espaço e expressão junto aos homens.

Se você acha que esse tipo de subjugação é um problema que se limita aos pobres ou ignorantes, está equivocado. Na semana passada, falei com um grupo de pessoas que, juntas, contribuem com mais de duzentos mil dólares por ano para ministérios em várias partes do mundo. O principal problema que pediram que eu tratasse era a relutância de maridos tradicionais em permitir que a esposa participasse das decisões, especialmente com referência ao uso da renda da família. Esses homens sábios e ricos não haviam encontrado uma forma de incluir as esposas adequadamente na missão de alocar seus recursos. Mas as mulheres estavam exigindo seu espaço. Trata-se de um problema universal, e o desafio de todo homem é ajudar a mulher a encontrar sua voz e respeitar essa expressão.

Como ex-corretor de valores, eu (Fred) adoro investir. Sou fascinado por Wall Street desde que comecei a ler o caderno de economia do jornal, aos doze anos de idade. Aos treze anos, comecei a comprar ações com o dinheiro que ganhava entregando jornais.

Desde então, continuo aplicando um pouco aqui e outro ali na bolsa de valores de Nova York. Estou longe de ser um grande investidor, mas gosto de encontrar investimentos incomuns. De vez em quando, converso com Brenda sobre essas idéias de investimento.

Brenda não sabe nada sobre o assunto. Não faz idéia da diferença entre uma ação e um título e não conseguiria calcular um retorno de investimento nem que ele mordesse seu pé. No entanto, ela possui um raciocínio feminino intuitivo capaz de ver as coisas em termos globais. Em resumo: Brenda possui a aptidão fantástica de encontrar investimentos que, de acordo com ela, "parecem bobos". Pelo fato de usar sua intuição e seus sentimentos, porém, nunca é capaz de me dizer *por que* eles parecem bobos.

Logo no começo do casamento, antes de eu aprender algumas lições, apresentei para Brenda um investimento quente em ações que, na minha opinião, seriam lucro certo. Expliquei o histórico da empresa, o tipo de produto e o motivo de eu achar que essa companhia estava prestes a explodir no mercado.

"Por que você iria investir numa coisa dessas?", ela me perguntou na época.

"Porque o retorno por ação..." Sabia que não adiantaria explicar. "Porque eu acho que essas ações são excelentes!"

"Me parecem meio bobas", disse ela.

"Bobas? Por que você diz isso? Trata-se de uma decisão financeira racional. Você acha que não pesquisei sobre a empresa?"

"Você pode fazer o que bem entender, mas eu não investiria nessa empresa."

Dei de ombros, perturbado com a idéia de concordar com alguém cujo melhor instrumento de análise era a intuição. "Se é assim, seria mais fácil eu consultar meu horóscopo antes de investir", respondi, soltando fogo pelas ventas.

Deixei passar uma porção de ações sólidas, mas então meu corretor me falou de uma excelente oportunidade com uma corretora de imóveis e adorei a idéia. Pensei em mostrar para Brenda, mas estava cansado de consultar alguém que não era capaz de analisar os investimentos financeiros de modo frio e calculista. Uma vez que eu era o chefe da família, não importava o que ela dissesse; faria como eu bem entendesse. Ou, pelo menos, foi isso que falei para mim mesmo.

Pouco depois de meu investimento (isso foi na metade da década de 80), o Congresso dos Estados Unidos promulgou uma lei que mudava drasticamente as regras para o investimento em corretoras de imóveis. Resultado: perdi quase todo o meu dinheiro nessa porcaria de investimento.

Quando chegou a hora de abrir o jogo, contei minha triste história a Brenda. "Eu teria dito para você não investir", comentou.

Eu sabia disso.

"Pelo que você me mostrou", prossegui, "esse investimento me parece um tanto bobo."

Permaneci calado.

Brenda ficou com pena de mim. "Mas se eu estivesse cuidando de nossas finanças, provavelmente teria feito alguma coisa bem pior."

Ela estava sendo gentil, mas não tenho mais tanta certeza se estava certa! Me custou caro aprender essa lição sobre passar por cima do papel de minha esposa. Ela queria apenas que sua voz fosse ouvida dentro do nosso casamento a fim de que pudesse expressar seu dom intuitivo. Quando calei sua voz, calei também o seu dom. É evidente que teríamos mais dinheiro no banco seu eu tivesse dado ouvidos às idéias intuitivas de Brenda.

Uma vez que nossa esposa possui dons que nós não temos, liberar a voz dela em nosso lar pode trazer bênçãos incríveis. Um exemplo: Quando os filhos de Melissa e Kevin chegaram à idade de ir para a escola, Melissa começou a pensar em que tipo de educação desejavam oferecer aos meninos. A seu ver, as opções eram colocá-los na mesma escola pública que ela e o marido haviam freqüentado ou ensiná-los em casa, usando uma grade curricular cristã. Melissa pesquisou sobre a escola pública mais próxima de sua casa, pediu a opinião de amigos cujos filhos estudavam lá e conversou com pais que estavam ensinando os filhos em casa, falando dos prós e contras de ela mesma lecionar para as crianças.

Então, Melissa orou pedindo orientação. Quando comentou com Kevin sobre a possibilidade de lecionar para os meninos em casa, ele ficou claramente decepcionado, pois uma parte dele queria que os meninos estudassem no mesmo colégio que ele, andassem pelos mesmos corredores e tivessem aulas com os mesmos professores.

Porém, quanto mais Kevin ouvia o que estava no coração de sua esposa e quanto mais orava sobre o assunto, mais percebia que essa decisão era muito importante para ela. Concordou em dar uma chance a essa "aventura", como ele chamava. Ele e Melissa não se decepcionaram.

Considere-a uma Verdadeira Auxiliadora

É de particular importância dar ouvidos à voz de sua esposa quando ela está falando de coisas referentes ao cerne de seus dons. Nossas esposas são co-herdeiras da graça e tão dignas de conduzir os assuntos do lar quanto nós, ainda que Deus, na sua graça, tenha nos conferido esse papel. Essa capacidade de liderar torna-se mais evidente com relação às suas virtudes.

Eu (Fred) sou um líder nato, tanto que fui capitão do time quando jogava futebol americano na escola secundária. Meus testes vocacionais daquele tempo indicaram aptidão para uma carreira como oficial da força aérea, uma boa escolha para quem era um general no campo de futebol. Nunca fui do tipo muito carinhoso, como minha família pode confirmar. Creio em disciplina e em fazer o que é preciso – já! Assim, quando nossos dois filhos mais velhos completaram seis e quatro anos de idade, achei que era hora de passarem por um "campo de treinamento" cristão. Eles eram os recrutas inexperientes e eu, o sargento que iria exercitá-los até tornarem-se cristãos de primeira.

Toda santa noite, eu os colocava em pé perto da cabeceira de minha cama e ordenava: "Hora de decorar os hinos da nossa fé."

"Sim, senhor", respondiam com suas vozinhas fracas. Podiam ser crianças o dia todo, mas quando entravam na fila de treinamento, eu não tolerava brincadeiras. (Entendam, por favor, que estou exagerando. Nunca obriguei os meninos a fazerem vinte flexões caso errassem uma estrofe.) Mantinha altos padrões de avaliação do seu desempenho. Meus filhos precisavam armar-se da verdade de Deus e estar preparados para defender suas crenças.

Nunca exigi que usassem roupas camufladas ou algo do gênero, mas, ao olhar para trás, vejo que mantê-los em posição de sentido era um pouco demais. Quando um deles começou a chorar, ordenei que se calasse – já! "Temos de nos concentrar na Palavra de Deus", anunciei em tom severo. Na verdade, não me importava se um deles começava a chorar – a disciplina desse exercício fazia com que se concentrassem mais e se fortalecessem. Um de meus valores mais centrais é o uso da disciplina dirigida.

Porém, quando a história de bancar o sargento foi um pouco longe demais e os dois começaram a chorar, sabia que estava entrando no território de Brenda. Lembre-se de que ela é a carinhosa, não eu. Ela desejava se expressar quanto a essa questão.

"Não gosto da forma como você os está treinando", disse ela. "Estão ficando com medo de você e vão odiar todos esses hinos que você quer que amem. Além disso, você está fazendo eles ficarem acordados até tarde demais. Os dois precisam dormir."

Pelo que me lembro, minha resposta foi algo muito nobre e elevado, do tipo: "Escute aqui, eu sou responsável por ensinar meus filhos sobre Deus, de modo que vou fazê-lo à minha maneira. Aos olhos de Deus, sou eu quem manda nessa questão e acho que você não tem o direito de dizer coisa alguma. Estou contente de vê-los levando isso a sério. Não creio que dormir um pouco menos seja um sacrifício tão grande para a obra de Deus!"

Certa noite, Brenda colocou as crianças na cama depois de uma outra sessão chorosa. Veio para o nosso quarto, onde eu estava lendo na cama. Sentou-se na beira do colchão, olhou para mim com ternura e disse: "Todas as noites, a última imagem que eles vêem é o pai sendo duro com eles." Então acariciou de leve a minha mão, levantou-se e foi para o banheiro.

Minha reação? Saí da cama e fui pisando duro até a sala, onde fiquei sentado no escuro pensando no assunto. Lá o Senhor me lembrou de que o carinho de Brenda era sua maior virtude e que ela podia impedir que eu me tornasse um pai tirano se eu permitisse sua intervenção.

Dispensei as crianças e, a seu tempo, meus filhos passaram pelo treinamento cristão básico. Ao longo dos anos, tenho aumentado ainda mais a consideração pelas opiniões de Brenda. Nas áreas que se referem aos seus maiores dons, não apenas permito que sua essência se expresse juntamente com a minha, como também que seja predominante.

Num sábado desses, ela me telefonou e disse: "Acho que não vou levar as crianças para a natação hoje. Em vez disso, vou sair com as meninas para fazer compras, pois acho que precisam se divertir um pouco com a mãe. Também vou deixar Michael em casa por causa da sinusite."

Ela sempre me avisa dessas coisas, pois sabe como não gosto que as crianças fujam da raia. *Michael vai ficar em casa porque está com um pouco de sinusite? Dá um tempo! Ele precisa ser homem! Desse jeito não vai ganhar nenhum campeonato*, pensei comigo mesmo.

No entanto, minha resposta foi outra: "Tudo bem, querida. Acho que é uma boa idéia". Isso porque conheço seus dons. Sei que se Brenda acredita que ela e as meninas precisam passar um tempo juntas, significa que ela percebeu alguma coisa pequena que eu não seria capaz de detectar em um milhão de anos e, mesmo que descobrisse o que era, não conseguiria entender. Em se tratando de cuidar de nossos filhos com carinho, não apenas levo em conta a opinião de Brenda, como a considero a *única* opinião necessária para mim.

Por favor, pense em sua esposa como sua auxiliadora. Quando ela aceita esse papel, dedica seus dons à tarefa de apoiar você e fazê-lo crescer na vida cristã de modo a tornar-se o melhor dos maridos e pais. Você precisa admitir que ela pode ser uma grande ajuda. Só a presença de sua esposa já é um grande estímulo, especialmente durante aqueles dias sombrios em que você tem tantos dragões para exterminar.

Deixe que Seus Dons se Revelem

Lembre-se de que seu casamento também consiste num chamado para *ela*. Sua esposa só tem um papel diferente. Sua liderança como marido significa permitir que ela realize esse papel sem qualquer impedimento. Não significa que você vai assumir o comando o tempo todo e tomar todas as decisões. *Significa permitir que os dons certos se revelem no momento certo dentro de seu casamento*. Pode significar permitir que os dons de sua esposa predominem de tempos em tempos, especialmente quando você está casado com uma mulher e tanto, como aquela de Provérbios 31:

> Mulher virtuosa, quem a achará? O seu valor muito excede o de finas jóias.
>
> O coração do seu marido confia nela, e não haverá falta de ganho.
>
> Ela lhe faz bem e não mal, todos os dias da sua vida.
>
> Busca lã e linho e de bom grado trabalha com as mãos.
>
> É como o navio mercante: de longe traz o seu pão.
>
> É ainda noite, e já se levanta, e dá mantimento à sua casa e a tarefa às suas servas.

Examina uma propriedade e adquire-a; planta uma vinha com as rendas do seu trabalho.

Cinge os lombos de força e fortalece os braços.

Ela percebe que o seu ganho é bom; a sua lâmpada não se apaga de noite.

Estende as mãos ao fuso, mãos que pegam na roca.

Abre a mão ao aflito; e ainda a estende ao necessitado.

No tocante à sua casa, não teme a neve, pois todos andam vestidos de lã escarlate.

Faz para si cobertas, veste-se de linho fino e de púrpura.

Seu marido é estimado entre os juízes, quando se assenta com os anciãos da terra.

Ela faz roupas de linho fino, e vende-as, e dá cintas aos mercadores.

A força e a dignidade são os seus vestidos, e, quanto ao dia de amanhã, não tem preocupações.

Fala com sabedoria, e a instrução da bondade está na sua língua.

Atende ao bom andamento da sua casa e não come o pão da preguiça.

Levantam-se seus filhos e lhe chamam ditosa; seu marido a louva, dizendo:

Muitas mulheres procedem virtuosamente, mas tu a todas sobrepujas.

(Provérbios 31:10-29)

É comum ouvir os pastores pregando sobre essa mulher esforçada e virtuosa (que, convenhamos, parece boa demais para ser verdade). E, no entanto, ainda estou para ouvir alguém pregar sobre o *marido* da mulher de Provérbios 31. Ele permitiu que os dons de sua esposa o elevassem e abençoassem seu lar. Deu-lhe autonomia para ir às compras e decorar a casa. Incentivou-a a abrir seu pequeno negócio de costura e tecidos. Acima de tudo, ele respeitou suas opiniões. Ao que parece, essa mulher tinha voz e voto no orçamento da família.

Para libertar nossa esposa para que ela desempenhe seu papel multifacetado, devemos libertar sua voz. Se não o fazemos, seus dons são inibidos e ela não pode responder ao chamado de Deus como uma "auxiliadora idônea" (Gênesis 2:20). É sempre errado impormos nossos direitos à custa dos propósitos de Deus.

Além disso, só porque somos líderes, não significa que ninguém deve nos dizer o que fazer. O papel de nossa esposa como auxiliadora é sua maneira de complementar *nossas* fraquezas e uma forma de Deus nos abençoar. Ela não está tentando mandar em você, ainda que esse pareça ser o caso em algumas situações.

Quando, por exemplo, Brenda estava mostrando qual era sua posição em relação ao tratamento ríspido que recebia de minha família, estava apenas exercendo seus dons sobre minhas fraquezas e circunstâncias. Por causa de minha liderança arrogante, não era capaz de reconhecer esse fato, o que acabou levando a um impasse.

Lembre-se: Ela Está Abençoando Você

O que você faz para que um impasse resulte em união? Permite que a voz dos dons de sua esposa seja ouvida. Você a respeita como co-herdeira do Reino de Deus, alguém que, na verdade, é uma grande bênção para você.

É claro que, quando libertamos, *de fato*, a voz de nossas esposas, precisamos entender as implicações disso. Como auxiliadora, sua esposa, por vezes, será a maior fonte de antagonismo em sua vida. Ela irá reclamar, ralhar e bater o pé. Também fará você ver coisas que você não quer, irá lembrá-lo de fazer coisas que você esqueceu e ajudá-lo a melhorar seus modos, quando for necessário. Tudo isso é o que a "bênção" de sua esposa representará em algumas ocasiões!

Há pouco tempo, fui convidado para dar uma palestra. Contei a Brenda sobre o convite como se já tivesse aceitado. (Na minha cabeça, já havia aceitado mesmo.)

Ela olhou fixamente nos meus olhos e disse simplesmente: "Quem falou que você deve dar essa palestra?" Está vendo o que eu quero dizer? Fiquei aborrecido com sua reação, mas ela só estava me mostrando que não devo entrar por toda porta que se abre a menos que Deus me mostre que essa é a vontade dele. Devidamente disciplinado, orei sobre o assunto e descobri que *não* devia aceitar o convite. Na realidade, as palavras de Brenda – ainda que um tanto irritantes, eu admito – eram o que eu precisava a fim de parar e refletir.

Uma esposa chamada Serena me contou que fica frustrada quando seu marido, Jeff, não dá valor ao que ela diz. "Posso expressar meu ponto de vista ou opinião, mas ele só declara que estou redondamente enganada, de modo que parei de opinar."

Jeff está vivendo numa situação perigosa, pois as opiniões, idéias e reflexões de uma esposa servem para governar o comportamento impetuoso do homem. Certa vez, Brenda ameaçou parar de me dar suas opiniões e eu tive maturidade suficiente para ficar morrendo de medo. Parei tudo no ato e lhe pedi que prometesse naquele instante que jamais ficaria tão frustrada comigo a ponto de deixar de me dizer a verdade. Podemos ver o perigo de silenciar nossa auxiliadora nas duas histórias a seguir.

Roberta escreveu: "Meu marido Kevin está pensando em pedir o divórcio esta semana. Ele começou um caso com uma outra mulher cristã. Será um choque para quase todos na igreja devido aos cargos que Kevin ocupa, mas ele nunca foi aquilo que parecia. Kevin encheu nosso lar com seu abuso verbal opressivo e assustador e chegou a usar drogas. Teria perdido seus cargos na igreja há muito tempo *se não houvesse me forçado a permanecer calada e encobrir seus erros todos esses anos.*"

Uma vez que sua voz foi silenciada, os dons de Roberta não puderam abençoar seu lar ao desafiar o caráter de seu marido. Ele afundou cada vez mais até afogar-se em sua própria hipocrisia pecaminosa.

A maneira da cantora Annie Chapman ajudar seu marido constitui um contraste gritante. Numa entrevista de rádio antes de uma apresentação em Des Moines, Annie disse sobre seu marido: "Se Steve decidisse entregar-se a uma vida imoral fora dos palcos, eu o denunciaria para o mundo todo. Seria repulsivo."

O marido dela pode não concordar, mas é isso o que chamamos de ser auxiliadora! Muitas vezes incentivo Brenda a expressar-se exatamente dessa forma para que possa ser abençoado por seus *insights* e virtudes.

Perguntas para Reflexão e Discussão

1. Como você encara os dons específicos de sua esposa, expressados através de suas idéias e opiniões?
2. De que maneiras talvez você seja culpado de garantir sua própria posição ao sufocar ou ignorar a individualidade, a identidade e os dons singulares de sua esposa?

Capítulo Treze

De Onde Vem Seu Prestígio

O prestígio de um servo não vinha de seu trabalho, mas sim de seu relacionamento com seu senhor. Num certo sentido, ele não tinha controle algum sobre sua reputação. Ela se baseava exclusivamente em quem era seu senhor. Servir a um sumo sacerdote dava mais prestígio do que servir a um comerciante de rua, por exemplo. Porém, ao optar pela vida de servo, ele sabia que, se servisse bem e fortalecesse a casa de seu senhor, consolidaria a honra de seu senhor na comunidade e, conseqüentemente, sua própria honra.

Você já decidiu fazer do relacionamento com sua esposa sua principal fonte de prestígio? Provavelmente não. Verdade seja dita: quase todos nós obtemos prestígio de nossa carreira. É nosso trabalho e aquilo que fazemos cinco (ou mais!) dias por semana que elevam nossa auto-estima, e não a pessoa com quem somos casados. Se você tiver de fazer horas extras e trabalhar à noite durante seis semanas, pode ser que esteja envolvido com um projeto extraordinário. Mas se trabalhar dia e noite durante seis meses, então é porque tomou uma decisão importantíssima sobre a quê você dá mais valor na vida.

Escolhendo a Fonte de Prestígio

Ao mesmo tempo que é natural derivarmos nosso prestígio principalmente da vida profissional, devemos optar por obter esse prestígio antes de tudo do serviço que prestamos às nossas "senhoras", aquelas às quais entregamos nossos corações. Se não o fizermos, não há muita esperança de que as convicções e a essência delas se encontrem devidamente representadas no relacionamento, tendo o mesmo peso que as nossas.

Na minha adolescência, valorizava o prestígio de ser conhecido como "o cara que faz e acontece". Era titular do time de futebol americano da escola secundária Jefferson, em Cedar Rapids, um time forte e tradicional no futebol colegial das grandes escolas do Iowa. Em meu último ano do ensino médio, venci um concurso estadual de administração empresarial e fui orador de minha turma na formatura. Fui aceito na Universidade Stanford, sem dúvida uma das instituições de ensino superior de maior prestígio nos Estados Unidos, considerada a "Harvard da Costa Oeste".

Quando comecei meu primeiro ano em Stanford, não tinha dúvidas de que me encontrava no caminho certo. Mas algo interessante aconteceu enquanto eu convivia com centenas ou talvez até milhares de alunos que haviam se formado com honras no mundo todo. Começamos a crer naquilo que diziam a nosso respeito. Acreditávamos piamente que fazíamos parte de uma elite, daqueles que haviam sido separados para tornarem-se presidentes de indústrias, grandes inovadores, maiores pesquisadores e líderes do mundo ocidental. Nosso universo girava em torno de avanços, sucessos e conquistas. Esperávamos deixar nossa marca na história.

Tudo isso fazia parte da "aura" de Stanford, ou, de um ponto de vista menos lisonjeiro, de sua propaganda enganosa. Sentia como se tivesse o mundo em minhas mãos. Não vou entrar nos detalhes repugnantes, mas perdi minha oportunidade, como fez o filho pródigo: ele "partiu para uma terra distante e lá dissipou todos os seus bens, vivendo dissolutamente" (Lucas 15:13). Desperdicei minha riqueza de oportunidades numa série de relacionamentos sexuais e numa vida devassa, e logo estava de volta, arrastando os pés pela terra do Iowa, segurando um diploma de Stanford que valia pouca coisa no mercado de trabalho e me perguntado onde tinham ido parar os meus sonhos.

Meus amigos haviam continuado seus estudos e concluído seus MBAs enquanto eu vagava em meio à vergonhosa obscuridade. Um de meus colegas estava projetando corações artificiais, outro estava estudando grego do Novo Testamento em Cambridge. Um deles ocupava um cargo elevado nos laboratórios Abbot, enquanto outro estava ganhando milhões como corretor de investimentos em Nova York e Londres.

Apesar de eu não estar exatamente dormindo com os porcos e comendo lavagem, os custos iniciais para abrir minha pequena empresa e o baixo volume de vendas me levaram a viver abaixo da linha nacional de pobreza por mais de um ano, até que encontrei Brenda e seu diploma de enfermeira salvou a pátria. Foi um golpe e tanto para minha auto-estima.

Brenda não conseguia compreender minha dor. "Não entendo essa coisa de status", protestava. "Você não tem nada de que se envergonhar. É um trabalhador esforçado e um homem honesto." Às vezes, suas palavras ajudavam, mas esse consolo não durava. Eu queria de volta os anos que os gafanhotos haviam consumido.

Um dia, recebi um telefonema de Pete, meu melhor amigo na faculdade, fazendo uma proposta imperdível. Seu pai havia fundado uma das grandes companhias de eletricidade dos Estados Unidos e havia mandado o filho para Stanford a fim de prepará-lo para ser o executivo principal da empresa. Pete se ofereceu para me treinar como seu assessor. "Estamos falando de um cargo de vice-presidente", disse Pete. "Acho que você é perfeito para o cargo." Essa era a grande chance pela qual eu vinha esperando. Todos os anos desperdiçados logo não importariam mais.

Havia, porém, um enorme obstáculo: minha esposa e filhos. Uma vez que esse emprego significava nos mudarmos para um lugar onde Brenda ficaria a seis horas e meia de viagem da casa de sua mãe, mais que o dobro da distância em que nos encontrávamos naquela época, não havia muitas esperanças. Seria impossível fazer visitas rápidas nos fins de semana. Logo teríamos de nos mudar novamente de uma filial para outra a fim de obter um conhecimento global dos negócios. A primeira parada seria no Alabama. Adorávamos o sul, mas isso significaria uma distância ainda maior de casa.

Além disso, Brenda havia finalmente criado um novo grupo de amigos mais íntimos em Des Moines e sentia que, enfim, estava encontrando seu lugar fora de Moline.

Havia ainda outra coisa a considerar: depois de pesquisar sobre as igrejas perto da nova matriz da empresa, vi que só existiam comunidades pequenas e que, de algum modo, não pareciam servir. Isso seria um problema para minha jovem família, com duas crianças pequenas. Estaria colocando em risco nossa estabilidade familiar e o crescimento de nossa vida cristã em troca de prestígio profissional.

No trabalho em que me encontrava, labutava arduamente e os dias eram longos, mas, pelo menos, era meu próprio chefe. Ainda que Pete fosse um amigo chegado, negócios são negócios e eu teria de prestar contas a ele, e não a mim mesmo. Isso significava que eu não teria mais tanto controle sobre meu tempo e, portanto, menos liberdade de ficar com minha família.

Apesar das desvantagens, a oferta de Pete era o desejo do meu coração e a realização de meus sonhos profissionais. Podia escolher minha carreira como principal fonte de prestígio ou podia colocar minha família em primeiro lugar e me satisfazer com o prestígio que viria de meu lar.

A decisão que se encontrava diante de mim era exatamente a mesma decisão do servo hebreu no fim dos seis anos de serviço. O servo, que antes havia sido independente e livre para ir atrás de seus próprios sonhos, tinha fracassado e sido obrigado a se vender. Era chegada a oportunidade pela qual ele havia esperado. Podia, finalmente, provar seu valor e receber de volta o prestígio que havia esbanjado despreocupadamente.

Ou... podia deixar passar sua oportunidade e escolher seu senhor como principal fonte de prestígio para sua vida. Qual seria sua decisão?

Arriscando um Pouco de Confiança

Ao pesar minha decisão, lembrei-me de algo que ouvi no programa de rádio de Chuck Swindoll. Ele havia falado de uma pesquisa feita com pessoas de oitenta e cinco anos de idade, que se aproximavam do "crepúsculo" da vida. A pergunta era do que mais se arrependiam na maneira como haviam vivido. As respostas desses idosos:

1. Deveria ter passado mais tempo em meditação e reflexão.
2. Deveria ter me arriscado mais.
3. Deveria ter feito mais coisas que permaneceriam mesmo depois de minha morte.

A segunda resposta foi a que chamou minha atenção. A maioria dos pesquisados falou de decisões das quais havia se arrependido ao chegar em encruzilhadas de sua carreira, dizendo coisas como "Gostaria de ter arriscado começar aquele pequeno negócio quando estava com trinta e cinco anos" ou "Foi uma pena eu não ter tentado morar e trabalhar em Londres".

É triste olhar para trás e dizer: "Gostaria de ter me arriscado mais em minha carreira." Contudo, é mais trágico ainda olhar para trás e dizer: "Gostaria de ter me arriscado mais a confiar na Palavra de Deus." Por isso fiquei feliz por me arriscar e escrever *A Batalha de Todo Homem [Every Man's Battle]* com Steve Arterburn. Não queria estar sentado numa cadeira de balanço daqui a trinta anos, dizendo: "Gostaria de ter me arriscado mais expondo meu passado cheio de pecados para o mundo todo e escrevendo aquele livro."

Também fiquei grato por ter arriscado confiar na Palavra de Deus ao administrar meu tempo. Era, basicamente, um representante de vendas que recebia somente comissões, de modo que, se eu não trabalhasse, não teríamos o que comer. Quando me casei, trabalhava das seis da manhã às seis da tarde todos os dias, e das sete da manhã ao meio-dia aos sábados. Uma vez que havia começado meu negócio há apenas um ano, precisava passar um bocado de tempo no escritório.

Não demorou muito para que Brenda sugerisse que eu estava trabalhando demais e que deveria parar de ir ao escritório nas manhãs de sábado. Ela me mostrou passagens das Escrituras que tratavam desse assunto e indicavam que eu acabaria entrando em colapso. Também me disse que eu devia confiar em Deus e seguir sua Palavra. Acabei correndo o risco de trabalhar menos horas e entreguei minhas vendas nas mãos do Senhor. Quando Jasen – nosso primeiro filho – nasceu, diminuí meu expediente, trabalhando das seis e meia da manhã até as cinco da tarde a fim de ter tempo para ficar com ele. Quando Laura nasceu, passei a trabalhar das sete da manhã às quatro e meia da tarde, num total de quarenta e cinco horas por semana.

O que estou querendo dizer? Meu desejo era obedecer o que Deus ordenou em Deuteronômio 6:6, 7, segundo o qual sou responsável por gravar os mandamentos de Deus no coração de meus filhos, falando dele em casa, andando pelo caminho ou em qualquer outra ocasião em que estivéssemos juntos.

Como poderia fazer isso se nunca estivesse por perto? Precisava correr o risco de confiar no Senhor e permitir que ele gerasse vendas suficientes durante minha semana mais curta.

Será que era mesmo um risco? Com certeza, era o que me parecia! Cada vez que cortava minhas horas de trabalho suava frio, achando que meus negócios iriam sofrer e talvez até ir à falência. Lutava com unhas e dentes contra essas mudanças (pergunte à Brenda!) e, no entanto, contava com a seguinte promessa de Deus:

> Porque os gentios é que procuram todas estas coisas; pois vosso Pai celeste sabe que necessitais de todas elas; buscai, pois, em primeiro lugar, o seu reino e a sua justiça, e todas estas coisas vos serão acrescentadas.
>
> (Mateus 6:32, 33)

Quando escolhemos obedecer a Deus, ele se dispõe atenciosamente a defender nossa decisão diante do mundo. Ao contarmos para outros a decisão que tomamos, isso traz glória para o nome de Deus. Para ele não é nada nos conceder o favor de nosso chefe ou abrir portas para vendas ou promoções que nem havíamos notado antes.

Voltando à minha história, havia acabado de receber uma enorme prova-surpresa. Será que eu tinha o coração de um servo? Será que eu, como o servo hebreu, considerava meu lar minha principal fonte de prestígio e sucesso? Se esse era o caso, então eu devia escolher o caminho mais seguro e promissor para minha família, o caminho que respeitaria a essência de Brenda tanto quanto a minha. Se não o fizesse, então deveria escolher o caminho mais seguro e promissor para minha carreira.

Havia mais uma coisa a ser considerada: Me arriscaria a confiar na Palavra de Deus? Me arriscaria a colocar Deus em primeiro lugar – sua prioridade de união com minha esposa – e confiar que ele cuidaria do resto?

Tudo o que conseguia ver era o que havia perdido com meus pecados e como desejava desesperadamente alcançar o mesmo sucesso de que todos os meus colegas estavam desfrutando. A tentação de aceitar aquela oferta de trabalho era grande, porém, mais uma vez, me lembrei das palavras do Senhor: "Restituir-vos-ei os anos que foram consumidos pelo gafanhoto migrador, pelo destruidor e pelo cortador" (Joel 2:25).

Era necessário que eu estivesse disposto a confiar na promessa de Deus e permitir que ele restaurasse tudo a seu tempo. Se eu esperasse no Senhor, ele encontraria uma forma de reparar minhas perdas sem desestruturar minha família, e nem seria preciso nos mudarmos para uma comunidade sem uma igreja forte. Ainda assim, um pensamento não saía de minha cabeça: Se esperasse no Senhor e ele não cumprisse a parte dele, teria desperdiçado minha única chance. Estava disposto a apostar minha carreira na fidelidade de Deus às suas promessas?

Esse era o meu raciocínio naquela época, mas depois de orar e refletir, sabia que não tinha como errar se escolhesse minha família como principal fonte de prestígio. Assim, fiquei em Des Moines, pois essa era a melhor decisão para toda a família. Além disso, confiei em que Deus cumpriria sua promessa, e foi o que ele fez. Restaurou os anos que o gafanhoto havia consumido de forma que eu jamais teria ousado imaginar e abençoou minha carreira com mudanças e avanços empolgantes. Também o meu casamento e o relacionamento com meus filhos se fortaleceram. Quando tiver oitenta e cinco anos de idade, vou dizer: "Estou feliz por ter arriscado alcançar menos prestígio e realizações na minha carreira em troca de realizações muito maiores em meu lar."

De que vale a fé cristã se você não pode entregar sua própria carreira em obediência à Palavra de Deus? Milhares de mártires fizeram muito mais do que isso, e um dia teremos de olhar nos olhos deles. Não quero ter de desviar meu olhar.

Veja bem, não estou dizendo que sou contra crescer dentro da empresa, e pode ser que viajar sempre e fazer sacrifícios faça parte do pacote. É próprio da nossa natureza trabalhar com afinco e *querer* trabalhar com afinco. Mas e se escolhermos fazer de nosso lar nossa principal fonte de prestígio? E se nos arriscarmos desacelerando a marcha no mundo dos negócios em troca da verdadeira união conjugal? E se nos arriscarmos entregando a Deus o crescimento de nossa carreira de modo que possamos colocar o Senhor em primeiro lugar e honrar a essência de nossa esposa, fortalecendo nosso casamento e nossa família? Toda essa força continuará a viver em nossos filhos muito tempo depois que tivermos partido. Lembre-se de que quando estivermos com oitenta e cinco anos, todos nós iremos desejar ter feito mais coisas que permanecerão depois que morrermos.

Você acredita de verdade que, se colocar o Reino de Deus em primeiro lugar, ele lhe dará essas coisas? Você já entregou alguma coisa para provar sua fé? Pense nisso.

Contribuindo Para o Prestígio Dela

Como líder e servo, não apenas tiraremos nosso prestígio de nosso relacionamento conjugal, como também contribuiremos para o prestígio de nossas "senhoras" na comunidade. Claro que começamos no lar, onde o prestígio é, antes de tudo, construído através de nossas palavras.

Em Provérbios 31:29-31, o marido dá à sua esposa o prestígio que lhe é devido com as seguintes palavras:

> Muitas mulheres procedem virtuosamente,
> mas tu a todas sobrepujas.
> Enganosa é a graça, e vã, a formosura,
> mas a mulher que teme ao Senhor, essa será louvada.
> Dai-lhe do fruto das suas mãos,
> e de público a louvarão as suas obras.

Se os elogios de Carl têm alguma influência, então sua esposa também será louvada de público junto com a mulher de Provérbios 31. Nas palavras de Joni, a esposa de Carl:

> Carl me diz com freqüência que meus padrões elevados ajudaram-no a manter o alto nível dos padrões dele. Antes de nos conhecermos, ele havia ouvido falar de meus valores e estava determinado a me conhecer de um jeito ou de outro, pois jamais havia encontrado alguém que mantinha, de fato, padrões cristãos elevados. Conhecia muita gente que havia sido criada com esses valores, mas ninguém que se apegava inteiramente a eles. Ele sempre me diz como foi revigorante encontrar uma moça como eu. Sei que Carl se sente bem consigo mesmo por ter se casado comigo.

Apesar de nossas palavras contribuírem para aumentar o prestígio de nossas esposas, nossas ações também devem honrar sua essência: "Maridos, vós, igualmente, vivei a vida comum do lar, com discernimento; e, tendo consideração para com a vossa mulher como parte mais frágil, tratai-a com dignidade, porque sois, juntamente, herdeiros da mesma graça de vida" (1 Pedro 3:7).

Dar à sua esposa seu devido lugar de prestígio no lar é uma forma de respeitá-la como sua co-herdeira. Privá-la daquilo que você prometeu lhe dar e daquilo que Deus prometeu que ela teria é pecar contra ela e, portanto, romper sua união conjugal. Você não tem direito algum de fazer isso. A união mais íntima não é um sentimento; é algo que construímos através de ações. Ou você deu à sua esposa o lugar que lhe é devido através de suas atitudes ou não.

No entanto, com freqüência, é mais fácil conceder prestígio à nossa esposa com palavras do que com ações, especialmente no que se refere às finanças. Veja essa história de Rebecca:

> Não sei o que se passa na área das finanças. Não recebo nada dele – nem informações e nem dinheiro. Já lhe pedi que me mostrasse como andam nossas finanças e ele concorda, mas isso nunca acontece. Normalmente sinto-me apreensiva e preocupada, pois não estou a par de coisa alguma. Certas decisões que ele tomou sozinho

> nessa área também criaram um problema sério de confiança. No que se refere às nossas finanças, estou sempre esperando o momento em que vamos cair na areia movediça.
>
> Como é possível um casal viver em absoluta união quando não compartilha essas questões? Parece mais um jogo de estratégia do que um casamento, e eu detesto isso.

O marido de Rebecca não respeitou sua essência nem a tratou como co-herdeira. Você pode imaginar um servo tratando seu senhor dessa maneira? Lembre-se de que a união não está no *sentimento* de amar sua esposa como a si mesmo, mas no *ato* de amá-la como a si mesmo.

Fora do lar, as ações também falam mais alto que as palavras no que se refere a contribuir para o prestígio de sua esposa na comunidade. Se você ainda não lhe deu a posição incontestável e mais elevada de prestígio em sua vida, então você a está insultando. E permita que lhe contemos um segredo: se você ainda não fez isso, ela sabe.

O servo nutria por seu senhor a mais alta estima e jamais sonharia em dar essa posição de prestígio a outra pessoa. Porém, como maridos, é isso o que fazemos quando, muitas vezes, colocamos nossos pais antes de nossa esposa. Não nos disciplinamos de modo a obedecer o mandamento de Deus em Gênesis 2:24. Ao invés disso, escolhemos passar por cima de nossa esposa, como Bill fez com Becky no caso a seguir:

> Comparada à mãe de Bill, sempre sinto que ocupo o segundo lugar. Quando estamos com ela, nunca me sinto valorizada por Bill. É comum ele tomar as dores dela numa discussão e, inevitavelmente, escolher me insultar ao invés de ofendê-la. Isso vale em dobro com o pai dele, o rei da família que faz todos nós pisarmos em ovos quando está por perto.
>
> Costumamos, por exemplo, ser bastante seletivos quanto às crianças com as quais nossos filhos brincam. A mãe de Bill já mencionou três vezes que gostaria de cuidar das nossas crianças e convidar os netos de suas amigas para brincar com elas nessa ocasião. No entanto, não precisamos de mais uma pessoa para escolher amigos para eles. Quando ela falou sobre isso comigo, Bill estava por perto. Eu

disse a ela que não conhecia os pais dessas crianças e que não tinha certeza se era uma boa idéia. Em outras palavras, estava tentando ganhar tempo enquanto buscava o apoio de Bill.

Bill respondeu mais que depressa: "Não tem problema algum. Conheço a família deles." Fiquei muito magoada, pois nem chegamos a discutir o assunto e ele preferiu me ofender ao invés de contrariar sua mãe. Ela ama nossos filhos, mas não é cristã e não tem os mesmos valores que nós. Bill e eu nunca discutimos esse incidente, mas gostaria de que tivéssemos conversado sobre isso, pois sem dúvida foi algo que me magoou.

Vimos um outro exemplo disso há pouco tempo, quando fomos jantar na casa dos pais de Bill e o pai dele disse à minha filha para "sentar-se e calar a boca". Não apenas foi uma ordem absolutamente desnecessária, uma vez que ela não estava fazendo barulho, como também não falamos com nossos filhos desse jeito. Permaneci calada, esperando que Bill confrontasse seu pai, mas isso não aconteceu. Fiquei muito chateada com o pai dele, mas ainda mais perturbada com o silêncio de Bill. Uns três dias depois, criei coragem e fui conversar com ele sobre esse assunto. Bill admitiu ter achado horrível a forma grosseira como seu pai havia tratado nossa filha tão sensível. Admitiu também que gostaria de ter dito alguma coisa naquela ocasião. Se um dia isso acontecer de novo, espero que Bill confronte seu pai.

É possível que Bill dissesse as coisas certas, mas não tomava atitudes para defender o prestígio de sua esposa. Eis uma história parecida contada por Sandra, mas, dessa vez, vemos atitudes corretas:

Logo no início de nosso relacionamento, meu marido colocava as opiniões de seus pais em primeiro lugar. Era controlado por aquilo que poderiam pensar de suas escolhas, e isso causava um bocado de atrito em nosso casamento. Jon normalmente me abandonava para eu lidar com meus sentimentos sozinha, pois se recusava a encarar o problema.

A certa altura, as coisas ficaram tão feias que Jon teve de decidir de que lado ficaria – e escolheu ficar comigo. Ele me protegeu da

> interferência enérgica de seus pais em nossa vida e não permitiu mais que se comunicassem diretamente comigo. Finalmente vi que ele estava me ouvindo e me senti amada e valorizada. Nosso relacionamento alcançou um outro nível de união.

Também já vimos homens que dão mais prestígio à ex-mulher do que à atual esposa. Que servo hebreu daria mais prestígio a um antigo senhor do que ao seu atual senhor? Trata-se de uma situação ridícula, mas com a qual nos deparamos com freqüência, como no relato de Lisa:

> Este é o segundo casamento do meu marido e o meu primeiro. Ele estava com a guarda de seu filho Tim, desde que o menino tinha dois anos de idade, e nos casamos quando Tim estava com cinco anos. Ao longo dos anos, ele me deixou de fora das conversas com sua ex-esposa ao tratar de assuntos relacionados ao seu filho. Normalmente descobria as coisas mais tarde e, a essa altura, estava magoada e zangada. Afinal, era eu quem ficava em casa o dia todo cuidando do menino.
>
> Tim está com vinte e três anos, morando sozinho e tomando decisões erradas, e ainda hoje não sou incluída nas discussões sobre ele. Era comum a ex-esposa saber do que estava acontecendo em meu lar antes de mim. Não respeito meu marido nem confio nele por lidar com o assunto dessa forma. Estou certa de que ele esconde coisas de mim e que há uma parte dele que ainda é ligada e leal à sua primeira esposa.
>
> Tento não me envolver emocionalmente com as questões referentes a Tim agora que ele saiu de casa, mas isso se infiltra em outras áreas de nossa vida familiar. Não me parece razoável esperar que eu cuide de Tim e me interesse por ele e depois me fazer lembrar de que sou alguém de fora, que não investiu no relacionamento. É um malabarismo impossível.

Senhores, é possível encontrarmos uma justificativa para colocarmos nossa esposa em qualquer outro lugar que não seja a posição de mais alto prestígio em nossa vida? Na verdade, esse lugar já lhe pertence. Como podemos privá-la disso? Devemos contribuir para aumentar o prestígio de nossa esposa em casa e na comunidade. Não temos direito algum de fazer qualquer outra coisa.

Perguntas para Reflexão e Discussão

1. De que maneiras significativas você correu riscos para fortalecer a união em seu casamento?
2. Sua esposa e sua família são a principal fonte de prestígio de sua vida?
3. De que maneiras significativas você tem trabalhado para aumentar o prestígio de sua esposa em seu lar e na comunidade?

Parte IV

Começando a Pensar como Servo

Capítulo Quatorze

Observe Sua "Senhora" para Melhor Servi-la

Como dissemos anteriormente, a adaptação conjugal é simples. Antes do casamento, você comandava o navio de sua vida com base nas convicções pessoais e na essência da alma de uma pessoa – você mesmo. Agora, como capitão do *Matrimônio dos Sete Mares*, você deve comandar tomando por base as convicções e a essência de duas pessoas. Pode acontecer de essas convicções serem conflitantes e, por mais sinceras que sejam suas emoções, não será seu amor que fará com que o impasse resulte em união. Antes, são suas *decisões* que respeitam a essência de sua esposa e suas *ações* que promovem a união.

A fim de que nossas esposas possam ter uma vida plena dentro do casamento, devemos observar atentamente sua essência – aquilo que a constitui – até que a conheçamos tão bem quanto a nossa própria. Sem isso, a mentalidade masculina natural nos torna capitães descuidados. Devemos começar a desenvolver uma nova mentalidade, pois capitães descuidados levam seus navios a pique.

Aprendendo a Observar

Bill e Carol se casaram há dois anos. Logo depois do casamento, Bill recebeu uma proposta de trabalho com um excelente salário, mas que exigia dele viajar quase toda semana e, muitas vezes, passar várias semanas fora sem voltar para casa nos finais de semana. Quando Bill e Carol fizeram as contas, concluíram que se ele ficasse nesse emprego apenas três anos, poderiam guardar um bocado de dinheiro e dar entrada na casa de seus sonhos.

Ao discutirem juntos essa decisão, resolveram que o plano de Bill parecia ser uma boa idéia. Ele aceitou a proposta e Carol se preparou para esperar os três anos passarem. Porém, não demorou para que as ondas violentas da vida começassem a estourar na proa de sua embarcação. A vida de Carol foi inundada pela solidão. Bill não se abalou, dizendo que tratava-se de um preço pequeno a se pagar para alcançar seus objetivos financeiros. Para Carol, porém, qualquer que fosse o objetivo, o preço era altíssimo demais. Ela sentiu seu casamento esmorecendo.

Quando estavam juntos, as rajadas normais das incompatibilidades açoitavam o bordo de sua embarcação, então Bill partia novamente e passava duas semanas fora, deixando para trás um conflito pendente. Ele simplesmente armazenava essas emoções para processá-las mais tarde. Para Carol, porém, esses períodos sem resolução eram um grande peso. Seu navio estava adernando cada vez mais.

Do ponto de vista de Bill, não havia perigo algum no horizonte. (Estava tão preocupado quanto os passageiros do *Titanic*!) Carol soou o alarme e disse a Bill que o plano não estava funcionando. Implorou que ele mudasse de curso e voltasse para casa a fim de poderem traçar um novo rumo juntos. Bill continuou avançando temerariamente e ordenando: "Manter curso, velocidade total."

Confiando em sua própria lógica e instintos, Bill estava comandando o *Matrimônio dos Sete Mares* como se Carol não tivesse mais direito a dizer qualquer coisa sobre seu rumo. Ignorou a seriedade da nova informação que ela lhe transmitiu e, ao invés de observar Carol com atenção, Bill tirou conclusões precipitadas sobre as emoções da esposa. Para ele, a solidão de Carol era apenas sinal de uma fragilidade temporária. Sua marinheira precisava ser mais durona. Quando Carol não conseguia resolver os conflitos, Bill partia do pressuposto de que era necessário ela amadurecer e encarar as dificuldades como uma adulta. Deviam manter o rumo enquanto ela "trabalhava" essas questões.

Bill nunca entendeu que Carol, na verdade, não era fraca, mas apenas diferente. Os relacionamentos não têm o mesmo significado para homens e mulheres. A solidão e a falta de resolução de conflitos causam um forte impacto sobre as mulheres, enquanto os homens parecem não se importar tanto.

O que causou essa falta de compreensão? Bill não havia estudado as distinções entre homens e mulheres e ainda estava liderando de acordo apenas com sua própria essência. Como resultado, Bill não deu ouvidos às súplicas de Carol. Manteve o curso e o seu casamento colidiu com os baixios de conflitos. Hoje os dois estão separados enquanto esperam pelo divórcio.

Conforme vimos anteriormente, as diferenças entre homens e mulheres criam incompatibilidades e impasses aparentemente sem solução, como no caso de Bill e Carol. Como transformar os impasses em união, e não em divórcio? Através da submissão à união conjugal. Contudo, não temos condições de fazer isso até que tenhamos observado atentamente nossa esposa e, mesmo assim, é possível que ainda vejamos as coisas somente do nosso ponto de vista, uma vez que estamos acostumados a enxergar apenas com um par de olhos.

Até hoje Bill olha para seu navio encalhado sendo despedaçado e não consegue entender. *O que deu errado? Eu fiz a escolha mais lógica!* De fato, foi e ainda é tudo muito lógico se deixarmos de fora da discussão as diferenças de Carol. Se estamos liderando exclusivamente de acordo com nosso ponto de vista, as decisões mais trágicas ainda podem parecer perfeitamente lógicas. Se, porém, não observamos nossas esposas com cuidado, usar a lógica como ponto de referência pode representar um grande perigo, pois nossa própria lógica deixa de fora a essência de nossas esposas e, portanto, está fadada a fracassar.

Bill conseguia lidar facilmente com a solidão. Para ele, conflitos pendentes não eram um problema. Era perfeitamente lógico esperar que, depois de passar semanas separados, bastava retomar seu casamento no ponto onde haviam parado. Se ele podia fazer isso, Carol também podia, certo?

Errado.

Os observadores mais perspicazes das mulheres sabem que longas separações entre marido e mulher raramente contribuem para o casamento e de modo algum colaboram para aumentar a intimidade, um desejo do coração da mulher. Bill olhava para o horizonte e acreditava que abrir mão de três anos do seu relacionamento a fim de garantir a estabilidade financeira dos dez anos seguintes fazia todo sentido. Mas estava redondamente enganado. A decisão "lógica" de Bill não levou em consideração os efeitos que a solidão e a falta de resolução dos conflitos teriam sobre Carol. Em termos simples, Bill desconsiderou a essência de sua esposa.

A mentalidade Sacrificial no Comando

Se assumimos o compromisso de ajudar nossas "senhoras" (nossas esposas) a se desenvolvem plenamente no casamento, então devemos ir além do estilo de liderança meramente lógico. Devemos procurar ser um comandante justo, que sempre respeita a essência delas. Em outras palavras, devemos ter uma mentalidade sacrificial. Com isso, estaremos promovendo uma adaptação conjugal saudável.

Pensar de modo justo e sacrificial significa rejeitar nosso direito de liderar somente com base em nosso ponto de vista. É mais fácil falar do que fazer, uma vez que nosso ego masculino inflado praticamente exige estar sempre no centro. Porém, sem uma mentalidade sacrificial, é impossível alcançar a união. A verdadeira liderança no casamento implica em permitir que os dons de nossas esposas se revelem nos momentos certos. Isso é necessário a fim de honrar a posição delas dentro do casamento.

Ao longo dos anos, eu (Fred) tenho ajudado vários amigos a mudar de uma casa para outra. Vi as mais diversas abordagens para realizar essa mesma tarefa, incluindo aquelas em que o sujeito insiste em usar um sistema complicado de numeração para facilitar o processo de descarregar e desempacotar. Todos eles devem ter lido o mesmo livro!

Mark mostrou-se particularmente insistente. Recusou-se a deixar que sua esposa, Gerri, empacotasse qualquer coisa, a menos que o fizesse do jeito dele. Infelizmente, ele trabalhava em dois empregos e não tinha muito tempo para guardar as coisas. "Isso é ridículo", disse Gerri. "O método dele é duas vezes mais trabalhoso, e eu tenho milhões de coisas para fazer! Além disso, ele não está aqui para empacotar e não vai estar na outra casa para desempacotar. Qual é a dele? Estou ficando louca tentando fazer as coisas como ele quer. Mas se não fizer como ele mandou, entro em apuros!"

Conheço Mark e Gerri e todo mundo sabe que ele é que tem talento para organizar, mas isso não significa que Gerri não seja capaz de guardar as coisas da casa em caixas. Por que não deixar que ela assuma essa responsabilidade a fim de manter a união?

Há nove meses, Sheila quer pendurar na parede algumas fotos das crianças, mas seu marido, Erik, se recusa a deixá-la, pois tem um jeito "certo" de fazer isso. Erik trabalha tanto durante a semana e gasta tanto tempo com seu carro nos finais de semana que acaba não pendurando os quadros.

A casa de Sheila é como seu ninho, e ela deseja enfeitá-la com as fotos de seus filhos. Quando Erik não permite que ela faça isso, insulta gravemente o coração e a essência de sua esposa. "Sinto como se tivesse muito menos liberdade do que quando morava na casa de meus pais", disse ela. "Na verdade, sinto que troquei um pai por outro mais rígido, sendo que este não confia em mim nem se importa tanto com meus sentimentos. Erik consegue me deixar furiosa. Só quero pendurar os benditos quadros na parede!"

Pode ser que tenhamos um método especial de pendurar quadros, mas isso não significa que somos uma sumidade nessa tarefa. Há coisas mais importantes do que exercer autoridade em nosso casamento – coisas como uma união mais íntima.

De acordo com Bárbara, "quando falo em fazer mudanças para deixar a casa mais bonita, Don sempre diz alguma coisa para acabar com meu entusiasmo. Ou minha idéia é supérflua ou ele tem uma idéia melhor. Se quero mesmo mudar alguma coisa, simplesmente não comento com ele. Assim, posso fazer do jeito que eu quero."

Se Don continuar a liderar desse jeito, a união de seu casamento sofrerá ainda mais e ele terá o que merece. Como a maioria das mulheres, Bárbara acredita que sua casa é um reflexo de sua personalidade. Tudo bem que Don pode ter um excelente senso de estilo, mas não precisa usá-lo sempre. Sua maior preocupação não deve ser a decoração da casa, mas sim a união em seu casamento, especialmente quando Bárbara age às escondidas só para que umas poucas coisas de sua própria casa sejam do jeito que ela quer.

A questão é que essas experiências negativas vão se acumulando no coração de uma mulher. Se você não está disposto a sacrificar sua forma de pendurar quadros ou empacotar caixas, logo ela não fará o sacrifício de ter sexo com você mesmo quando não estiver a fim. Sua esposa terá dificuldade em se submeter à sua liderança espiritual, pois, aos olhos dela, você parecerá falso e insensível. Tudo vai se complicar para ela.

Assim, em nossa tentativa de comandar o *Matrimônio dos Sete Mares* de maneira piedosa, devemos, em primeiro lugar, rejeitar esse estilo de liderança. O segundo passo para nos tornarmos capitães justos e dispostos a fazer sacrifícios é observarmos atentamente nossas esposas, como já dissemos antes. Se não conhecemos a essência delas tão bem quanto a nossa própria, não podemos esperar que elas se sintam uma só carne conosco.

Eis um outro exemplo simples:

Marge adora cães e cresceu com cachorros, que ficavam dentro de casa o tempo todo e eram considerados parte da família. Seu marido, Jess, mal tolera animais e, ainda que houvesse cachorros no sítio onde ele cresceu, ficavam sempre fora e normalmente não recebiam muita atenção. Marge e Jess estavam morando em seu próprio sítio e tinham um cachorro chamado Buster. "Buster era um cachorro de quintal", disse Marge, "mas me apeguei muito a ele. Quando nosso filho Gabriel nasceu, Buster ficou com ciúmes e queria sempre entrar em casa. Quando não o deixávamos ficar dentro, ele sempre fugia e eu ficava aflita. Implorei a Jess que deixasse Buster dentro de casa.

Jess não queria isso de jeito nenhum. No entanto, sabia como essa situação era difícil para mim, de modo que, indo contra toda a sua vontade, concordou em permitir que Buster ficasse dentro de casa. Jess vai ser sempre meu herói por ter feito esse sacrifício!"

Como capitão, qual rumo parecia mais lógico para Jess? Deixar Buster do lado de fora, uma vez que era lá que ele sempre havia ficado. As coisas eram daquele jeito e pronto. Porém, Jess encontrou a resposta certa não ao pensar em termos lógicos, mas em termos sacrificiais.

Jess havia observado Marge com atenção e sabia como esse problema a afligia. Era um impasse verdadeiro, e apesar de o destino do mundo não estar em jogo, tratava-se de algo importante para os dois. Ele permitiu que a preocupação de Marge com o cachorro tivesse tanto peso na decisão dele quanto sua própria aversão a ter um cão dentro de casa. Sacrificou seu direito de fazer as coisas a seu modo em favor da união mais íntima com sua esposa. Permitiu que a essência de Marge tivesse seu devido lugar na hora de resolver a questão.

É Tudo o Que Ela Quer?

Coloquemos isso em termos práticos e vejamos a mentalidade sacrificial dentro do contexto de várias adaptações conjugais que enfrentaremos. Você perceberá como esse tipo de raciocínio é muito superior à lógica, em se tratando de respeitar a essência de sua esposa como a sua própria. É claro que devemos nos lembrar de algumas coisas. Em primeiro lugar, ter uma mentalidade sacrificial não significa dar à sua esposa tudo o que ela quer. Antes, quer dizer que a essência dela pode ter uma expressão igual à sua, assim como a parte de baunilha se mescla com a de chocolate no bolo mármore.

Em segundo lugar, a mentalidade sacrificial não se limita a levar as idéias de sua esposa em consideração. Significa dar a essas idéias o mesmo espaço e ênfase que você dá às suas próprias idéias, ainda que parte do processo de raciocínio dela não faça sentido para você como homem. Tudo o que você tem a fazer é entender a essência dela e agir de acordo com essa compreensão, pois, do contrário, não haverá união. Sua esposa se sentirá insultada e excluída, por mais que você repita "Meu amor, estou ouvindo você. Só acho que do meu jeito vai ser melhor."

Em terceiro lugar, é possível que você não concorde com as respostas que apresentamos para as situações abaixo. Tudo bem. O que importa não são as respostas, mas a maneira como se chega a elas. Sua esposa é diferente da melhor amiga dela, como você é diferente de mim. As respostas podem variar, mas a mentalidade de servo deve ser algo constante em todos nós se desejamos amar nossas esposas como a nós mesmos.

1. Em busca de uma carreira

"Estou no terceiro ano do mestrado", disse Joanne. "Não poderia ter vencido esse desafio se não fosse pelo apoio constante de meu marido quando eu estava assistindo às aulas ou trancafiada no quarto estudando. Ele dá comida para as crianças, ajuda com a tarefa de casa e as leva para onde precisam ir. Não posso explicar o alívio que sinto quando sei que ele está disposto a me ajudar. Seu apoio emocional é tão sólido que não preciso me angustiar por nem sempre cumprir com todas as minhas obrigações de esposa e mãe. Ele nunca fecha o tempo nem fica irritado por ter de fazer mais coisas para ajudar. Meu senso de responsabilidade por minha família é tal que, se ele fizesse essas coisas de má vontade, logo me sentiria derrotada. Pelo fato de ele me ajudar com uma atitude positiva, sinto uma leveza dentro de mim que me ajuda a fazer o que preciso todo dia."

O marido de Joanne é um líder sábio que pensa em termos sacrificiais. Ela diz que se percebesse má vontade da parte dele se sentiria derrotada e teria vontade de desistir. Ele sabe disso, de modo que procura sempre ter uma atitude positiva. Esse é um homem de verdade.

2. Gastos importantes

Pouco tempo atrás, eu (Fred) cheguei num ponto específico de minha vida como proprietário de uma casa. Morávamos em nossa casa havia onze anos e tínhamos feito alguns pagamentos adicionais, abatendo prestações do financiamento de quinze anos, de modo que a casa estava quase paga. Eu estava nas nuvens, e não via a hora de me ver livre da dívida.

É claro que, durante esses mesmos onze anos, a casa foi usada por um bando conhecido de quatro crianças e seus respectivos amigos e, portanto, já não tinha a mesma aparência de quando nos mudamos para lá. O carpete estava gasto e o piso da cozinha, riscado. O papel de parede antigo havia desbotado e nossos móveis velhos estavam começando a ceder.

Nosso bando animado havia entrado na adolescência, o que significava que há muito tempo ninguém brincava mais no chão da sala. Conclusão: não havia espaço para um adolescente moderno receber seus amigos. Tínhamos dois computadores, mas nenhum lugar apropriado para colocá-los. Nossa casa parecia estar encolhendo.

O que eu deveria fazer como capitão do navio? Para mim, o mais lógico era manter o rumo. Tinha uma casa boa que já estava praticamente paga. Se comprasse uma casa nova, teria de fazer um outro financiamento de uns cem mil dólares, enquanto se fizesse uma reforma geral, pelos meus cálculos, precisaria de um empréstimo de uns quarenta mil dólares.

Os filhos não reclamavam e estavam indo bem na escola. Brenda não estava reclamando, exceto pelo piso horrível da cozinha, cujos riscos diziam "bom dia" para ela todas as manhãs. Quanto a mim, eu era o sujeito que havia se contentado com a cadeira de praia e a televisão portátil nos meus tempos de solteiro no apartamento. Tinha muito mais coisas do que jamais havia sonhado e estava quase sem dívidas. Uma vez que ninguém estava reclamando, então por que mudar de rumo? O mais lógico seria esperar uns quatro ou cinco anos e guardar dinheiro para pagar pelas reformas.

Só havia um pequeno detalhe. Ao longo dos anos, havia observado Brenda atentamente e sabia algumas coisas a seu respeito. Em primeiro lugar, ela raramente reclamava de bens materiais, de modo que o fato de ela não haver se queixado da casa não era garantia de que tudo estava em ordem. Em segundo lugar, para ela a casa era o seu ninho, o lugar onde morava, cuidava dos filhos e recebia os amigos. Havia inúmeras emoções envolvidas. Seu lar era uma extensão de sua personalidade e auto-estima, como é o caso para a maioria das mulheres.

Sabia que precisava tratar desse assunto com Brenda, especialmente porque ela estava sendo gentil de não me pressionar sobre a questão da reforma. Sabia que Brenda era do tipo que cuidava de todo mundo, e o fato de nossos filhos não terem como levar muitos amigos para casa era um problema para ela. Também precisávamos de um espaço para todos terem acesso à Internet, especialmente porque Brenda não queria ver nossos filhos enfurnados em seus quartos na frente da tela do computador. Preferia que usassem o computador numa área comum da casa.

Conhecia uma outra característica de Brenda. É uma pessoa organizada, que detesta coisas entulhadas e apertadas. Uma vez que a sala era o único lugar da casa onde todos podiam receber os amigos, não demorava muito para ficar cheia, apertada e bagunçada. Precisávamos de mais espaço para nos espalharmos, e uma sala de recreação seria interessante para os adolescentes. Por fim, sabia que Brenda sonhava com um pequeno escritório para ela, onde pudesse manter as contas e os papéis organizados.

Se resolvesse aplicar apenas a *minha* lógica ao nosso dilema familiar, não mudaria nada. No entanto, decidi que tentaria ser justo. Apesar de não parecer viável nos mudar nem reformar a casa inteira, nossa situação financeira nos permitia, pelo menos, começar um projeto de reforma que daria muita alegria a Brenda e traria mais conforto para todos. Assim, tracei um plano razoável e o apresentei a Brenda. Tínhamos cerca de dez mil dólares em dinheiro, o que, a meu ver, seria um bom começo. Podíamos terminar a reforma à medida que juntássemos mais dinheiro.

"Não quero fazer as coisas desse jeito", respondeu Brenda. "A casa vai ficar sempre uma bagunça. Além disso, você sabe que eu não tenho jeito para decoração. Se fizermos a reforma aos poucos, vai ficar horrível. Se não podemos completar a reforma de uma vez e contratar uma decoradora, então prefiro não fazer nada, pois teria vergonha dos resultados. Além disso, as crianças precisam encarecidamente de um lugar para os computadores e com urgência, e o único espaço para isso é a sala de estar. Também precisam de um lugar para ficar com os amigos. Para isso, poderíamos arrumar o porão. Mesmo que começássemos só reformando esses dois cômodos, iria custar mais de dez mil dólares. Talvez seja tanto trabalho quanto mudar para uma outra casa."

Pensar em termos lógicos não chegaria nem perto de respeitar a essência de Brenda. Para amá-la como a mim mesmo, a aparência do ninho dela precisava ter tanto peso quanto um financiamento quitado. Seu desejo de cuidar dos outros precisava ter voz e voto na decisão tanto quanto minhas aspirações financeiras. Era preciso haver união.

Por fim, decidimos arrumar a casa. Estava disposto a fazer um empréstimo de trinta mil dólares mesmo que, por ora, não pudéssemos reformar todos os cômodos. Dentro desses parâmetros, dei espaço de sobra para a essência de Brenda. Ela podia contratar uma decoradora e ajeitar o porão de modo a transformá-lo num salão de jogos. No andar de cima, a sala transformou-se numa combinação de área de estar e escritório. Junto com o porão, havia agora três áreas confortáveis na casa para se reunir e conversar, ao invés de um só lugar para isso. Dentro da nova disposição da sala, encontramos um espaço para Brenda fazer um pequeno escritório, e o piso novo de porcelana para a cozinha fez milagres e deu um outro ar àquele cômodo.

O fluxo de pessoas dentro da casa mudou drasticamente. A sala, que antes quase nunca era usada, passou a estar sempre cheia de internautas. O porão era a maior atração para os adolescentes. A sala de televisão ficou de "cara nova". Quem precisava de outra casa?

Não fiquei muito contente com as prestações do novo financiamento, mas procurei suportá-las com um sorriso, pois sabia que aquela decisão refletia as necessidades e desejos de nós dois como casal.

Assim como tantas outras decisões, quando se trata de despesas grandes, é fácil os homens ignorarem fatores importantes que não os afetam diretamente. Pouco tempo atrás, nossa secadora partiu para a eternidade e a máquina de lavar, depois de muitos consertos, estava dando seus últimos suspiros. Passei para Brenda um limite do quanto podíamos gastar e ela foi pesquisar preços. Quando voltou das lojas, não conseguia parar de falar nos novos modelos que havia encontrado. A lava-roupas ultramoderna removia manchas difíceis melhor do que as lavadoras convencionais, tinha espaço para uma carga bem maior e economizava água. A secadora possuía um novo sistema de programação que permitia secar toda a roupa na metade do tempo.

Claro que havia um pequeno detalhe: o preço da dupla dinâmica estava muito acima do nosso orçamento – mais de mil e quinhentos dólares pelas duas máquinas. É lógico que eu poderia ter dito "não", pois havia acabado de gastar uma nota preta com a reforma da casa. Poderia ter pedido que ela fosse justa e dividisse a diferença comigo, que procurasse algo entre o limite que havia lhe dado e o preço das duas supermáquinas. Não me senti pressionado, pois se tivesse dito "não", Brenda teria concordado sem qualquer objeção.

No entanto, ao observar com atenção sua vida, percebi que ela passava boa parte de dois dias da semana cuidando das roupas – minhas e de nossos filhos. Fazia tudo sozinha, de modo que essa decisão era muito importante para ela. Brenda havia feito toda a pesquisa, enquanto eu não havia procurado nada. Por que minha opinião deveria prevalecer na decisão? Depois de expressar minhas sérias preocupações com gastos excessivos, disse-lhe que podia fazer como achasse melhor.

Ela comprou as duas supermáquinas. Sei que parece besteira, mas foi uma das melhores decisões que tomamos por um bom tempo. Agora, ao invés de dois dias de trabalho pesado, Brenda só gasta um dia cuidando da roupa. Uma forma de encarar nossa compra foi considerar que não estávamos comprando uma lavadora e uma secadora, mas um dia adicional por semana para Brenda usar de maneira mais produtiva.

Sem dúvida, gastamos mais, porém aquilo que adquirimos não tinha preço.

Eu teria deixado passar a oportunidade de aliviar a carga de trabalho de Brenda ao ser lógico ou justo. É verdade que há ocasiões em que é simplesmente impossível justificar uma despesa alta (como ao tirar uma *minivan* zero quilômetro da concessionária), mas adotar a estratégia de tomar decisões prudentes na hora de comprar, incluindo a opinião de sua esposa, é algo que pode honrá-la e lhe dizer "te amo" de maneiras que você nunca havia imaginado. Ela se sentirá unida a você, e isso lhes trará mais intimidade.

3. Onde morar?

Nossas esposas devem conseguir tudo o que quiserem? Não, mas deve receber um bocado de coisas. Se pretendemos ser um bom exemplo em nosso lar, então, como homens que lideram através do serviço, devemos nos concentrar na palavra *servo*. Como Servos Supremos devemos ceder mais do que qualquer um quando há um impasse. Ninguém deve optar pelo que é incômodo com mais freqüência do que nós, e ninguém deve ter uma atitude mais positiva que a nossa ao servir.

Jesus nos ensinou sobre a submissão ao entregar sua vida para que pudéssemos nos relacionar com ele quando ainda éramos pecadores. Dito isto, nós, maridos, também devemos manter a devida ênfase na palavra *líder*. Por certo, nossa responsabilidade como marido é comandar o navio ao longo do curso que definimos como casal, e ainda que muitas vezes tenhamos de abrir mão de nossos direitos para garantir a união conjugal, não devemos nos esquecer de nosso dever, que é conduzir o navio em segurança até seu porto.

Ao liderarmos, devemos observar nossas esposas com cuidado para não confundirmos sua essência com suas emoções. Desde o começo, Brenda sonhava em parar de trabalhar fora quando tivéssemos filhos. Esse sonho significava duas coisas. Primeiro, que teríamos de morar numa região que me desse o máximo de oportunidades de levantar o sustento para que isso fosse possível. Em segundo lugar, eu teria de gostar do meu trabalho.

Os primeiros anos foram difíceis por causa da morte do pai dela e da minha insensibilidade. Quando nossa vida conjugal se desintegrou, Brenda fez pressão para voltarmos para sua cidade natal de Moline. Disse que eu poderia conseguir um emprego numa das grandes fábricas da região e que estaríamos perto da família dela. Ela poderia ter de volta seu antigo emprego e voltaríamos para a igreja na qual ela havia sido criada. Para ela, tudo melhoraria imediatamente se voltássemos para Illinois.

Ainda que provavelmente ela tivesse razão a curto prazo, eu acreditava que uma mudança para Moline não seria o ideal a longo prazo. Apesar de o meu negócio ainda não ser um grande sucesso, estava começando a dar certo. Gostava do meu trabalho muito mais do que as sugestões que Brenda havia oferecido de oportunidades de emprego em Moline e não poderia mudar minha empresa para aquela região por uma questão de concorrência. Sabia que manter a empresa era a melhor chance que tínhamos de apoiar seu sonho de dedicar-se ao lar em tempo integral.

No entanto, Brenda estava irredutível, de modo que tive de observá-la com cuidado. Estava expressando suas emoções ou havia algo ainda mais profundo acontecendo? No mais íntimo do seu ser, ela desejava construir uma nova vida com seu marido, uma vida distinta e separada de sua família. O melhor lugar para fazer isso seria em Des Moines. Ela havia sonhado dedicar-se ao lar em tempo integral desde que era menina. Não precisava voltar para Moline a fim de realizar esse sonho. Acabaríamos encontrando uma boa igreja com muitos amigos jovens e, quando isso aconteceu em Des Moines, começamos a formar amizades ao participar da coordenação do ministério com jovens casais.

Não havia nada *na essência de Brenda* que não podia ser suprido em Des Moines. Seu desejo de se mudar era baseado puramente em emoções. Como líder, precisava encontrar espaço para as emoções dela, mas, ao fazê-lo, sabia que não podia permitir que suas emoções determinassem os resultados. Assim, disse-lhe que achava melhor ficarmos onde estávamos.

4. A igreja certa

Devemos observar atentamente nossas esposas para ter certeza de que suas necessidades espirituais recebam tanta atenção quanto as nossas. Então, mesmo quando as coisas não acontecem do jeito que elas gostariam, pelo menos levamos sua essência em consideração e a união continua forte.

Pouco tempo atrás, depois de algumas experiências infelizes com seus filhos, Greg não estava satisfeito com a escola dominical de sua igreja. Achou que era hora de encontrar outra igreja, mas sua esposa, Candy, não recebeu a idéia com muito entusiasmo.

Não era que ela discordasse da avaliação dele. Entendia perfeitamente a situação. Então, por que relutava em mudar de igreja? Candy tinha um temperamento que resistia a qualquer grande mudança e, para ela, a situação não justificava plenamente uma mudança tão drástica. Greg havia estudado sua esposa ao longo dos anos, compreendido seu temperamento e expressado preocupação com seus sentimentos. Ainda assim, sabia que sua prioridade era que a família toda estivesse numa igreja que suprisse suas necessidades espirituais.

Com graça e misericórdia, disse a Candy que, apesar de ela estar lutando contra a mudança, ele era da firme opinião de que deviam encontrar outra igreja imediatamente. Ao ver o quanto isso significava para o marido e sabendo de seu papel como auxiliadora, Candy se submeteu a Greg na decisão de sair daquela igreja. Agora, os dois estão contentíssimos com seu novo lar espiritual. Greg desempenhou o papel de Árbitro Supremo com enorme ternura.

Nossas esposas não esperam nem precisam conseguir tudo o que querem a fim de sentirem-se unidas a nós. Só precisam sentir-se respeitadas como co-herdeiras e perceber que suas idéias e talentos foram levados em consideração juntamente com os nossos. De acordo com Deena, "Gary sempre leva em conta o meu ponto de vista e ouve atentamente. Cria um ambiente seguro onde posso expressar minhas opiniões, quer estejam certas ou erradas. Conversamos sobre o assunto e ele toma a decisão final. Mas sempre sei que ele prestou atenção e que fui, de fato, ouvida.

Namorando Sua Esposa

Se existe uma área em que precisamos observar nossa esposa com atenção para servi-la melhor, é esta. O romance a inspira e traz à tona seus sentimentos de intimidade.

No entanto, pergunte a qualquer sujeito o que é romance e ele balbuciará alguma coisa sobre um jantar à luz de velas ou um buquê de rosas. Namorar sua esposa é muito mais do que isso. É saber o que desperta o romance nela. Para algumas, é um bichinho de pelúcia, enquanto, para outras, é o grande *J* – jóias.

Não pergunte por quê. Nenhum homem na face da terra entende de fato o que há de tão fantástico sobre jóias. Se você nos disser que entende, vamos te chamar de mentiroso. O máximo que podemos fazer é dar de ombros e perguntar às nossas esposas que tipo de jóia elas gostam. Quando você comprar para ela aqueles brincos de ouro dezoito quilates, prepare seus ouvidos para os gritinhos de emoção.

Nossa interpretação masculina disso é que o romance é algo sério para as mulheres. Uma mulher que vive num casamento sem romance sente-se como um homem que vive sem sexo. As cores da vida desaparecem e tudo se torna cinzento. Devemos observar atentamente nossas esposas, pois precisamos descobrir o que *elas* consideram romântico, e não o que Julia Roberts ou Jennifer Lopez acham romântico. Uma vez que descobrirmos isso, devemos nos sacrificar por elas.

Quando nos sacrificamos por nossas esposas, elas consideram esse gesto algo romântico. Nas palavras de Marian:

> Paul tem absoluta aversão a fazer compras. Antes de nos casarmos, eu costumava ir ao shopping com minha mãe e irmã só por diversão e para relaxar. Não gastávamos muito, mas curtíamos olhar as vitrines. Gostávamos de estar juntas e tomar um sorvete de chocolate da

> Häagen-Dazs enquanto passeávamos pelos corredores. Paul não tinha a mínima noção do que isso representava.
>
> As primeiras vezes que saímos juntos para fazer compras foram uma tragédia, mas então alguma coisa dentro dele mudou. Ele sabia que passear no shopping era um passatempo de que eu gostava e, de vez em quando, começou a me convidar para irmos juntos. Para completar nosso passeio, fazemos uma parada numa sorveteria ou confeitaria. É uma delícia e nos divertimos demais!

Ao namorar nossas esposas, devemos fazer o que *elas* acham divertido e o que é romântico para *elas*. Isso demonstra que as conhecemos e nos preocupamos com elas. Se sua esposa quisesse fazer algo romântico por você, ir a uma confeitaria não seria, de forma alguma, a melhor idéia, mas quem sabe sentar-se ao seu lado no sofá numa sexta-feira à noite, com uma tigela de pipoca, e assistir a um filme de aventura ou ficção científica? Na mosca. É algo relaxante e romântico. Vocês compartilham aquele momento, riem juntos e conversam. Relacionam-se um com o outro e desenvolvem sua intimidade.

As mulheres adoram quando você prova que as conhece, lhes faz pequenas surpresas e, de algum modo, demonstra que está se sacrificando para fazer coisas de que elas gostam.

Isso é romance.

No entanto, também é romântico fazer por sua esposa coisas que ela detesta. Uma esposa nos disse que detesta lavar os talheres depois das refeições. Preferia esfregar uma panela engordurada do que cuidar dos talheres. Seu marido sabe disso e, assim, lava garfos, facas e colheres para ela, mesmo que não tenha tempo de lavar toda a louça.

Por que uma mulher considera romântico que você faça por ela coisas que ela não gosta de fazer? Porque prova que você tem um relacionamento íntimo com ela.

Cheryl nos contou a seguinte história: "Às vezes, não quero ir sozinha fazer as coisas rotineiras, como compras de supermercado. Também não é um dos programas prediletos de Rod. Porém, se eu lhe pedir, ele vai comigo e torna a tarefa divertida pelo simples fato de estarmos juntos. E já o torturei mais de uma vez, levando-o comigo a concertos de música clássica."

Você concorda conosco que esses gestos são românticos?

Perguntas para Reflexão e Discussão

1. Descreva da maneira mais detalhada que puder a essência de sua esposa – quem é ela? Compare com sua própria essência.
2. Até que ponto você se identifica com as experiências de algum dos casais mencionados neste capítulo?
3. Em cada uma das áreas do casamento, analise o quanto você tem levado em consideração a essência de sua esposa. De que maneiras práticas e significativas você pode fazer isso ainda mais?
   - o desenvolvimento da carreira de sua esposa;
   - despesas e compras grandes;
   - o lugar onde vocês vivem;
   - o lugar de adoração (igreja).
4. Quais são as coisas mais eficazes que você pode fazer para manter viva a chama do romance em seu casamento?

CAPÍTULO QUINZE

APRENDENDO OS LANCES CERTOS

Criar os filhos é algo que dá pouco status em nossa sociedade. Hoje em dia não vemos filmes tocantes sobre mulheres que trabalham arduamente e que estão ao lado dos filhos todo santo dia. Ultimamente, as mulheres que dedicam-se inteiramente à família e ao lar são muitas vezes tratadas de forma depreciativa. É como se essas mães que correm o dia todo não tivessem nada melhor para fazer do que levar os filhos ao colégio ou assisti-los na escolinha de futebol.

Criar a próxima geração é uma atividade exaustiva, e são poucas as mulheres que almejam essa "carreira". Quando Brenda deixou seu trabalho na área da saúde para ficar em casa com as crianças, passou de enfermeira formada – uma ocupação que oferece bom status social – a alguém que simplesmente cuida dos filhos, uma das posições mais baixas na escala social. A princípio, essa mudança teve um certo impacto na auto-estima de Brenda. Ao vê-la batalhando corajosamente para se adaptar, fiquei imaginando: *O que posso fazer para aliviar seu fardo? Uma vez que ela não é respeitada pela sociedade em geral, posso, pelo menos, tornar seu trabalho de criar nossos filhos menos exaustivo?*

Hora de Colaborar

Para ajudar Brenda, percebi que precisava colaborar como Assistente Supremo sempre que fosse possível e onde pudesse. Saía de casa cedo todos os dias, de modo que, nesse sentindo, não havia como ajudar em muita coisa. Porém, nas manhãs de domingo, não havia motivo para eu não aprontar Jasen para a igreja. Isso significa que preparava seu café da manhã, limpava a bagunça que ele deixava na cozinha e o acompanhava até o seu quarto para vesti-lo. Em seguida, marchávamos juntos para o banheiro, onde eu o supervisionava enquanto ele escovava os dentes, e depois eu penteava seu cabelo e limpava seu rosto corado.

Então veio nossa filha Laura. As meninas podem ser um doce, mas aquilo que vestem não é bolinho. Pais têm sérios problemas com botões e vestidos, botões e suéteres, botões e meias, botões e sapatos e botões e colares.

E, por acaso, mencionei como são complicados todos aqueles botões?

Além disso, tudo precisava combinar. Brenda era categórica, sem deixar qualquer espaço para exceções. Eu procurei cumprir essa tarefa à risca.

Tudo bem que dar uma folga para Brenda nas manhãs de final de semana era um ótimo começo, mas sabia que precisava fazer mais do que isso. Precisava tornar-me seu igual no trabalho de cuidar das crianças. Ela precisava *saber* que eu podia assumir suas incumbências a qualquer momento, do contrário, não se sentiria à vontade para depender de mim. Se ele ficasse doente, eu ia querer que fosse descansar e se recuperar sem ter de se preocupar, achando que seu mundo estava desabando ao seu redor.

Se quisesse passar o fim de semana fora com uma amiga, Brenda precisava saber que não estava pondo em risco a saúde e a segurança das crianças ao fazê-lo. Seu grande dom é cuidar dos outros, lembra? Ela precisava saber que nossos filhos seriam devidamente vestidos, alimentados e amados. Não demorou muito para eu me tornar proficiente nos procedimentos básicos.

Esses fundamentos foram suficientes até que um dia algo inimaginável aconteceu com a pequena Laura – seu cabelo cresceu, liso como sapé. Para uma mãe, isso significa só uma coisa: um ferro de enrolar. Olhei para o tal ferro e naquele instante soube que era hora de desistir do meu curso de servo. "Um homem precisa conhecer seus limites", disse para mim mesmo, enquanto para Brenda simplesmente comuniquei: "Não faço penteados."

No entanto, não demorou para que as manhãs de domingo voltassem a ser caóticas. A fim de chegarmos na igreja pontualmente, precisávamos sair de casa às nove e quarenta e cinco. Eu me matava para cumprir o horário, dando banho, alimentando e vestindo tudo o que aparecesse na minha frente. Sempre deixava todos prontos para sair na hora marcada. Brenda, por outro lado, é meio devagar pela manhã, especialmente aos domingos, que, a seu ver, eram o único dia da semana em que ela não precisava ter pressa para se levantar. Não importava o horário em que ela punha o despertador para tocar, às nove e quarenta e cinco Brenda estava começando a enrolar o cabelo de Laura. Eu ficava em pé na cozinha, os braços cruzados, batendo o pé, olhando para o relógio e depois para Brenda, enquanto ela fazia o penteado de Laura.

Todo mundo conhece essa história, não é? Muitas vezes saíamos de casa discutindo e, quando chegávamos na igreja, não estávamos no "clima" para adorar ao Senhor.

Sabia que havia chegado a uma encruzilhada: podia orar pedindo paciência... ou podia aprender a enrolar o cabelo de Laura. Encontrar a paciência necessária seria uma tarefa monumental, até mesmo para Deus. Optei pelo ferro de enrolar.

Com minhas mãos grandes e desajeitadas, soube desde o primeiro dia que estava entrando em território desconhecido. Laura gostou do novo arranjo ainda menos do que eu, uma vez que o penteado nem sempre ficava apresentável e, além disso, eu queimava suas orelhas. Sempre que eu aparecia com o ferro de enrolar na mão, ela gritava: "Quero que a mamãe enrole! Quero que a mamãe enrole!"

Tostei um pouco as orelhas de Laura ao longo dos meses, mas acabei ficando satisfeito com minha destreza cada vez maior para penteá-la. Afinal, era um sujeito acostumado a usar martelos e chaves inglesas, e não ferros de enrolar. Brenda mencionou algumas vezes que os resultados não estavam à altura de seus parâmetros, mas dei de ombros. Notei que muitos pais nem sequer penteavam o cabelo das filhas antes de ir para a igreja. Nos piores dias, minhas humildes habilidades ainda colocavam Laura entre os cinqüenta por cento das meninas mais bem arrumadas.

No entanto, não demorou para que um padrão irritante se desenvolvesse às nove e quarenta e cinco. Jasen, Laura e eu estávamos na cozinha, absolutamente prontos, esperando por Brenda para podermos entrar no carro e sair. Ela entrava correndo na cozinha às nove e quarenta e sete, olhava para Laura e suspirava. Então a levava rapidamente de volta para o quarto e arrumava o cabelo dela de novo.

Eu ficava uma fera! "O que você está fazendo?", perguntava, exasperado. "Ela está ótima! Você é que está sendo chata. Você *sabe* como é importante para mim chegarmos na igreja no horário."

Depois de alguns desses incidentes, fiquei tão bravo que parei de pentear o cabelo de Laura por algum tempo. Disse para mim mesmo que havia apenas uns poucos pais nesse mundo que sabiam enrolar o cabelo das filhas, mas Brenda não dava a esse fato valor algum.

Essa história absurda de enrolar o cabelo se arrastou por algumas semanas. Então, Brenda disse uma coisa que acendeu uma luz na minha cabeça. "Quero que meus filhos estejam o mais apresentáveis possível. É uma forma de honrar a Deus e também de honrá-los. É algo importante para mim."

É uma forma de honrar a Deus.

Ai, ai, ai. Ela estava arrastando Deus para dentro da conversa. Que me restava fazer senão respeitar essa convicção? Precisava elevar meus padrões e, por mais que detestasse a idéia, lancei um desafio para mim mesmo: "Se qualquer menina de quatorze anos nesse país é capaz de enrolar seu próprio cabelo e deixá-lo lindo, então não há motivo para que um homem de trinta anos não possa fazer o mesmo."

Para aprimorar minhas habilidades nessa área, me matriculei no Instituto de Beleza da Brenda. A prática leva à perfeição. Em poucas semanas, sob a supervisão atenta de Brenda, havia elevado minha habilidade a ponto de atingir os padrões dela. Um belo domingo, soube que havia alcançado o sucesso quando encontramos Jeannie, uma amiga nossa, na entrada da igreja e ela exclamou: "Nossa, Laura, seu cabelo está lindo! Sua mãe deve ter gasto horas arrumando-o!"

Cheio de orgulho, o papai de Laura deu um sorriso radiante.

Se Ela Diz, Então Está Dito

É justo nossa esposa determinar padrões de desempenho quando já estamos indo além de nossas obrigações e ajudando em casa? Não deveria apenas considerar-se privilegiada e ser grata por aquilo que tem?

Precisamos nos colocar no lugar de nossa esposa por um momento. Em primeiro lugar, por que ela determinou esses padrões? Porque aquilo que ela considera "o jeito certo" de fazer as coisas faz parte de sua essência. Eis a explicação de Lisa:

> Tom havia aprendido a pôr as fraldas no bebê do jeito que eu gostava. Sei que parece engraçado, mas sou muito exigente quanto à forma de colocar as fraldas em Bethany. Não quero que fiquem machucando as pernas dela. Também precisam ser colocadas de modo tal que cubram a barriga dela, mas sem incomodá-la. Depois de me observar várias vezes, Tom faz exatamente do mesmo jeito.

É evidente que o cuidado com os outros é um dos dons de Lisa, e esse determinado dom se revela na hora de ela colocar as fraldas no bebê. Quer seja enrolando cabelos, trocando fraldas ou lavando copos frágeis com as mãos, em água bem quente, você demonstra respeito por sua esposa quando realiza essas tarefas de modo a satisfazê-la. É verdade que parecem coisas pequenas, mas não o são para sua esposa. Tudo o que ela faz para cuidar dos outros é parte de quem ela é, parte da sua essência. Se não fizermos as coisas do jeito dela, estamos mostrando desrespeito e prejudicando nossa união.

Lisa acrescentou o seguinte comentário sobre seu marido: "Tom aprendeu que gosto das toalhas dobradas de um certo jeito. Ele deixou que eu lhe mostrasse como queria que fizesse; assim, quando ele cuidar das roupas, as toalhas vão estar do jeito que gosto."

O lar de Lisa é seu ninho e o centro de seu universo. Ela quer as coisas em ordem para sentir que está fazendo tudo direito. As esposas, de um modo geral, têm esse mesmo sentimento por razões que os maridos talvez nunca entendam de forma objetiva. Não tem problema. Precisamos tratar nossas esposas de forma não apenas a cumprir as tarefas, mas também a agradás-la. (Você sabe como nós, homens, também gostamos das coisas de um certo jeito.) A seguinte história ilustra essa questão:

Ao lecionar para uma classe de jovens casais na escola dominical, eu (Fred) desafiei os pais de crianças pequenas a dar uma noite de folga por semana para as esposas. Várias semanas depois, perguntei-lhes se alguém havia começado a fazer isso. Bill levantou a mão, todo orgulhoso, mas logo se arrependeria. Depois de lhe dar os parabéns, virei para Cindy, a esposa dele, e lhe perguntei como ela se sentia tendo essa noite de folga. Achei que sua resposta serviria de inspiração para outros maridos seguirem o exemplo de Bill.

"É verdade que tenho uma noite de folga toda semana, mas nem parece", começou. Percebi que o assunto mexia com ela. "Quando voltei para casa depois de sair naquela primeira noite de folga, Bill estava sentado em sua poltrona, assistindo a um jogo de futebol na televisão, e as crianças estavam correndo pela casa. Já havia passado uma hora de seu horário de dormir e não haviam tomado banho nem vestido os pijamas. A casa estava em petição de miséria. Vi que teria de trabalhar mais uma hora depois da minha 'folga'!"

Vários casais riram discretamente, mas Cindy ainda não havia terminado. "Então Bill olhou para mim com um grande sorriso e perguntou: 'Você aproveitou bem sua noite de folga?' Disse isso de um jeito malicioso, como se esperasse receber a recompensa mais tarde na cama. Minha vontade era chorar, pois tudo o que queria era ir para a cama e descansar. Ao invés disso, precisava dar banho nas crianças e colocá-las na cama e depois arrumar a casa."

"Você falou com Bill sobre como se sentiu?", perguntei.

"Falei, sim, mas as coisas não mudaram nas semanas seguintes. Ainda volto para casa e encontro tudo uma bagunça e as crianças sem tomar banho. Ele acha que devo dar valor ao que está fazendo, mas, por mim, podemos muito bem esquecer dessa idéia. Acho que seria mais fácil eu ficar em casa."

"Obrigado por compartilhar sua história, Cindy", agradeci. Mais tarde, percebi que não entendia inteiramente o que Cindy havia dito. É verdade que Bill podia deixar sua poltrona um pouco para ficar com as crianças, mas ainda assim merecia nota 10 por se esforçar. Pelo menos ele estava tentando.

Então, alguns meses depois, Brenda e eu contratamos uma babá nova. Pelo menos as crianças estavam na cama quando chegávamos tarde da noite, mas ainda estavam acordadas conversando. Havia brinquedos por toda parte e louça suja espalhada pela cozinha. Levou meia hora para Brenda e eu colocarmos a casa em ordem outra vez e, àquela altura, já havíamos perdido todo o "clima" de nosso encontro. De repente, entendi exatamente o que Cindy havia dito.

Na cabeça de seu marido, Bill, ele estava simplesmente fazendo seu trabalho. Concordou em dar a Cindy uma noite de folga, pois achou que era o que deveria fazer depois de ouvir a idéia em nossa aula da escola dominical. Porém, se Bill tivesse mostrado a disposição de um servo, inteiramente determinado a agradar sua "senhora", teria colocado as crianças na cama e ajeitado a casa para que Cindy não tivesse de "pagar" por sua noite de folga. De brinde, poderia ainda ter colocado a roupa para lavar e secar e facilitado um pouco o dia seguinte de sua esposa.

Ao colocar em prática essa disposição de servo, há uma advertência que eu (Steve) gostaria de compartilhar com você pela minha própria experiência: certifique-se de que seu *corpo* reflita as intenções que você está mostrando com suas palavras. As mulheres sentem quando seu compromisso não é total. Sandy, minha esposa, me disse que ouvia minhas palavras de preocupação por ela e sabia de meu desejo de ajudá-la e de me aproximar dela. Gostava da forma como eu havia deixado de estar sempre com pressa e gastava tempo ouvindo-a e conversando com ela de verdade.

Porém, Sandy acrescentou, levou um bocado de tempo para o meu corpo refletir minhas palavras. Eu estava lá, mas parecia que estava pronto para aproveitar qualquer oportunidade que surgisse de fugir. Quando finalmente envolvi meu corpo naquilo que minha mente havia decidido fazer, Sandy se aproximou de mim. Nosso relacionamento mudou para melhor.

Portanto, não se limite apenas a dizer que ama sua esposa; faça com que seu corpo demonstre esse amor. É sempre mais fácil falar do que fazer. Certifique-se de que seu amor é mais profundo e rico do que suas palavras.

Meu amigo, a disposição de um servo pode levá-lo além do aprendizado de novas habilidades, até um *enfoque completamente novo*. Tina nos contou que, apesar de ela e Tim não receberem muita gente em casa, há algo que Tim faz quando eles têm visitas. "Se são meus amigos, Tim nos serve fazendo uma porção de coisinhas para que eu possa me concentrar na conversa. Ele enche os copos, tira a mesa, limpa a cozinha e põe a louça na máquina. Com isso, posso desfrutar a companhia dos amigos." Pode ter certeza de que Tina se sente mais próxima e íntima de Tim quando o vê se esforçando para tornar a vida dela mais fácil.

Como são as coisas com você e sua esposa? Você está aprendendo os lances certos?

Perguntas para Reflexão e Discussão

1. Quais são as coisas mais importantes que você pode fazer para aliviar a carga da sua esposa no trabalho doméstico?
2. Em que áreas você pode estar indo desnecessariamente contra suas próprias preferências a fim de fazer as coisas da casa do jeito que ela gosta?

Capítulo Dezesseis

Servindo Apaixonadamente

Posso imaginar, sem dúvida alguma, como o servo que amava seu senhor não apenas servia, mas o fazia com um coração alegre. Sabia que estava ajudando seu senhor tão estimado. Adorava ver o rosto de seu senhor se iluminar quando ele entrava em sua presença. Aguardava com ansiedade os momentos em que seu senhor dizia: "Meu querido irmão, não sei o que faria sem você."

O senhor era igualmente insubstituível no coração do próprio servo. Observava atentamente seu senhor, fazia planos para ele e procurava ser sua grande alegria. Apesar de ter poucos direitos, ainda era contente. Sua paixão mais profunda era seu trabalho, passar seis dias por semana fazendo o que ele amava. Seu serviço não era um trabalho, mas sua alegria.

Isso Pode lhe dar Prazer?

Seu casamento lhe dá prazer ou a única coisa que o estimula é sua carreira? Dentro do seu casamento, você vive para sua mulher ou é ela que vive para você? Qual é a grande paixão da sua vida?

Na noite de seu casamento, Brad disse à sua esposa: "Só quero deixar uma coisa bem clara entre nós. Você precisa saber desde já que meu trabalho sempre será minha prioridade." Essa declaração revelou claramente qual era a paixão de Brad. O questionário abaixo tem como objetivo levá-lo a uma reflexão nos próximos dias. Pergunte a si mesmo:

– O rosto de sua esposa se ilumina quando ela vê você entrando numa sala? Ela se levanta e cumprimenta você com um beijo?

– Sua esposa lhe disse recentemente: "Se você morresse, não sei se me casaria novamente. Quem poderia tomar seu lugar? Ninguém poderia me amar como você?"

– Ela anseia por estar em seus braços e adora conversar com você?

– Quando os sonhos dela são frustrados, quem ela procura: você ou as amigas mais chegadas?

– Você defende as convicções e os tesouros da alma de sua esposa mesmo quando ela não está por perto?

Como foram suas respostas? Sua esposa é seu primeiro amor? A união conjugal é sua grande paixão? Se eu fizesse essas mesmas perguntas à sua esposa, as respostas dela coincidiriam com as suas? Agora, imagine que Deus lhe ofereceu as duas opções abaixo. Qual delas você escolheria?

Opção 1: Trabalhar doze horas por dia durante dois anos no negócio dos seus sonhos, um compromisso que faria seu salário quadruplicar.

Opção 2: Trabalhar doze horas por dia para viver com entusiasmo como um servo quando você está em casa, um esforço que faria quadruplicar a alegria de sua esposa.

Seja sincero – ou pelo menos esteja disposto a refletir sobre cada opção. Se você só está tentando alcançar um escalão mais elevado dentro de sua empresa, não está dedicando seu entusiasmo ao que é, de fato, importante. Se você está disposto a tornar-se um servo de sua esposa, então é digno da filha de seu Senhor.

Você há de convir que se não há paixão e entusiasmo em seu casamento, então também não há muita união. Tudo bem que você se sente à vontade com sua esposa e ela é sua melhor amiga. É possível que, como mãe, ela seja incomparável. Pode ser que ainda faça você cair de costas quando coloca um vestido justo. Você não consegue mais imaginar como seria viver sem ela. Mas o que esses sentimentos demonstram? A maioria dos homens tem esses sentimentos, mas isso não revela necessariamente que você fez alguma coisa além de amar *a si mesmo* no casamento.

Tanto a paixão por uma união mais íntima quanto seu entusiasmo por servir demonstram que você ama *sua esposa* – isso é o que traz alegria à jornada *dela*. (Como, exatamente, funciona esse esquema? O que estou dizendo é que você precisa amar sua esposa como a si mesmo a partir de um outro ponto de vista – o ponto de vista da motivação.) Se não há paixão, então você precisa encontrála, mas se a paixão já existe, suas motivações para servir sua esposa serão sinceras.

Sem Esperar Elogios?

Barry e eu estávamos conversando sobre a submissão mútua quando ele admitiu: "Estou tentando desenvolver o espírito de serviço em meu casamento, mas não está sendo fácil. Ontem, por exemplo, preparei o jantar, troquei as fraldas do bebê e limpei o banheiro."

"Que ótimo."

"Mas Shelley não disse nada! Quando lhe perguntei se custava ela agradecer, acabamos tendo uma briga feia. O que aconteceu?"

O que aconteceu foi que Barry perguntou à sua esposa se ela havia notado. É claro que todos nós gostamos de receber um elogio, mas nem sempre isso vai ocorrer. Você é capaz de fazer coisas por sua esposa sem receber qualquer "crédito extra", um gesto de apreciação ou mesmo um rápido "Obrigada"?

Qual é sua motivação ao ajudá-la?

Lembro-me quando nosso terceiro bebê, Rebecca, nasceu. Não fazia muito tempo, eu havia sofrido um acidente de carro e quebrado a mão. Como resultado, estava no meio de uma batalha com a empresa de seguros. O nascimento de Rebecca coincidiu com a época mais agitada do ano fiscal do meu trabalho, mas ainda assim me esforçava para ajudar Brenda a trocar fraldas e alimentar o bebê. Além disso, dava uma geral na cozinha depois do jantar, enquanto Brenda amamentava Rebecca. Todo esse trabalho adicional me deixava exausto. Minha mão doía e nossos outros dois filhos precisavam mais da minha atenção, uma vez que a mãe estava ocupada com o bebê.

Ainda assim, segurava a onda e ajudava Brenda tanto quanto era humanamente possível. O problema é que eu considerava meu serviço um grande feito e praticamente exigia que Brenda o recebesse com uma fanfarra e fogos de artifício. Tanto quanto me lembro, não recebi nenhuma Medalha de Honra.

Precisei me lembrar de que estava ajudando Brenda *simplesmente para servi-la*. Tive de dizer para mim mesmo que o objetivo maior do servo era dar liberdade à sua esposa para que ela pudesse ter uma vida plena e se desenvolver ao máximo. Era a coisa certa a fazer, quer ela reconhecesse isso ou não. Todo o meu trabalho era por amor, certo?

Tom cuidou de sua filha pequena, Bethany, enquanto sua esposa Allison passava o dia com as amigas, fazendo compras e depois almoçando juntas. Allison ficou fora até o começo da tarde.

Quando chegou em casa, convidou uma de suas amigas para entrar. Descobriram que Bethany estava dormindo tranqüilamente e, ao olharem mais de perto, viram que Tom havia lhe dado banho. Enquanto Bethany dormia, Allison e sua amiga Paula foram para a sala conversar. Tom apareceu de vez em quando e fez a amiga de Allison se sentir à vontade ao não ligar a televisão para assistir ao jogo de futebol.

Quando Bethany acordou enquanto Allison e Paula conversavam, Tom foi imediatamente buscá-la. Segurou-a no colo enquanto ia para a cozinha esquentar a mamadeira dela.

"Aquele dia foi tão revigorante para mim", disse Allison. "Tom abriu mão de todo o seu sábado só para eu passar algum tempo com minhas amigas. Foi além das expectativas quando deu banho em Bethany. Fiquei tão orgulhosa dele na frente de Paula, pois tenho um marido que me ama de verdade e está disposto a fazer um bocado de coisas por mim." Quando somos motivados pelo amor, ir além do que é esperado torna-se nosso princípio.

Pagando o Preço por Algo Extraordinário...

Certo ano, perto do feriado do Dia do Trabalho, uma segunda-feira, Brenda ficou sabendo que nossa palestrante cristã predileta estaria falando – por incrível que pareça – na minúscula cidade de Hazelton, no Iowa.

Ela trabalhava secretamente como missionária num país de governo repressor na África e orava seis horas por dia. Como era de se esperar, suas histórias sobre a graça e a misericórdia de Deus eram sempre fascinantes. Brenda adorava ouvir suas palestras, e quando aquela mulher orava com você, parecia que um novo universo se abria.

Fomos várias vezes a outros estados e percorremos muitos quilômetros de carro para ouvir essa missionária falar, de modo que quando ficamos sabendo que estaria no interior do Iowa, pareceu bom demais para ser verdade. No sábado haveria um encontro só para mulheres e no domingo, cultos pela manhã e à noite, abertos para todos.

Brenda e eu traçamos um plano. Uma vez que a mãe dela encontro de sábado e depois voltar para casa e pegar nossos dois filhos mais novos antes de ir para Moline cuidar de sua mãe. No domingo, eu havia planejado levar nossos dois filhos mais velhos, Jasen e Laura, para ouvir aquela grande missionária falar. Nossa família voltaria a se encontrar em casa em Des Moines na segunda-feira à noite para começar mais uma semana de trabalho e estudos. Brenda e eu não nos veríamos no fim de semana prolongado.

Se você imaginar um triângulo eqüilátero, Des Moines é a ponta esquerda inferior, Moline a ponta direita e Hazelton fica no alto. Cada cidade fica há cerca de duas horas e meia de viagem da outra. É evidente que seria besteira ir até Moline depois do culto da noite no domingo. Chegaria lá à uma da manhã só para ter de voltar para Des Moines na tarde seguinte. Dirigir mais cinco horas só para passar seis horas em Moline não fazia qualquer sentido. Além disso, seria mais difícil para as crianças terminar a tarefa para a escola na casa da avó na segunda-feira.

Tendo em mente o plano que havíamos traçado, ainda assim coloquei os livros com as tarefas das crianças no carro no domingo de manhã. Aprendi a manter minhas opções em aberto, pois nunca sei o que meu amor por Brenda pode me levar a fazer.

No domingo à tarde, liguei para Brenda e contei-lhe como havia sido bom o culto da manhã com a missionária da África. E quanto a Brenda? Estava com saudades de mim. Ela adora passar os feriados com a família. Sabia que não fazia sentido eu dirigir de Hazelton para Moline para me encontrar com ela e sua mãe convalescente, mas queria muito que eu estivesse com ela na segunda-feira. Com um fio de esperança, comentou, sem muita firmeza: "Sei que não vamos passar muito tempo juntos, mas é melhor do que nada. Minha mãe ficaria feliz em vêlo, e as crianças também. Na verdade, eu é que estou sentindo sua falta."

Eu também estava com saudades dela, mas não queria ir. Quem iria querer dirigir quase duzentos e cinqüenta quilômetros depois do culto da noite no domingo e ainda mais duzentos e tantos quilômetros em trânsito pesado na segunda-feira? Quanto mais eu pensava no assunto, mais gostava da idéia de dormir em minha própria cama até as nove da manhã. Teria o resto do dia para pôr em ordem algumas coisas na casa. Queria que Jasen e Laura pudessem fazer suas tarefas com calma e não queria gastar mais vinte dólares em combustível e outros vinte com comida na estrada. Podia pensar numa porção de motivos...

O culto da noite terminou tarde, então ficamos um bom tempo conversando com alguns amigos e, quando vi, já eram onze horas. Hora de ir para casa.

Então, literalmente, cheguei a uma encruzilhada: uma estrada me levaria para casa, para minha cama confortável em Des Moines, e outra para Moline, depois de duas horas e meia de viagem.

Parei perto do entroncamento e liguei para Brenda do celular a fim de lhe dar boa-noite. Pela sua voz, estava cansada e sonolenta, mas ainda assim disse: "Estou morrendo de saudades."

Peguei a estrada para Moline. Não pude me controlar, mas ainda assim briguei comigo mesmo por ser tão tolo e, por duas vezes, quase tomei um retorno de volta para Des Moines. O que me levou a Moline? Simples: quantas esposas ainda sentem tanta saudade do marido depois de vinte anos de casados? Um amor como esse exige algo mais que uma resposta sensata.

Exige uma resposta louca.

Quando chegamos em Moline, à uma e meia da manhã, eu estava exausto e as crianças, mal-humoradas. Brenda encontrava-se no mundo dos sonhos havia horas. Ainda assim, de alguma forma, minha amada conseguiu cambalear até a sala e para os meus braços feito uma zumbi e suspirar: "Senti tanto a sua falta. Que bom que você está aqui." São esses momentos que fazem a vida valer a pena! Será que eu faria isso de novo? Com certeza!

Esse é o desejo de toda mulher. *Você pode se contentar com a mediocridade, ou pode pagar o preço por algo extraordinário*. Se você pagar o preço e fizer o que é necessário, uma intimidade profunda fluirá de sua vida como casal.

Para Encerrar, Alguns Pensamentos Tristes

Certa vez, recebi um boletim do ministério *Focus on the Family* que ainda me deixa emocionado cada vez que o leio. Nesse boletim, James Dobson transcreveu algumas partes do diário de sua mãe. No texto a seguir, Myrtle Dobson reflete sobre sua solidão depois da morte de seu marido, também chamado James Dobson:

Um dia percebi que ele não existia mais. Seu nome foi tirado do rol de membros da igreja. O banco removeu o nome dele dos talões de cheque. O endereço de nossa casa foi escrito de modo a ter apenas o meu nome. Sua carteira de motorista perdeu a validade. Então, reconheci que meu nome também tinha mudado. Havia me orgulhado de ser a Sra. James Dobson, mas agora era apenas Myrtle Dobson. Não éramos mais nós, mas somente eu. Estou só. Em meu íntimo, estou arrasada, triste, aturdida e solitária. Minha casa perdeu sua alma. Ele não está mais aqui.

As pessoas me dizem que o primeiro ano é o mais difícil. Faz um ano e três dias que você morreu e esta noite, anseio por você com todas as minhas forças. Ó, Senhor, é mais do que posso suportar! Os soluços fazem meu coração bater sem ritmo e não consigo enxergar o papel. Minha cabeça está latejando e a casa está desolada e quieta. Tenho visões em que você está aqui, como se fosse real e nunca tivesse me deixado. Hoje agradeci a Deus por permitir que um anjo me guardasse, mas minha saudade de você é desesperadora!

Hoje me mudei para o quarto menor. Gostaria de que você estivesse aqui para dividir esse quarto comigo. Esse cômodo contém lembranças preciosas. Há quatro anos, quando fiquei doente, foi lá que você orou por mim no meio da noite. Você prostrou-se no chão, agonizando em oração por mim. Nós dois sabíamos que o Espírito estava orando por seu intermédio. Depois, o Senhor nos guiou até um médico que me ajudou a recobrar minha saúde. Ah, como eu te amava. E como amo sua lembrança ainda hoje.

A primeira vez que li essa passagem na classe da escola dominical, disse: “Quando Brenda morrer, quero que meu coração fique despedaçado e nunca se recupere. Então, saberei que tive verdadeira paixão por nosso casamento e que nele vivi tudo o que Deus havia preparado para mim."

Naquela tarde, um amigo da classe me ligou para dizer: "Recebi esse mesmo boletim do *Focus on the Family* na semana passada. Lembro-me de que, quando li as citações da Sra. Dobson, pensei: 'Espero que nunca me torne tão íntimo de minha esposa a ponto de sofrer tanto', mas agora eu vejo como estava errado."

Quando eu partir, quero que Brenda sinta falta de nossas orações. Quero que tenha saudades de rirmos juntos. Não quero que encontre segredos nos quais eu tivesse colocado seus valores em jogo por minha própria conta. Quero que ela sinta falta da hora em que íamos para a cama e da pessoa que defendia sua alma. Quero que ela esteja certa de que seus anos de casada foram os mais felizes de sua vida, e não os mais solitários. Quero que ela desfrute essa jornada e, antes que minha vida chegue ao fim, quero entregá-la à minha esposa.

Perguntas para Reflexão e Discussão

1. A essa altura de sua vida, como você classificaria seu nível de alegria e paixão em seu casamento?
2. Não se esqueça de refletir sobre as perguntas mencionadas anteriormente neste capítulo:
   - O rosto de sua esposa se ilumina quando ela vê você entrando numa sala? Ela se levanta e cumprimenta você com um beijo?
   - Sua esposa lhe disse recentemente: "Se você morresse, não sei se me casaria novamente. Quem poderia tomar seu lugar? Ninguém poderia me amar como você?"
   - Ela anseia por estar em seus braços e adora conversar com você?

- Quando os sonhos dela são frustrados, quem ela procura: você ou as amigas mais chegadas?
- Você defende as convicções e os tesouros da alma de sua esposa mesmo quando ela não está por perto?

3. Sua esposa é, de fato, seu primeiro amor? Sua grande paixão é a união mais íntima em seu casamento?
4. Das duas opções apresentadas neste capítulo, qual você sinceramente escolheria?

   Opção 1: Trabalhar doze horas por dia durante dois anos no negócio dos seus sonhos, um compromisso que faria seu salário quadruplicar.

   Opção 2: Trabalhar doze horas por dia para viver com entusiasmo como um servo quando você está em casa, um esforço que faria quadruplicar a alegria de sua esposa.

5. Você está se contentando com a mediocridade em seu casamento ou está pagando o preço por algo extraordinário? O que exatamente é esse preço no seu casamento?

Capítulo Dezessete

Servindo como Líder Espiritual

Em Israel, um servo estava sempre pronto a defender a fé de seu senhor, a fonte de toda a força do seu senhor. Que maneira melhor haveria de demonstrar seu amor do que defender o amor de seu senhor por Deus?

Também devemos defender a fé de nossas "senhoras". Como servos devotos, podemos oferecer algumas defesas práticas para a fé de nossas esposas. Conforme vimos anteriormente, quando servimos, nossas esposas ficam livres para exercer seus dons. Quando não o fazemos, pode ser que não encontrem dez míseros minutos por dia para ler a Bíblia.

Na condição de líderes e servos, acreditamos que podemos fazer muito mais do que um servo jamais sonhou. Somos chamados para nos consagrarmos a Deus, como nos lembram as palavras de vários hinos – "Senhor sou teu", "Tudo entregarei", "Tudo o que tenho pertence a ti".

Se pronunciássemos essas palavras (observe que não escrevemos "*cantássemos*"), a maioria de nós estaria mentindo. Quando nos consagramos, nossa vida, na verdade, não nos pertence. Se vivemos e respiramos para Deus, devemos viver e respirar para nossas esposas. Não foi esse o exemplo que Jesus deu para seguirmos?

> Pois ele, subsistindo em forma de Deus, não julgou como usurpação o ser igual a Deus; antes, a si mesmo se esvaziou, assumindo a forma de servo, tornando-se em semelhança de homens; e, reconhecido em figura humana, a si mesmo se humilhou, tornando-se obediente até à morte e morte de cruz.
>
> (Filipenses 2:6-8)

Cristo veio para fazer a vontade do Pai, e não a sua própria. Veio em busca e em favor da justiça. Precisamos liderar espiritualmente nosso lar como Cristo, uma vez que a união espiritual com seu marido é o que toda mulher deseja. Com freqüência excessiva, porém, ouvimos mulheres lamentarem com grande anseio a ausência dessa união mais íntima:

> Busco ao Senhor constante e fervorosamente, e a deficiência de Brian nessa área me entristece. Meu desejo é que ele ame ao Senhor tanto quanto ou mais do que eu. Quero que ele lidere. Anseio pelo dia em que ele dirá: "Vamos orar juntos."

Requisitos da Liderança Espiritual

Ao pensarmos em alguma coisa que poderíamos fazer por nossas esposas, a maioria de nós preferiria consertar um vazamento no banheiro a colocar nosso coração diante delas em oração. Sabemos como consertar vazamentos, mas e quanto a liderar espiritualmente? Não temos nem idéia de por onde devemos começar.

O que um marido deve fazer para ser um líder espiritual como Cristo em seu lar? Você pode começar tomando esses seis passos em sua vida:

1. Desenvolva o conhecimento mais profundo possível da Palavra de Deus

Em um de nossos primeiros encontros, Brenda e eu nos reunimos com os primos dela para cantar e nos divertir com um jogo só de perguntas sobre a Bíblia. Aqueles não eram primos típicos. Pelo fato de o pai de Brenda morar bem próximo aos seus três irmãos, esses nove primos foram criados como irmãos e irmãs. Como acontece com freqüência com as irmãs mais novas, Lyni, uma das primas mais jovens de Brenda, fez questão de avaliar o novo pretendente.

Ela se matava de rir quando eu me embaralhava na hora de cantar os corinhos mais conhecidos da igreja. *Esse aí é um "ótimo" partido!*, devia pensar, e acho que tinha razão. Não conhecia as letras das músicas e, para piorar, não era capaz de cantar nem que minha vida dependesse disso. Quanto às perguntas da Bíblia, só dava um fora atrás do outro!

Como maridos, não podemos deixar as coisas desse jeito. O que aconteceria se toda vez que sua esposa quisesse falar sobre algo que leu na Bíblia você respondesse: "Melhor perguntar para o pastor"? A coisa mais importante que já fiz foi ler a *Bíblia Anual* (um tipo de Bíblia que distribui os versículos de modo que você possa ler toda em um ano). Algumas coisas só começaram a fazer sentido a partir da metade do segundo ano, quando, de repente, as janelas do entendimento se escancararam. Lembrei-me das palavras de Oséias 4:6: "O meu povo está sendo destruído, porque lhe falta o conhecimento." Não ia deixar que isso acontecesse comigo – nem com meu casamento.

O conhecimento bíblico dá segurança e define sua liderança no coração de sua esposa. Uma esposa chamada Patty me disse: "O fato de Derek ter um maior conhecimento da Palavra me faz sentir segura. Derek aplica as Escrituras a situações específicas, e isso traz uma 'paz que excede todo entendimento'."

De acordo com Brenda, meu maior conhecimento da Palavra aumenta seu respeito por mim. "Fico feliz que você conheça melhor as Escrituras, pois isso me ajuda a respeitar você e suas decisões. Sei que posso confiar em que você fará o que é melhor para mim e nossos filhos. Quanto mais penso no assunto, mais difícil é imaginar que uma mulher poderia considerar seu marido um líder espiritual se ele não lesse a Bíblia. Não é o líder que deve dar o exemplo?"

Acertou em cheio! Tenho conversado com várias mulheres que sofrem profundamente com a falta de conhecimento bíblico do marido. Nas palavras de Megan, "acho que eu acabo sendo sempre a líder espiritual, pois conheço a Bíblia muito melhor do que Dan. Isso dói. Meu anseio é seguir a liderança espiritual dele".

A preguiça de estudar a Bíblia cria uma separação em seu casamento, como mostra este relato de Arnette:

> Nos oito primeiros anos de casamento, íamos à classe de casais na escola dominical. Naquela época, Brian e eu estávamos crescendo juntos em termos espirituais. Voltávamos para casa tão empolgados com Cristo que ficávamos sentados na entrada da garagem, conversando sobre o que havíamos aprendido, e esquecíamos de almoçar. Agora, na verdade, nem vamos mais à escola dominical e sinto falta disso. Parece que cada um tem sua vida espiritual separada.

Vidas espirituais separadas tornam impossível a união mais íntima dentro de um casamento.

2. Aprimore-se na submissão às Escrituras

Ninguém em sua casa deve ser melhor em submeter-se às Escrituras do que você. Perguntei certa vez num curso para casais: "Qual é a coisa que mais a impressiona sobre seu marido?"

Betsy respondeu: "Mark sabe se submeter à Palavra. Se descobre que aquilo que está fazendo é errado, trata da questão imediatamente e muda de rumo." O que poderia ser mais apropriado? Você deve liderar pelo seu exemplo.

Os dois filhos de Eli – Hofni e Finéias – eram sacerdotes, mas também eram homens perversos, sem qualquer temor do Senhor. Mesmo quando foram confrontados com as Escrituras, nenhum dos dois quis deixar seus pecados. Deus não se agrada de líderes espirituais ou maridos que abrigam o pecado em sua vida:

> Naquele dia, suscitarei contra Eli tudo quanto tenho falado com respeito à sua casa; começarei e o cumprirei. Porque já lhe disse que julgarei a sua casa para sempre, pela iniqüidade que ele bem conhecia, porque seus filhos se fizeram execráveis, e ele os não repreendeu.
>
> (1 Samuel 3:12, 13)

De acordo com Jill, "Allan se submete à Palavra muito mais rapidamente do que eu. Resolve logo em sua vida qualquer coisa que não lhe pareça estar de acordo com as Escrituras. Sempre se submeteu ao Senhor, e isso faz com que eu confie nele e me sinta unida a ele". Observe mais uma vez a segurança que essa submissão às Escrituras traz à sua área de atuação como líder. Deixar de tratar do pecado, por outro lado, traz desordem, confusão e medo. Passar por cima das convicções de sua esposa constitui uma pedra de tropeço no caminho para uma união mais íntima.

Submeter seu caráter às Escrituras desenvolve a confiança de sua esposa em você. Essa confiança se manifestará na forma de misericórdia dela por você. Sempre que sua liderança vacilar, na dúvida, sua esposa não o culpará. "Dan sempre teve o compromisso sério de mudar aquilo em que seu caráter é falho", disse Lisa. "Tem muito mais facilidade de fazer isso do que eu. Se há alguma coisa nele que peço que mude, mas ele continua cometendo o mesmo erro, sei que não é com a intenção de me perturbar. Parto do princípio de que ele ainda não entendeu o que as Escrituras dizem sobre aquilo. Quando entende o que a Bíblia está lhe ensinando, sempre procura melhorar."

Depois que nosso relacionamento começou a melhorar, minha esposa e eu (Steve) sentimos liberdade de falar sobre a época em que nossa relação era qualquer coisa menos um casamento. Ela me disse que, durante os dias difíceis, sempre cultivou a esperança de que teríamos um futuro extraordinário juntos por causa de uma coisa: Sabia que eu estava me levantando cedo para ler as Escrituras e meditar. Isso lhe garantia que eu estava procurando me relacionar com Deus e que um dia eu responderia em temor ao Senhor. Assim, incentivo você a acordar um pouco mais cedo e começar seu dia com Deus. Ele estará esperando por você, e é provável que alguém aqui na terra o esteja observando.

3. Adore ao Senhor em seu lar sem qualquer constrangimento

Fomos criados para adorar. A adoração e o louvor geram intimidade com o Senhor e nos conduzem rapidamente à presença dele. Alguns sujeitos, porém, ficam tensos só de orar antes do jantar. Outros se engasgam quando alguém lhes pede que encerrem com uma oração um estudo bíblico de casais. Quando precisam orar em público, ficam mais tensos do que artilheiro cobrando pênalti em final de Copa do Mundo.

Eu (Fred) já passei por isso e pus a culpa em minha falta de experiência de orar em público. No entanto, o motivo pelo qual eu me engasgava era que não estava praticando o suficiente a oração em particular! A chave para aprofundar tanto minha oração em particular quanto em público foi a adoração. Comecei a decorar alguns corinhos e hinos. Então, passei a acordar cedo todos os dias e ir até o porão, onde cantava baixinho para o Senhor. (Nem morto que eu ia deixar minha esposa e filhos me ouvirem!)

A princípio, me sentia muito acanhado, mesmo sabendo que estava sozinho. Recusei-me a desistir e dizia para mim mesmo que o Senhor adora ouvir as canções que entoamos para ele. Não demorou para eu descobrir que essas canções estavam abrindo meu coração para orar mais profundamente. À medida que esses cânticos e orações tornaram-se mais naturais para mim em particular, também comecei a me sentir mais à vontade para orar em qualquer outro lugar. A uma certa altura, acabei me tornando líder do ministério de intercessão missionária de nossa igreja. Tendo em vista a forma como comecei, me admiro de ver o que Deus fez.

Se você é um líder espiritual, então ninguém em seu lar deve sentir-se mais à vontade do que você para adorar e orar. De vez em quando, entôo a plenos pulmões uma canção ou outra nos corredores de nossa casa. Não poderia gravar um CD, mas meus filhos parecem gostar da minha *performance*. Talvez seja por isso que adorem com tanta liberdade. Sua família precisa de que você se sinta à vontade liderando-a em cânticos e oração, algo de grande valor aos olhos de Deus. "Sentir-se esquisito" quando você faz isso não serve de desculpa.

Pode ser que você tenha de começar cantando no quintal ou no carro enquanto vai para o trabalho, mas não pode sair de fininho quando todos se voltam para você em busca de liderança espiritual. O Espírito Santo está esperando que você entre em campo, onde ele estará presente para ajudá-lo. E isso é uma promessa.

4. Seja constante em sua vida de oração e devocional

Você não apenas deve ser aquele que se sente mais à vontade para orar, como também deve ser o mais constante. A constância produz intimidade e a intimidade, com o Senhor traz vida e verdade. Sem isso, você não tem o discernimento renovado necessário para guiar sua família.

Você é um homem constante no que se refere à oração? Costuma dirigir um pequeno estudo bíblico e período de oração com sua família, conhecido em muitos lares como "culto doméstico"? É verdade que ninguém em sua casa é mais ocupado que você, mas você precisa fazer tempo em seu dia cheio para liderar sua família nessa área.

Seus filhos estão observando seu exemplo. Se vocês não estão orando juntos como família, então tudo o que dizem sobre Deus ser o centro de seu casamento e seu lar é só conversa fiada. Faça da oração em família uma prioridade. Seja disciplinado em manter essa prática. Dê exemplo de sua fé através de passos práticos e ofereça à sua família um modelo a ser respeitado e algo a que se ligar. Assim como os passos mencionados anteriormente, a constância gera confiança, conforme nos mostra Diana em seu relato:

> Geralmente, faço minha devocional com mais regularidade do que Gene, mas sei que é parte do meu temperamento ser mais motivada e disciplinada. No entanto, trata-se de um fato que, sem dúvida alguma, é crucial para uma união mais íntima. Quando Gene coloca-se mais à disposição do Espírito de Deus pela oração, minha confiança nele aumenta e sinto maior disposição para me entregar a ele.
>
> Sinto uma verdadeira segurança quando sei que Gene está em contato com o Senhor regularmente. Não sei se ele entende, de fato, como isso é imprescindível para mim, mas sou muito grata!

O desejo de formar uma ligação com a alma de seu marido faz parte do cerne de toda mulher. As mulheres *agonizam* quando seu marido abandona essa responsabilidade. Liza conta como, depois que ela e Bob se converteram, foram incentivados repetidamente por seu pastor a orar e ler a Bíblia juntos. Bob se recusava, dizendo que era piegas demais para ele. Ela se lembra de orar com ele apenas algumas vezes, e isso só depois de muita insistência da parte dela.

Liza sentia um vazio em seu coração, e preencheu-o envolvendo-se com um ministério de oração em sua igreja. Nada de errado nisso, mas provavelmente só piora as coisas em casa, pois Liza também sabe que nem Bob e nem ela estão trabalhando em seu relacionamento de oração neste momento. "É bem provável que seja por isso que parecemos mais colegas de quarto", ela diz, "ao invés de marido e mulher. Sinto que ele se ofende com meu amor pelo Senhor. Quando estamos em casa à noite, ele vai fazer as coisas dele e me deixa de fora. Não me resta outra opção senão aprender sobre Cristo sozinha."

Interrompemos este capítulo para uma prova-surpresa. Responda à seguinte pergunta: Existe algum momento em que orar com a sua esposa lhe parece mais interessante do que ter sexo com ela? Se sua resposta é "não", então sua vida de oração precisa de atenção. Como líder, seu objetivo não é apenas ser a pessoa mais *próxima* com a qual ela pode orar, mas também a pessoa *predileta* com quem ela deseja orar, aquele que lhe dá mais força e amparo.

Na Bíblia, quando Ana estava profundamente magoada e aflita por causa de sua esterilidade, onde ela mais desejava orar? No Templo, onde poderia orar com o sumo sacerdote ou ser abençoada por ele.

> Após terem comido e bebido em Siló, estando Eli, o sacerdote, assentado numa cadeira, junto a um pilar do templo do Senhor, levantou-se Ana, e, com amargura de alma, orou ao Senhor, e chorou abundantemente...
>
> Porém Ana respondeu: Não, senhor meu! Eu sou mulher atribulada de espírito; não bebi nem vinho nem bebida forte; porém venho derramando a minha alma perante o SENHOR. Não tenhas, pois, a tua serva por filha de Belial; porque pelo excesso da minha ansiedade e da minha aflição é que tenho falado até agora.
>
> Então, lhe respondeu Eli: Vai-te em paz, e o Deus de Israel te conceda a petição que lhe fizeste.
>
> E disse ela: Ache a tua serva mercê diante de ti. Assim, a mulher se foi seu caminho e comeu, e o seu semblante já não era triste.
>
> (1 Samuel 1:9, 10; 15-18)

Ana partiu pela fé, profundamente satisfeita com o encorajamento que recebeu de Eli. Deus quer que você faça o papel de Eli em seu lar quando sua esposa encontra-se profundamente angustiada. Você deve ser aquele com quem ela deseja orar.

Pouco tempo atrás, Brenda e eu renunciamos ao cargo de liderança de um grupo de intercessão depois de quatro anos inteiros. Estávamos certos de que Deus nos havia orientado a tomar essa decisão, mas ainda assim Brenda sentiu-se sozinha e cheia de dúvidas afastada desse ministério que, para ela, era como uma âncora. No passado, Brenda sempre voltava-se primeiro para mim, porque "você deve orar com seu marido". Porém, a fim de verdadeiramente buscar a Deus e terminar suas orações saciada, ela buscava sua mãe e suas amigas. Isso mudou. Dessa vez, foi suficiente para ela falar comigo sobre suas dúvidas. Encontramos a resposta juntos e, assim como Ana, Brenda já não está triste.

5. Seja o primeiro da família a perdoar e pedir perdão

Ninguém de sua família deve ser mais rápido para perdoar do que você. O perdão é a pedra angular do cristianismo.

No entanto, não é algo que acontece naturalmente. Da minha parte, prefiro uma sutil política de Destruição Mútua Garantida! Se alguém lança dez mísseis contra mim, como retaliação, lanço de volta uns trinta, só para ter certeza. Misericórdia? Pode esquecer. Prefiro fazer você passar a noite no tronco. Se você é como eu, não precisamos continuar desse jeito. Hebreus 5:1, 2 diz: "Porque todo sumo sacerdote, sendo tomado dentre os homens, é constituído nas coisas concernentes a Deus, a favor dos homens, para oferecer tanto dons como sacrifícios pelos pecados, e é capaz de condoer-se dos ignorantes e dos que erram, pois também ele mesmo está rodeado de fraquezas."

Mary Beth contou-me que seu marido, James, sempre foi o mais rápido da família a perdoar. "Muitas vezes, ele nem deixa eu terminar de lhe pedir perdão", disse ela. "Aprendi a pedir perdão ao seguir o exemplo dele. Quando James pede perdão, me faz sentir humilde e, num instante, derruba qualquer barreira. Sinto-me querida por ele quando isso acontece."

Eu (Steve) apresento um programa diário de rádio para o qual as pessoas podem ligar e fazer seus comentários – *New Life Live [Vida Nova, Ao Vivo]* – juntamente com os Drs. Paul Meier, Henry Cloud e John Townsend. Uma vez que recebemos várias ligações por dia, é fácil detectar um possível tema comum entre elas. Um dos assuntos que temos ouvido bastante é a questão de culpar e julgar uma esposa "que simplesmente não é tudo o que seu marido precisa". As ginásticas mentais que os homens fazem para *não* assumir a responsabilidade são incríveis. Um dia comentamos que, se alguém lançasse uma camiseta com os dizeres "A culpa é minha", seria um fracasso de vendas. Nenhum homem a compraria! Porém, uma camiseta como essa poderia ter um grande impacto se aquele que a estivesse usando acreditasse, de fato, nessas palavras.

Eis uma outra idéia para uma camiseta: "Meus problemas não são culpa sua." Ao invés de esperar que as lojas comecem a vender essa camiseta, precisamos acreditar no que ela diz. Quando cremos nessas verdades, nos humilhamos e estamos dispostos a fazer o que é preciso, ou seja, pedir perdão.

É bem provável que você saiba que em todo computador pode-se dar um *reboot*, de modo a começar do zero. O sistema todo recomeça como se você tivesse acabado de ligar a máquina. Para as pessoas, a tecla de *reboot* chama-se confissão. A confissão restaura a relação da pessoa com Deus e remove a nódoa da negação. A tecla de *reboot* para um relacionamento é pedir perdão. O perdão conduz o relacionamento de volta à estaca zero. Isso não significa que esse perdão será concedido, mas, pelo menos, a partir do perdão o relacionamento tem a chance de se desenvolver. Se você e seu casamento estão "empacados", pense na coisa mais humilhante que você pode fazer, que é pedir à sua esposa que o perdoe.

6. Ajuste o termostato espiritual de seu lar

Quer o faça de modo consciente ou não, é você quem ajusta a temperatura espiritual do seu casamento. Porém, esse termostato tem uma peculiaridade: só você pode aumentá-lo.

DEIXE-ME (FRED) EXPLICAR.

Brenda vinha de uma família de profunda tradição cristã, estabelecida ao longo de várias gerações. Sua família vivia de acordo com a Palavra de Deus mesmo quando esse era o caminho mais difícil. Quanto a mim, quando eu era pequeno ia à igreja e à Escola Bíblica de Férias, de modo que não era totalmente desprovido de experiências religiosas. No entanto, não havia um respeito absoluto pelo Altíssimo em nosso lar. Às vezes, só de brincadeira, meu pai cantava "Hosana, Banana, Hosana nas alturas" quando estávamos na igreja. Ainda que tivessem consciência dos padrões éticos da Bíblia, meus pais compravam anticoncepcionais para minhas irmãs.

Mais tarde, mesmo depois de professar uma conversão verdadeira, meu pai chegou para mim e disse: "Filho, você não pode se casar com Brenda antes de ter sexo com ela. O sexo é importante demais para o casamento, e você não pode correr o risco de encalhar com uma moça frígida." Meu pai não estava disposto a deixar que a Palavra de Deus mudasse nosso estilo de vida. O cristianismo era uma filosofia, e não um modo de vida. No que se referia às questões morais mais difíceis de sua época, nossa cultura norte-americana exerceu um impacto muito maior sobre meu pai.

Assim, encontrei-me diante de uma escolha. Podia subir ao nível de Brenda ou rebaixá-la ao meu nível. Escolhi aumentar meu termostato espiritual.

Porém, veja o que acontece quando você diminui o termostato. Um dia desses, Pete e Mary me abordaram depois da aula para discutir um pequeno problema que estavam enfrentando. Ao que parece, a primeira esposa de Pete alugava filmes eróticos e achava "divertido" os dois assistirem juntos antes de terem sexo. Conclusão: Pete estava acostumado a assistir a esse tipo de filme.

Sua noiva, Mary, afirmou que isso havia aberto uma brecha no relacionamento deles. Pete ia ao apartamento dela para assistirem aos últimos lançamentos em vídeo, mas até os filmes que haviam sido sucesso de bilheteria mostravam algumas cenas bem picantes. "Estou me sentindo cada vez menos à vontade com isso", comentou Mary. "Quando a coisa começa a esquentar, digo a Pete que a gente deve desligar ou avançar o filme, mas ele fica bravo, dizendo que gastamos dinheiro com a locação e que é um desperdício não ver o filme todo. Então, saio e vou para a cozinha fazer alguma coisa enquanto ele termina de assistir."

Uma lágrima rolou em seu rosto e ela olhou para baixo. "Não acho que esses filmes são bons para nós", disse. "Pedi que parasse de alugá-los, que fizesse isso por mim, mas não adiantou. Costumamos orar juntos antes de ele ir para casa, mas depois dos tais vídeos, sinto-me suja e vulgar. Esses filmes estão nos separando."

Claro que Pete ficou envergonhado quando pedi que contasse o seu lado da história. Felizmente, Pete me perguntou o que deveria fazer. Disse-lhe que seguisse a orientação de Mary e não alugasse filmes com cenas eróticas, e ele concordou. Ele aumentou seu termostato para chegar à temperatura dela. E se não tivesse feito isso? A fé e as convicções dela seriam agredidas cada vez que alugassem um filme.

É fácil entender por que Deus proíbe os maridos de abaixarem a temperatura espiritual – ao fazê-lo, acabam com a união conjugal. Paulo nos ensinou que, quando há um conflito de convicções pessoais, o líder deve abrir mão de seus direitos por amor à harmonia e ao crescimento em Cristo. Pete tomou uma decisão sábia nessa área do relacionamento deles.

Aumentar o termostato espiritual é ainda mais importante em casos como o meu, em que a temperatura espiritual de Brenda era mais alta em quase todos os aspectos. Se eu não subisse de nível, toda vez que ela fizesse alguma coisa, seria forçada por minha liderança a ir contra suas convicções. Seria o mesmo que escrever um atestado de óbito para nossa união.

Cuidado com o Frio!

Ajustar o termostato abaixo da temperatura certa esfria seu casamento, e esse frio tem efeitos devastadores. Alguns anos atrás, meu amigo Jorge tornou-se o principal *chef* de cozinha de um clube em Des Moines. As coisas estavam indo bem. A clientela havia aumentado em função de seus talentos culinários e sua família estava se envolvendo mais com a igreja. Porém, enquanto a temperatura espiritual dos membros de sua família era alta, a de Jorge continuava morna.

Sem qualquer aviso prévio, Jorge anunciou que ia trabalhar como *chef* em outro lugar. Quando lhe perguntei o motivo, ele respondeu: "Na minha área, é importante mudar mais ou menos a cada cinco anos. É uma regra tácita. Estava procurando alguma outra coisa e recebi uma oferta de um resort nas Ilhas Golden, próximo à Geórgia." Meu coração se encheu de tristeza.

"Você não pode fazer isso, Jorge. Em quinze anos, fui passar as férias lá várias vezes. Aquela região não tem nenhuma igreja para sua família como esta aqui de Brunswick. Sei disso porque procurei. Seus filhos estão envolvidos com o grupo de jovens e estão crescendo fortes no Senhor. Sua esposa está mais feliz do que nunca. E quanto à vida espiritual deles?"

"Eles não vão ter problemas", disse ele, dando de ombros. "Além disso, como lhe falei, isso é importante para minha carreira. Não pega bem ficar muito tempo no mesmo lugar."

Não me dei por vencido. "Deus não é limitado por uma regra boba. Se você colocá-lo em primeiro lugar e não sair daqui, vai ficar bem. Aliás, as coisas já estão indo bem para você."

Continuamos argumentando, mas não adiantou. Jorge prosseguiu com seu plano e, nisso, baixou o termostato de sua família. Alguns meses depois, sua esposa ligou em prantos. Estava presa num deserto espiritual, morrendo de sede. Não conseguiam encontrar um bom grupo de jovens e ela temia que os filhos estivessem se envolvendo com gente de caráter duvidoso. Logo em seguida, seu filho foi preso por uma contravenção. Pouco depois, sua filha morreu num acidente de carro. Pelo que sei, havia saído para beber com os amigos.

Nós, maridos, somos líderes, e as pessoas contam conosco. Vamos manter a temperatura lá em cima! Afinal, é ao cristão morno que o Senhor tem aversão – Apocalipse 3:16 diz que irá vomitá-los de sua boca. Podemos ser muitas coisas, mas ser morno jamais é uma opção para o homem que deseja liderar.

Perguntas para Reflexão e Discussão

1. Você pode identificar quaisquer aspectos em que você ainda não pertence plenamente a Deus?
2. Como você avaliaria seu conhecimento da Palavra de Deus?
3. Como você avaliaria sua constância em obedecer a Palavra de Deus?

4. Como você avaliaria sua constância em adorar a Deus e orar em particular?
5. Como você avaliaria sua capacidade de perdoar e pedir perdão dentro de sua família?
6. Quais são alguns compromissos que você pode assumir com sinceridade e que farão de você um líder espiritual melhor em seu lar?

Capítulo Dezoito

Cuidando do Crescimento Espiritual dos Seus Filhos

Estas palavras que, hoje, te ordeno estarão no teu coração; tu as inculcarás a teus filhos, e delas falarás assentado em tua casa, e andando pelo caminho, e ao deitar-te, e ao levantar-te.

(Deuteronômio 6:6, 7)

Sejamos honestos: homens e mulheres se casam pois querem ter filhos. É verdade que alguns casais unem-se pelo companheirismo e informam amigos e parentes que não têm desejo algum de formar uma prole de pirralhos. Alguns casam-se para realizar uma "contribuição". Quer seja através de seu tempo, dinheiro ou trabalho, esses casais realizam uma contribuição conjunta para o mundo e para o Reino de Deus. Porém, no final, a grande maioria dos casais une-se porque deseja ter filhos, e aqueles de nós que são pais não conseguem imaginar a vida sem nossos filhos e filhas por perto.

Como o pai em seu lar, como você e sua esposa pretendem educar a nova geração? Que parâmetros escolherão? Serão cristãos ou seculares?

É claro que há mais de uma forma de criar uma criança, de modo que ajuda muito se você e sua esposa estiverem em sintonia. Assim, ao invés de lhe dar as respostas para criar seus filhos, preferimos compartilhar com você *como pensar* como um servo na hora de escolher os padrões para educar as crianças em seu lar. Com essa mentalidade, não será difícil você e sua esposa sintonizarem no mesmo canal.

O Perigo da Arrogância

Suas responsabilidades com relação à educação dos filhos são críticas para você como líder espiritual. Também são uma área suscetível à arrogância e à falta de visão, em parte justamente por causa de sua importância. É possível que você se lembre, por exemplo, de minha reação quando Brenda questionou a maneira como alistei Jasen e Laura em meu "Campo de Treinamento Cristão". Essa foi a maneira "imparcial" com que lidei com a situação: "Escute, eu sou responsável por ensinar às crianças tudo sobre Deus, de modo que vou fazer isso a meu modo. Aos olhos de Deus, a responsabilidade recai sobre meus ombros e, portanto, não acho que você tem direito de dizer alguma coisa."

Convenhamos que, apesar de eu estar no rumo certo, estava agindo como um elefante numa loja de cristais. Quebrei algumas taças em meu esforço agressivo de inculcar valores espirituais em meus filhos, mas estava fazendo isso pelo *motivo* certo. Sabia que era minha responsabilidade educar meus filhos no temor do Senhor.

E pelo fato de essa responsabilidade ser nossa, não há nenhuma outra área do nosso casamento em que nos sintamos mais seguros de dar nosso voto decisivo como Árbitro Supremo. É provável que você precise fazer isso de vez em quando, especialmente se sua temperatura espiritual é mais elevada que a de sua esposa. Cristo nunca abriu mão da verdade só para ter paz, ainda que soubesse que suas convicções o levariam à cruz. Ele veio em busca e em favor da justiça, e esse também é nosso chamado.

Dito isso, também não há nenhuma outra área em que você sinta que é mais justificável ignorar sua esposa ou ser menos sensível à sua essência. Trata-se de uma posição perigosa, pois, quando o assunto é decidir como educar os filhos, bancar o Árbitro Supremo no momento errado pode ferir a união conjugal mais gravemente do que qualquer outra coisa. Por quê?

Em primeiro lugar, há muita coisa em jogo para Deus nessas decisões específicas. Ele deseja que você crie filhos tementes ao Senhor e sabe que a mensagem da salvação é passada a eles com mais facilidade quando os pais estão unidos. Ao falar de maridos e mulheres por intermédio de seu profeta Malaquias, Deus diz: "Não fez o Senhor um, mesmo que havendo nele um pouco de espírito? E por que somente um? Ele buscava a descendência que prometera. Portanto, cuidai de vós mesmos, e ninguém seja infiel para com a mulher da sua mocidade. Porque o Senhor, Deus de Israel, diz que odeia o repúdio" (Malaquias 2:15, 16).

É difícil passar adiante a verdade de Deus depois de um divórcio na família. Apesar de amar meu pai e, em vários aspectos, até idolatrá-lo, bem no fundo eu sabia que ele havia trocado sua família por uma amante. Ele havia me traído.

Mais tarde, depois que se converteu, ele tentou conversar comigo sobre o Senhor. Você acha que eu tinha tempo para ele ou para o seu Deus? Ele havia me despedaçado e abandonado. Havia perdido seu direito de ser ouvido e podia muito bem ter enfiado espetos em meus ouvidos e arrancado meus tímpanos. Esse foi o efeito radical de seu divórcio sobre minha vida.

Em segundo lugar, sua esposa tem muita coisa em jogo nessas decisões. Criar e cuidar de filhos que sejam tementes a Deus é algo muito precioso para ela, o que significa que qualquer arrogância da sua parte nesse sentido pode resultar num grave insulto. Como líder espiritual, você é tanto servo de Deus quanto servo de sua esposa. A essência sagrada de Deus é que determina as condições para a união com ele. A essência de sua esposa é que define as condições para sua união com ela. Mais do que nunca, você deve procurar com absoluta diligência satisfazer essas condições ao decidir como educar seus filhos.

Nada de Cavaleiros Solitários!

Muitas vezes, os homens sentem que têm autoridade de tomar sozinhos as decisões sobre a educação dos filhos. Nossos direitos devem ser limitados pelos parâmetros da união conjugal. Veja o que Susie diz ao compartilhar essa história:

> Quando meu filho Jimmie estava com três anos de idade, uma noite cheguei tarde em casa depois de resolver uma porção de coisas e fazer uma compra enorme de supermercado. Meu filho correu até a porta para me receber e me contar tudo sobre o filme *Rambo*. Ela havia passado as duas últimas horas com seu pai (meu marido, Rick) assistindo a Sylvester Stalone atirando nos outros.
>
> Não gostei nem um pouco. Então, na semana seguinte, voltei para casa depois de fazer alguns serviços e descobri que Jimmie havia assistido a *Duro de Matar*. Alguns meses depois, Rick me perguntou com a maior cara de pau por que Jimmie não gostava de violência! Depois, colocou a culpa em mim, pois o havia deixado assistir *Peter Pan*.
>
> O quê?! Rick estava implicando comigo por causa de *Peter Pan* enquanto ele deixava Jimmie assistir a todos aqueles filmes violentos? Um dia, ouvi Rick dizer para Jimmie: "Não faz diferença a que filme você assiste, pois isso não afeta seu relacionamento com Deus."
>
> Ao completar nove anos, Jimmie entrou numa fase especialmente difícil. Às vezes ele me dizia, em prantos, como se esforçava "para ser bom, mas é difícil ser cristão com o papai, pois ele quer que eu assista à televisão com ele, e são sempre aquelas coisas que eu não gosto, mãe. Ele sempre fica zangado comigo se não assisto esses programas com ele".
>
> Quanto a Rick, ele fazia gozações de Jimmie e o pressionava para que "fosse normal". Se falo com Rick sobre esse assunto, ele só dificulta ainda mais as coisas quando fica a sós com Jimmie. Para mim, está cada vez mais difícil seguir as regras dele, especialmente porque Rick não tem regra alguma.

Obviamente, Rick não acredita que assistir a filmes violentos é prejudicial às suas próprias crenças como cristão. Acha que tem o direito de determinar seus padrões espirituais como bem entender.

Mas Rick não tem esse direito. Talvez assistir a filmes violentos não fosse um problema para ele antes de se casar (ainda que devesse ser), mas essa prática tornou-se pecado dentro do contexto de seu relacionamento com Susie. Lembre-se do que o apóstolo Paulo disse:

> Tomai o propósito de não pordes tropeço ou escândalo ao vosso irmão. Eu sei e estou persuadido, no Senhor Jesus, de que nenhuma coisa é de si mesma impura, salvo para aquele que assim a considera; para esse é impura. Se... o teu irmão se entristece, já não andas segundo o amor fraternal. Por causa da tua comida, não faças perecer aquele a favor de quem Cristo morreu...
>
> Assim, pois, seguimos as coisas da paz e também as da edificação de uns para com os outros. Não destruas a obra de Deus por causa da comida. Todas as coisas, na verdade, são limpas, mas é mau para o homem o comer com escândalo. É bom não comer carne, nem beber vinho, nem fazer qualquer outra coisa com que teu irmão venha a tropeçar ou se ofender ou se enfraquecer.
>
> (Romanos 14:13-15, 19-21)

Ao colocar seu filho para assistir *Rambo* ou *Duro de Matar*, Rick estava pecando contra Susie, pois estava passando por cima de suas convicções. Também estava pecando contra Deus ao ostentar sua posição de autoridade à custa de seu chamado celestial para buscar a união conjugal. Há sempre coisas mais importantes para nós, maridos, do que exercer nossa autoridade – coisas como o crescimento na delicada e frágil relação chamada casamento.

No que se refere aos filhos, há duas coisas que os ajudam a se desenvolver e tornar-se os indivíduos que Deus quer que sejam. Uma delas é coerência. Uma das piores coisas que pode acontecer é um dos pais agir de acordo com um conjunto de valores enquanto o outro sabota esses princípios. É preciso haver um acordo quanto aos valores mais essenciais e apresentá-los de modo uniforme aos seus filhos.

O segundo conceito importante na educação dos filhos é o trabalho em equipe. Abra mão de seus direitos individuais e do exercício ostensivo da autoridade e seja um companheiro de equipe de sua esposa. Ajude-a, divida as obrigações, esteja disponível. Nunca enfraqueça a posição de sua esposa ao procurar mostrar-se mais importante. Ajude seus filhos a aprender a honrar sua mãe e apreciar o valor de uma mulher. Esse princípio fundamental terá um impacto tremendo no futuro deles, especialmente no casamento.

Em meu casamento, eu (Steve) fiz uma coisa certa. Nunca contei à minha filha um segredo dizendo para ela não contá-lo à sua mãe. Nunca lhe pedi que não contasse para a mãe que eu a havia deixado comer um doce depois de tomar um sundae de chocolate. Nunca permiti que ela me visse olhar com raiva para minha esposa pelas costas. Procurei honrar Sandy e sua posição.

Você pode fazer o mesmo. Se você não tem agido assim até agora, pode começar admitindo esse problema aos seus filhos e garantindo-lhes que, de agora em diante, você e a mãe deles são uma equipe unida. Deixe que o vejam, então, colocar essa determinação em prática na frente deles.

Cuidado com Pontos de Vista Diferentes

Brenda e eu (Fred) começamos a dar cursos de noivos cerca de quinze anos atrás, e Jordan e Kim participaram de um de nossos primeiros cursos. Naquela época, ainda não tínhamos tantos compromissos, de modo que, às vezes, nos encontrávamos com os casais fora do curso. Interessamo-nos especialmente por Jordan e Kim – eu, porque Jordan havia jogado no time de futebol da Universidade de Kansas, e Brenda, porque Kim era filha de uma família muito respeitada em nossa igreja.

Como era de se esperar, Kim foi criada dentro de altos padrões cristãos. Sua família não consumia bebidas alcoólicas, assistia pouca televisão e eram os primeiros a chegar na igreja. Quando o pai dela falava, todos prestavam atenção em sinal de respeito pela forma como ele havia educado seus filhos.

Uma noite, Brenda e eu saímos para jantar com Jordan e Kim. Sentados à mesa, dividindo um couvert de torradas e queijo, Jordan me entreteve com histórias dos bons tempos na universidade. Ele havia sido presidente da Associação de Atletas Cristãos e um dos líderes de estudos bíblicos com outros atletas todas as noites de terça.

Quase como um aparte, Jordan sorriu e disse: "É, jogar futebol ajudava, mas o pessoal me conhecia mesmo como organizador das melhores cervejadas todas as noites de sábado. A gente enchia a cara naquelas festas." Ele continuou falando, mas minha mente enroscou no quadro contraditório que ele havia acabado de descrever.

Ao longo do jantar, entramos no assunto da educação dos filhos. Depois que Brenda e eu compartilhamos algumas idéias sobre nossos próprios filhos, Jordan virou para Kim, tocou-a no rosto e disse: "Claro que nossos filhos não vão ser criados tão superprotegidos como você foi, não é amor? Quero que tenham uma educação mais abrangente."

Jordan acha que tem a autoridade de tomar essa decisão de maneira unilateral, mas está equivocado. É preciso que satisfaça as condições para a união conjugal, conforme estas forem definidas por Kim; do contrário, Jordan passará por cima das convicções dela todos os dias enquanto estiverem criando seus filhos. As condições estabelecidas pelo caráter santo de Deus também devem servir de restrição para Jordan, do contrário, sua união com o Senhor também sofrerá.

As Palavras de Deus são Simples

Temos uma pergunta para você, o líder espiritual de sua família: Desde quando uma educação abrangente é mais importante do que a santidade no Reino de Deus? Será que deixamos passar alguma coisa? Se nos recordamos bem, Deus não liga a mínima para aquilo que consideramos normal. Suas palavras para seus líderes são simples e não mudam: "Agora, ó sacerdotes, para vós outros é este mandamento. Se o não ouvirdes e se não propuserdes no vosso coração dar honra ao meu nome, diz o Senhor dos Exércitos, enviarei sobre vós a maldição e amaldiçoarei as vossas bênçãos; já as tenho amaldiçoado" (Malaquias 2:1, 2).

O que Deus quer de nós, então? Ele quer paixão em nosso serviço como pais para os filhos que ele nos confiou. "Conheço as tuas obras, que nem és frio nem quente. Quem dera fosses frio ou quente! Assim, porque és morno e nem és quente nem frio, estou a ponto de vomitar-te da minha boca" (Apocalipse 3:15, 16). A atitude do Senhor fica muito clara nessas palavras, de modo que não podemos ser mornos em nosso empenho ao educar nossos filhos para que conheçam e sirvam ao Senhor. Se pretendemos agradar a Deus como líderes, devemos liderar nossa família de acordo com a pergunta: *Quão santos podemos ser?* Só assim honramos a essência de Deus.

Educar nossos filhos para serem "normais" ou dar-lhes uma educação "abrangente" não deve ser nossa principal preocupação, pois tais objetivos não são a principal preocupação de Deus. Na verdade, Deus disse que *devemos* parecer um tanto estranhos para o mundo:

> Ora, tendo Cristo sofrido na carne, armai-vos também vós do mesmo pensamento; pois aquele que sofreu na carne deixou o pecado, para que, no tempo que vos resta na carne, já não vivais de acordo com as paixões dos homens, mas segundo a vontade de Deus. Porque basta o tempo decorrido para terdes executado a vontade dos gentios, tendo andado em dissoluções, concupiscências, borracheiras, orgias, bebedices e em detestáveis idolatrias. Por isso, difamando-vos, estranham que não concorrais com eles ao mesmo excesso de devassidão.
>
> (1 Pedro 4:1-4)

Eis uma regra básica simples a ser usada para decidir como educar seus filhos: Se você tem a temperatura espiritual mais elevada, sua esposa deve se elevar ao seu nível. Se ela tem a temperatura espiritual mais elevada, você deve se elevar ao nível dela. Com isso, vocês estarão cultivando uma união mais íntima e seus filhos terão um exemplo mais coerente dos padrões que devem seguir.

Uma última observação: Seus filhos têm poderes secretos que podem usar para lutar contra as coisas desse mundo. Você também os possui, mas é possível que tenham sido ignorados, pois ninguém o ajudou a desenvolvê-los. Ainda assim, ajude seus filhos a desenvolverem o poder secreto do Espírito Santo na vida deles. Ajude-os a descobrir o poder dos dons, talentos, aptidões e habilidades espirituais. Ajude-os também a aprender sobre o poder que se encontra à disposição deles nas verdades das Escrituras.

Não permita que esses poderes continuem sendo secretos. Trabalhe em equipe com sua esposa para ajudar seus filhos a transformar-se nos filhos extraordinários que Deus quer que sejam.

Perguntas para Reflexão e Discussão

1. Até que ponto você e sua esposa trabalham unidos como uma equipe na educação de seus filhos?
2. De que maneiras você acredita que poderia ajudar seus filhos a desenvolver o poder secreto do Espírito Santo na vida deles? De que maneiras específicas você poderia ajudá-los a desenvolver o poder de seus dons espirituais? Como você poderia ajudá-los a aprender sobre o poder secreto que se encontra à disposição deles através da verdade das Escrituras?

Capítulo Dezenove

Livre-se desses Pecados

Como líder espiritual de seu lar, qual é sua atitude em relação à sua posição? Um sem-número de homens acredita que seu título de líder espiritual o coloca numa posição inquestionável e recusa qualquer tipo de confrontação da esposa. Compare isso com a atitude do servo.

Houve uma ocasião em que o servo foi colocado à venda por causa de sua própria insensatez e pecado. Pela graça, seu senhor o restaurou com todo amor e reconstruiu sua vida despedaçada. Agora, o servo odeia o pecado, especialmente o seu próprio, mas quando afeta seu senhor, que lhe deu tanta coisa, o servo odeia o pecado ainda mais. Sabe que seu senhor tem todo o direito de examiná-lo e confrontá-lo, pois seu pecado afeta a resistência da casa de seu senhor e de todos os que vivem nela.

Qual é sua disposição mental? Qual é sua atitude em relação ao pecado, inclusive a qualquer coisa que passa por cima das convicções e da essência da alma de sua esposa? Falamos anteriormente sobre a liberdade de sua esposa de expressar suas opiniões em geral. Sejamos mais específicos e falemos de uma situação diferente. Sua esposa tem o direito de questionar você sobre suas ações? Ou será que você está acima de qualquer questionamento?

Uma Questão de Responsabilidade

De acordo com o apóstolo Pedro, sua esposa é sua co-herdeira na graça, o que sugere que o casamento não elimina a responsabilidade cristã de um para com o outro. O apóstolo Paulo ensinou que a submissão mútua é esperada de todos os cristãos, alcançando sua manifestação mais elevada dentro do casamento. Paulo ensinou ainda que não só o cristão tem o direito de examinar seu irmão com relação ao pecado, mas também que é sua *responsabilidade* fazê-lo, pois o pecado que um cristão abriga em sua vida afeta a todos os que participam da comunhão. Ele disse: "Pois com que direito haveria eu de julgar os de fora? Não julgais vós os de dentro? Os de fora, porém, Deus os julgará. Expulsai, pois, de entre vós o malfeitor" (1 Coríntios 5:12, 13).

A responsabilidade da prestação de contas mútua deve ser exercida com rigor ainda maior no casamento, uma vez que as conseqüências do pecado de um cônjuge afetam o outro imediatamente. Somos uma só carne, de modo que nosso pecado, na verdade, torna-se o pecado de nossas esposas! No entanto, na posição de líderes de nossos lares, muitas vezes nos recusamos a ser examinados. Como os fariseus, estamos mais interessados nos privilégios de nossa posição – respeito, prestígio e poder – do que nas conseqüências de nossos pecados. Estamos completamente equivocados, como deixa claro esse texto das Escrituras:

> Vós, fariseus, limpais o exterior do copo e do prato; mas o vosso interior está cheio de rapina e perversidade...
>
> Mas ai de vós, fariseus! Porque dais o dízimo da hortelã, da arruda e de todas as hortaliças e desprezais a justiça e o amor de Deus; devíeis, porém, fazer estas coisas sem omitir aquelas.
>
> Ai de vós, fariseus! Porque gostais da primeira cadeira nas sinagogas e das saudações nas praças.
>
> Ai de vós que sois como as sepulturas invisíveis, sobre as quais os homens passam sem o saber...
>
> Ai de vós também, intérpretes da Lei! Porque sobrecarregais os homens com fardos superiores às suas forças, mas vós mesmos nem com um dedo os tocais.
>
> (Lucas 11:39, 42-44-46)

Gostamos da posição importante de líderes do lar, mas, como Brant, marido de Amy, fugimos de qualquer questionamento como o melhor dos fariseus. Amy nos contou que descobriu recentemente que Brant, seu marido há vinte e quatro anos, tem entrado em websites pornográficos. Essa descoberta a deixou arrasada. Brant lhe garantiu que havia sido um episódio isolado, mas não era verdade, pois ele havia entrado naqueles sites pelo menos mais uma vez. Prometeu não visitar sites pornográficos novamente, mas agora há uma grande barreira entre Amy e ele.

Um detalhe: Ela não quer ter intimidade física com ele, pelo menos não por enquanto. Amy afirma que continua comprometida com o casamento, mas está percorrendo um caminho solitário. "Talvez o pior seja não ter com quem compartilhar esse fardo", diz ela. "Brant é extremamente respeitado na igreja e na comunidade, e não quero destruir sua reputação. Não sinto liberdade de compartilhar esse segredo sujo com ninguém. O Senhor tem sido minha força e meu amigo mais chegado, mas o peso é grande."

Brant destruiu a intimidade dos dois ao usar a Internet para baixar fotos de mulheres nuas. Qual é o rosto que ele vê quando está deitado com sua esposa? De quem são os seios que ele acaricia? Amy sente-se paralisada por esses pensamentos. Além de ferir a relação de sua esposa com ele, Brant também queimou as pontes que ligavam Amy ao apoio de outros cristãos. Seu status é tal dentro da comunidade cristã que Amy não tem onde buscar ajuda. Enquanto isso, Brant está se esforçando ao máximo para que ninguém descubra seu segredo. Ao invés de se arrepender, pressionou Amy a não contar para ninguém, como se caiar sua vida resolvesse tudo.

Se o pecado não tivesse poder algum enquanto permanecesse oculto, se ele apenas afetasse nossa posição social quando se tornasse conhecido, não haveria nada de errado no que Brant está fazendo. Seu pecado seria apenas um lance inconseqüente no jogo muito mais amplo de relações públicas do qual participamos. No entanto, o pecado é como o esgoto não tratado – polui tudo por onde passa.

Eu (Steve) descobri em minha vida um pecado nocivo que relutei para abrir mão. Tratava-se do pecado da falta de transparência. Tinha dentro de minha mente um pequeno mundo onde reinavam as fantasias e as conjecturas. Nem era preciso entrar na Internet, pois já havia imagens suficientes em minha mente para uma vida inteira de devaneios. Certa vez, sentado na sala de um conselheiro, fui confrontado com minha desonestidade. Tudo bem que eu não mentia ostensivamente, mas vivia uma mentira ao omitir parte da história ou convenientemente deixar de fora detalhes que deveria ter compartilhado.

Você pode se considerar um sujeito bem honesto, mas, na realidade, talvez seja um dissimulado por causa daquilo que esconde de sua esposa. Um dos maiores desafios para nós, homens, é ser transparentes com nossas esposas. Queremos ser um diário com um cadeado, cheios de segredos aos quais elas não têm acesso. Eu era assim e, enquanto agia dessa forma, impedia que Sally e eu nos relacionássemos em certos aspectos. Para ser bem sincero, ainda não superei inteiramente esse problema. Sei que ainda há coisas a serem trabalhadas, mas o fato de eu começar a viver de maneira mais transparente tem permitido que Sandy e eu nos relacionemos num nível totalmente diferente e muito mais rico.

Não É um Assunto Particular!

Vamos colocar mais cartas na mesa: Eu (Fred) quero compartilhar com você uma verdade sobre mim mesmo que revelei quando escrevi *A Batalha de Todo Homem*. Costumava acordar cedo no domingo para examinar atentamente as propagandas de roupas íntimas do jornal, olhando demoradamente e fantasiando sobre o que havia por baixo daquelas calcinhas e sutiãs justos. Duas horas depois, todos me estimavam como jovem líder em ascensão em nossa igreja. Ninguém sabia de meu segredo, nem mesmo Brenda, porém, certa manhã tranqüila, enquanto estava sentado em minha cadeira confortável, perdido em minhas fantasias, Brenda saiu do quarto e desceu correndo as escadas, cheia de lágrimas e pavor.

"Tive um pesadelo horrível!" exclamou. "Sonhei que Satanás estava me perseguindo, brincando comigo e rindo de mim. Eu corria por toda parte, abrindo portas e procurando você pelos corredores, gritando para você me proteger, mas não conseguia encontrar você." Ela caiu em meus braços, soluçando.

Quer ela soubesse ou não de meu pecado naquela ocasião, seu poder sobre a vida dela era real e parecia ter removido sua proteção espiritual. Ela teve esses sonhos apavorantes com freqüência até que, pela graça de Deus, crucifiquei esse pecado. Desde então, o pesadelo nunca mais voltou.

E, ainda que ninguém soubesse, meu pecado das manhãs de domingo estava prejudicando a comunidade cristã. Nunca chegava à igreja pronto para ministrar, pois estava sempre desesperado para ser ministrado por alguém. Não tinha fé em minhas orações, pois estava abrigando o pecado em meu coração e traindo a confiança da esposa de minha mocidade.

Que tolice questionar se nossa esposa tem o direito de confrontar nosso pecado ou de discutir quem deve ficar sabendo dele! Nossos pecados afetam todos ao nosso redor. Ao pensar como um servo, há somente uma pergunta que importa: O pecado ainda está exercendo seu poder em minha vida? Mesmo sendo cristão, continuo mentindo? Continuo cheio de raiva? Continuo cheio de amargura? Ainda tenho um espírito crítico, de acordo com o qual tudo parece errado? Ainda há áreas de minha vida sobre as quais não permito que minha esposa converse comigo?

Qual é o conselho de Cristo quando o pecado ainda está exercendo seu poder sobre nós? Mandar nossas esposas calarem a boca? Cruzar os braços num gesto desafiador sobre nosso coração endurecido, a fim de protegê-lo sempre que alguém se aproximar? Dizer às nossas esposas para se acostumarem com isso e colaborarem conosco para encobrir o pecado – e fazer isso por amor aos nossos filhos?

De modo algum. Eis a recomendação divina: "Sê, pois, zeloso e arrepende-te" (Apocalipse 3:19). Sua esposa já lhe pediu encarecidamente que fizesse alguma coisa seis, oito, dez vezes e você continua a ignorá-la? Se sua resposta é "sim", você não passa de uma farsa.

Pete, o marido de Tracy, era dominador, destrutivo e incrédulo. O marido de sua vizinha era igual a ele, de modo que essas duas esposas cristãs fizeram um pacto de orar discretamente pela salvação dos maridos. Quando cristãos se casam com incrédulos, a instrução de Deus é para que vivam de modo piedoso e orem exatamente desse modo. A obediência de Tracy e sua amiga foi recompensada treze anos depois, quando os dois maridos aceitaram a Cristo no mesmo dia! Lágrimas corriam por meu rosto enquanto eu as ouvia contar sua história na igreja.

Muitos homens cristãos acreditam que suas esposas não devem confrontar o pecado deles, mas orar silenciosamente, como Tracy fez. Porém, esse é o plano de Deus para lidar com o coração endurecido de maridos *incrédulos*!

Sejamos homens e encaremos os fatos. Será que nosso coração não deve ser mais sensível para o pecado – e para nossas esposas – do que o coração de um incrédulo? Certamente, como cristãos, podemos agir melhor do que isso!

Os Efeitos Importam, Sim!

Quais são os estragos resultantes quando nós, maridos cristãos, não agimos melhor do que maridos incrédulos? Quando ouvi a história de Tracy, Jasen estava com cinco anos de idade. Fazendo os cálculos rapidamente, pensei: *Caramba, se eu fizesse Brenda sofrer treze anos orando por mim, Jasen estaria com dezoito anos e saindo de casa. Seria tarde demais para ele!*

Por outro lado, você pode pensar: *Mas minha mulher não tem o direito de tentar mudar quem eu sou!* Você está louco? Ela tem todo o direito de tentar mudar você quando as arestas do seu pecado a estão ferindo profundamente e as crianças. Pela madrugada! Você é o pecador! Não está em condições de dar ordens. Além do mais, é isso mesmo que você quer? Quando eu insultava Brenda de todas as formas possíveis, amigas bem-intencionadas aconselharam-na repetidamente a "acalmar-se e deixar Fred liderar". Cristãos de todo tipo lhe disseram para ficar quieta em seu canto e orar. Tenho pesadelos só de pensar onde estaríamos hoje se ela tivesse dado ouvidos a essa gente e de como eu continuaria cego, passando por cima de toda a minha família.

Muitas pessoas (tanto cristãos quanto incrédulas) afirmam que a esposa não deve tentar mudar seu marido. Isso é compreensível, pois não podemos mudar ninguém. Na verdade, quanto mais você tenta mudar seu cônjuge, mais ele se torna obstinado e defende seu território.

Apesar de uma mulher não poder mudar um homem, é preciso que ela sinta liberdade de falar sobre os problemas e áreas problemáticas que ela vê. Se sua esposa não tem essa liberdade, então é hora de dar-lhe permissão para falar.

Quando Sandy tem alguma coisa que deseja que eu (Steve) trate, sempre começa perguntando: "Você quer que eu lhe fale de um problema que talvez eu esteja percebendo?"

"Claro", respondo, mas começo a repetir mentalmente: "Não seja defensivo, não seja defensivo." Ao dar a Sandy a chance de me "aperfeiçoar", eliminei alguns maus hábitos e até deixei de usar algumas das minhas gírias texanas. Sou uma pessoa melhor por causa daquilo que ela faz por mim. Você pode ter a mesma experiência se der liberdade à sua esposa.

Apesar de ser *tecnicamente* impossível sua esposa mudá-lo, permita-nos lembrá-lo de algo. Em se tratando de comportamentos pecaminosos e ofensivos, é absolutamente antibíblico um marido declarar: "Minha esposa não tem direito algum de tentar me mudar". O mais certo é dizer: "Casei-me com uma companheira para o que der e vier, e ela abriu mão de sua liberdade para unir-se a mim. Tenho uma responsabilidade diante de Deus e de minha esposa de tornar-me semelhante a Cristo. Não vou descansar até que meus pecados sejam subjugados. Não vou desistir nem resistir."

O problema é a atitude dela! Posso até agüentar algumas acusações, mas a atitude dela é insuportável. Eu entendo. Mas veja o outro lado, prestando atenção no que Hellen diz: "Não tolero de forma alguma os ataques de raiva de Andy. Não tanto por mim, mas pelas crianças. Essas explosões causam estragos permanentes, afetando de modo profundo a auto-estima das crianças. Costumava pensar que devia simplesmente engolir isso, mas não posso aceitar algo assim tão destrutivo. Andy reclama que não estou discutindo o assunto com uma atitude correta. Talvez não esteja mesmo, mas ele também não está. Acho que ele precisa ouvir algumas coisas, não importa como eu lhe diga."

É possível mesmo argumentar com o que ela está dizendo? Acredito que não. Sou obrigado a concordar com Hellen. Andy pode sair pela tangente, escondendo-se por trás de sua "indignação" com as atitudes "desrespeitosas" de Hellen. Apesar de não haver dúvidas de que uma atitude respeitosa é muito melhor, a forma como uma esposa se expressa torna nosso próprio pecado menos abominável? O jeito dela torna menos urgente tratarmos do problema? Estamos acabando com a união conjugal e Deus não se agrada disso.

Qualquer que seja a atitude de sua esposa, ela tem todo o direito de esperar que você se arrependa sinceramente. Caso você esteja hesitando, Jesus tem uma pergunta para você: "Por que me chamais Senhor, Senhor, e não fazeis o que vos mando?" (Lucas 6:46).

Quando nossas esposas nos confrontam, ficamos ofendidos e, com freqüência, respondemos: "Quem é você para me acusar? Você também não é perfeita!" E, no entanto, sei que quando Brenda me mostra meus erros, não está fazendo isso com presunção espiritual. Ela sabe que também é uma pecadora. A questão não é tanto o pecado, mas o rompimento da união. Desse modo, Brenda está mostrando mais uma ferida em nós dois do que as falhas em meu caráter.

Por isso, quando sua esposa já confrontou você seis vezes com o mesmo problema e você ainda não fez nada, ela sente que você não liga a mínima para ela. Você está se recusando a tratar de algo que está prejudicando o relacionamento de vocês dois.

Quando o senhor confrontava seu servo, o servo procurava acertar o que era preciso, motivado por seu profundo amor por seu senhor. Então, o que há de errado conosco? O que há de errado com nosso amor?

Quão Importante É Para Você?

Existe algo prejudicial em seu passado que você não consegue entregar? Existe algo pelo que sua esposa e filhos pagam o mesmo preço hoje que você teve de pagar anos atrás? Aconteceu, por exemplo, de você nunca ser aceito por seu pai, de modo que você continua a sofrer sem nunca tratar desse problema? Você sofreu abusos, e agora sua vida doméstica ou sua vida sexual não é como deveria ser por causa do que algum infeliz fez com você sabe-se lá há quantos anos?

Tudo bem, também já passei por isso. Mas quando você vai superar essas experiências? Você se importa o suficiente com o problema para fazer uma mudança significativa?

Quando cheguei aos trinta e cinco anos de idade, de repente fiquei profundamente abalado com a falta de aceitação do meu pai. A dor me fez voltar aos meus modos ríspidos, que afetavam gravemente o relacionamento com minha família. Brenda procurava explicar meu comportamento aos nossos filhos, mas depois de um ano, foi vencida pela frustração. Um dia, ela me disse: "Tudo bem! Só nos avise até quando você pretende continuar desse jeito para que a gente possa se preparar!", e saiu da sala batendo o pé.

Fiquei lá sentado um bom tempo, sem ter o que falar. Quanto tempo eu ia continuar daquele jeito? Dez anos? Por que dez? Por que não cinco? Se eu podia resolver mudar no final de cinco anos, por que não fazê-lo depois de um ano? Sendo assim, por que não... *hoje*?

Depois que sua única pergunta cortante traspassou meu coração, soube que era chegada a hora:

> Já é hora de vos despertardes do sono; porque a nossa salvação está, agora, mais perto do que quando no princípio cremos. Vai alta a noite, e vem chegando o dia. Deixemos, pois, as obras das trevas e revistamo-nos das armas da luz. Andemos dignamente, como em pleno dia, não em orgias e bebedices, não em impudicícias e dissoluções, não em contendas e ciúmes.
>
> (Romanos 13:11-13)

Comecei imediatamente procurando um conselheiro. Logo depois disso, participei de uma conferência para homens cristãos em Boulder, no Colorado. Na primeira noite, Deus falou comigo através do palestrante e me revelou um aspecto do seu amor que eu jamais havia compreendido. Sentando na arquibancada do estádio da Universidade do Colorado, senti se dispersar naquela noite a dor causada por meu pai. Eu havia agido com determinação e estava sendo curado.

Você é genro de Deus, uma vez que se casou com a filha amada dele. Ele quer ajudá-lo, e sua esposa também quer. Não os impeça de examinar sua vida, escondendo-se atrás do título precioso de "Homem da Casa". Deixe que ambos falem livremente com você. Seja sincero, arrependa-se e livre-se do seu pecado.

Escolha Um dos Quatro Caminhos

Há quatro caminhos separados que você pode tomar quando precisa mudar. O primeiro é o mais fácil (ainda que sempre acabe se tornando o mais difícil): *Simplesmente tome uma decisão e dedique-se ao trabalho árduo de mudar*.

O segundo caminho é a intervenção. Você não vê o problema ou não está disposto a admiti-lo até que uma terceira pessoa o confronte com ele. Se tal confronto acontecer com você, não se defenda nem dê de ombros.

O terceiro caminho é ainda mais doloroso: é o caminho do desespero. Nesse caminho, você perde a capacidade de negar seu problema, normalmente porque fez alguma coisa que causou vergonha a si mesmo ou à sua família (como bater o carro depois de passar a noite num bar ou ser preso por sonegar impostos). Se você está nesse caminho, pode pular a qualquer momento para o primeiro caminho e decidir dar um basta em seu comportamento ofensivo.

O último caminho para a mudança é – a morte. A sua morte! Enquanto o terceiro caminho (desespero) pode levá-lo a matar alguma outra pessoa, esse quarto caminho não tem volta. Queira ou não, você *irá* mudar. O pó voltará ao pó. Ao partir deste mundo, você deixará para trás todas as conseqüências de seu comportamento. As pessoas que você supostamente amava herdarão um pacote de dor, vazio e desespero. Não faça isso com eles.

Nunca é tarde demais na vida para tomar o primeiro caminho que conduz à mudança. Mas também nunca é cedo demais. Tome essa decisão e, quando o fizer, será um passo enorme para satisfazer os desejos do coração de sua esposa.

Perguntas para Reflexão e Discussão

1. Este capítulo pergunta se sua esposa tem o direito de questioná-lo sobre suas ações – ou será que você se encontra acima de qualquer questionamento?

2. Caso existam segredos que você está escondendo de sua esposa, quais são eles?
3. Existe algo prejudicial de seu passado que talvez você esteja relutando em abrir mão?
4. Em que áreas de sua vida você acredita que o Espírito de Deus pode estar chamando você ao arrependimento? Quais são algumas coisas específicas que você precisa fazer a fim de se arrepender e mudar?

Parte V

Desfrutando um Relacionamento Ressuscitado

CAPÍTULO VINTE

Vive La Différence!

A maioria dos cristãos ora fervorosamente antes de se casar, crendo que foi Deus quem uniu o casal. Esperamos que nosso amor "singular" garanta uma união conjugal mais íntima. Por isso, entramos no casamento confiantes, esperando que nossas fantasias sexuais sejam realizadas e, possivelmente, até extrapoladas pelo simples fato de amarmos um ao outro profundamente. Esperamos que o sexo seja tão bom que nossas esposas anseiem por tudo o que nosso coração e mente desejam no leito conjugal.

No curso de noivos, Brenda e eu sempre andamos ao redor da sala perguntando: "O que você espera obter do casamento que não poderia conseguir se ficasse solteiro?" As respostas dão a todo homem uma idéia do que vem pela frente em seu novo casamento. A maioria dos homens começa falando de expectativas nobres, como companheirismo e trabalhar juntos para realizar seus sonhos. Os mais honestos citam o sexo como um excelente motivo para "juntar os trapos". Nos doze anos em que temos realizado esses cursos, não conseguimos nos lembrar de uma mulher que tenha respondido isso, ainda que muitos rapazes esperem que as esposas se empolguem tanto com sexo quanto eles. Alex, que nunca se casou, me disse: "Costumava sentir que havia sido enganado quando encontrava um casal que parecia perfeito, só para depois descobrir por amigos que os dois não faziam sexo havia meses. Não consigo entender de jeito nenhum como uma coisa dessas é possível."

Os homens solteiros não conseguem entender, mas os casados, sim. Apesar de a maioria dos homens casados esperar que a união sexual seja um "golaço", na verdade é mais como um chute do meio de campo. A incompatibilidade sexual é o arroz com feijão de muita gente. Nas palavras de Mark, "não quero parecer que sou viciado em sexo ou algo do gênero, mas é bem provável que eu tenha tantas necessidades sexuais não supridas agora quanto eu tinha antes do casamento. Para completar, minha esposa considera qualquer coisa mais criativa nessa área algo vergonhoso ou obsceno. Às vezes, ela chega a chamar minhas idéias de 'pervertidas'. Acho que ela é um tanto puritana, mas o que posso dizer?"

Há também o grande mito da freqüência. A carta abaixo foi enviada à colunista Ann Landers, referindo-se à sua declaração de que os casais deveriam fazer sexo três vezes por semana:

> Muito obrigada mesmo. Meu marido leu o que você escreveu e anunciou em tom triunfante: "De acordo com Ann Landers, devemos ter sexo três vezes por semana." Eu olhei nos olhos dele e disse: "Quanta gentileza da parte dela. Quando ela vem nos visitar?"
>
> Se você acha que meu marido deve ter sexo três vezes por semana, então é melhor você passar aqui em casa em dois desses dias, pois uma vez por semana é mais do que suficiente para mim.

Todos nós podemos rir (talvez porque já tenhamos passado por isso), mas, para muitos, vai ser um sorriso amarelo. Deixe-me enfatizar essa questão ao repetir uma história que contei anteriormente. Pouco tempo atrás, tendo terminado uma palestra sobre o livro *A Batalha de Todo Homem [Every Man's Battle]*, reparei em um homem que havia ficado na sala. Depois que todos saíram, ele se aproximou e disse: "Minha esposa chegou para mim semana passada e falou: 'Jim, tenho algo a lhe dizer, mas não sei exatamente como começar. Vou ser bem direta. Não gosto de sexo e gostaria muito de que não precisássemos mais ter relações'." Jim perguntou se era alguma coisa que ele estava fazendo de errado. Sua esposa respondeu que não, que todas as suas amigas também se sentiam assim.

Pasmo, contei essa história a um dos pastores de minha igreja enquanto conversávamos em seu escritório. "Está vendo aquela cadeira ali?", perguntou. "Aquela é minha cadeira de aconselhamento. Sabe qual é a queixa que ouço com mais freqüência de homens casados?"

"Não, qual é?"

"'Não estou mais tendo sexo'. É impressionante!"

Um Lugar Especial

A união sexual deve fazer parte de todo casamento cristão. Como saímos desse plano ideal para o que temos hoje? É como se Deus não tivesse deixado esse assunto perfeitamente claro:

> O marido conceda à esposa o que lhe é devido, e também, semelhantemente, a esposa ao seu marido. A mulher não tem poder sobre o seu próprio corpo, e sim o marido; e também, semelhantemente, o marido não tem poder sobre o seu próprio corpo, e sim a mulher. Não vos priveis um ao outro, salvo talvez por mútuo consentimento, por algum tempo, para vos dedicardes à oração e, novamente, vos ajuntardes, para que Satanás não vos tente por causa da incontinência.
>
> (1 Coríntios 7:3-5)

Deus deu às relações sexuais um lugar especial dentro do casamento. Fez delas um dos poucos direitos conjugais outorgados especificamente nas Escrituras. Não temos direito algum de negar o sexo ao nosso cônjuge, assim como não podemos negar o louvor e a adoração a Jesus Cristo. No original grego, o termo traduzido como "conceder", na verdade, significa "pagar suas dívidas". Podemos dizer que nosso cônjuge deve isso a nós. Semelhantemente, a ordem "Não vos priveis um ao outro", na realidade, quer dizer "não vos defraudeis", reforçando assim o conceito de dívida.

Deus leva a sério esses direitos. Em Malaquias 3:8, Deus declara que os judeus estavam roubando dele. Quando o povo lhe perguntou a que se referia, ele lhes disse que não estavam lhe pagando o dízimo (dando dez por cento) de sua renda. Parafraseando, Deus disse: "É o seguinte, o dízimo não é um presente que vocês me dão quando bem entendem. É meu por direito. Já me pertence. Quando vocês o tomam para si, estão roubando aquilo que me pertence por direito."

Esse mesmo princípio se aplica ao sexo no casamento. Nenhum dos cônjuges tem o direito de negar a satisfação sexual do outro. É claro que a verdadeira chave para esse versículo encontra-se na seguinte pergunta: O que significa "satisfação sexual"? A passagem de 1 Coríntios não apresenta uma definição, e, por isso, é preciso que nós – como líderes espirituais de nosso lar – destrinchemos o resto da Palavra de Deus corretamente a fim de descobrir o que ele quis dizer. Você imagina que os versículos relacionados à submissão masculina, ao sacrifício e a honrar a essência sexual de sua esposa cabem nessa discussão? Pode ser que essa idéia lhe cause uma certa apreensão.

A maioria de nós se preocupa mais com sexo do que com a Palavra de Deus e com nossas esposas, de modo que tratamos a Palavra de Deus com desleixo deliberado no que se refere àquilo que acontece em nossos quartos. Quando Deus escreve "A mulher não tem poder sobre seu próprio corpo", lemos "Ela é minha propriedade. Posso servi-la em todos os sentidos, mas quando estamos na cama, ela é quem deve me servir!" Tratamos nossas esposas como se fossem garotas de programa que contratamos, objetos à nossa disposição.

Mas sua esposa não é seu objeto sexual. Essa liderança espiritual distorcida entre as quatro paredes de seu quarto é o principal motivo pelo qual a união sexual mais íntima se extinguiu dentro dos casamentos cristãos. Muitas esposas humilhadas viram-se forçadas a se retrair sexualmente, pois jamais foi intenção de Deus que elas carregassem o fardo da satisfação sexual que os maridos colocam sobre elas. (Por ora, não apresentaremos uma definição para a satisfação sexual. Discutiremos essa questão a fundo no capítulo seguinte. As leitoras do sexo feminino, por favor, considerem-se devidamente informadas de que trataremos desse assunto com seus maridos mais adiante.)

Ainda assim, a verdade é que a esposa não tem direito de negar a satisfação sexual de seu marido. Se sua esposa faz isso, ela está privando você daquilo que lhe é de direito. Como você sabe, isso pode ser frustrante e desmoralizante, pois oprime seu espírito e prova os limites da sua pureza sexual. Sua esposa não está apenas privando você de um pouco de recreação. Está passando por cima de você numa área importante do seu ser, o que faz com que essas declarações comuns de algumas esposas adquiram um tom ainda mais angustiante:

"Tudo bem, você acha que é tão perfeito! Vamos ver quão maravilhoso você vai se sentir depois de passar duas semanas sem sexo!"

"Estou tão cansada. Vamos ser rápidos, está bem?"

"Aposto como você vai querer ter sexo de novo hoje à noite! Vou para a cama antes de você chegar em casa, por isso nem me acorde para pedir."

"Não é que não amo você ou não o acho atraente. É só que não sinto desejo com tanta freqüência. Acho que Deus me fez assim."

Deus quer que seus homens mantenham-se sexualmente puros. Trata-se de um fator essencial para a obra que o Senhor deseja realizar na vida deles. Deus criou o casamento como uma forma de libertá-los das lutas com a pureza, e espera que as esposas cumpram seu papel de auxiliadoras nessa área: "Caso, porém, não se dominem, que se casem; porque é melhor casar do que viver abrasado" (1 Coríntios 7:9).

União Sexual Através do Sacrifício Pessoal

A esposa é a única fonte legítima de satisfação sexual para o homem na face da Terra. Ela é um ribeiro da graça e misericórdia de Deus na jornada de seu marido rumo à pureza sexual. Quando ela represa essas águas, condena-o para sempre às mesmas lutas das quais ele tentou escapar tão desesperadamente. Antes de casar-se, pelo menos tinha a esperança de que o casamento iria libertá-lo. Agora o único caminho preparado por Deus para conduzir à libertação encontra-se obstruído. Em certos sentidos, pode ser que o homem se veja numa situação ainda pior do que antes do casamento. Como rapaz solteiro, pelo menos podia fugir da tentação sexual. Agora, tem uma esposa que toma banho na frente dele, anda de lá para cá seminua e dorme ao seu lado em camisolas acetinadas, ao alcance de suas mãos. Ela tem milhares de maneiras de despertar seu desejo e, no entanto, nunca ajuda.

A carta abaixo foi escrita por Robert (itálicos nossos):

Por favor me ajudem! Sou um homem de trinta e sete anos, casado há treze. Sou pai de dois meninos e pastor há doze anos. Li *A Batalha de Todo Homem [Every Man's Battle]* e Deus usou esse livro para me libertar. Venho lutando contra a pornografia desde os treze anos de idade. A vergonha, a culpa e a perversidade de meu pecado são insuportáveis, e, ainda que minha esposa não saiba de todos os detalhes, esse pecado tem afetado meu casamento. Meu ministério também tem sofrido muito em decorrência disso. Finalmente, estou no caminho da recuperação e consegui compartilhar com minha esposa, Marissa, algumas de minhas lutas.

Preciso de sua ajuda. Marissa é muito atraente e sexualmente estimulante para mim. Ela sabe que necessito de um alívio sexual com regularidade e não se esforça para me ajudar nesse sentido. Não a culpo por minha falta de pureza sexual, mas ela é capaz de passar semanas sem fazer amor comigo ou me oferecer algum alívio. Pouco tempo atrás, passei quase um mês sem me masturbar, uma prática que costumava ser diária para mim, mas agora estou começando a encontrar motivos para retomá-la.

Marissa me diz: "Sinto muito, sei que você precisa de alívio", *mas não acontece nada*. Dou sorte se conseguimos fazer amor duas ou três vezes por mês. Pela primeira vez desde a adolescência, sinto que Deus pode estar me libertando das garras malévolas do pecado, mas também sinto que posso voltar a cair se não encontrar o equilíbrio com minha esposa. Depois de cinco ou seis dias sem alívio, sinto verdadeira dor física, e ela sabe disso. Não consigo dormir à noite por causa da dor, como foi o caso na noite passada. Senti-me tentado a assistir a algum programa pornográfico na televisão ou mesmo a ir para o escritório no meio da noite a fim de retomar os chats dos quais costumava participar na Internet.

Não quero voltar a ser como antes e nem desejo perder a batalha. Amo Marissa de todo o coração. Só estou extremamente confuso, desanimado e, por vezes, *muito zangado com ela* por causa desse assunto. Tenho medo de continuar preso a tudo isso por mais tempo, perder minha esposa, magoar meus filhos queridos, perder meu testemunho e destruir uma igreja maravilhosa com mais de mil membros.

Dois meses depois, eu (Fred) recebi outro e-mail de Robert, contando que havia caído novamente em pecados sexuais. Antes de dizer qualquer outra coisa, quero lembrá-lo de que, quaisquer que sejam as atitudes de Marissa, a responsabilidade final pela pureza sexual de Robert é dele próprio. Deixamos isso muito claro no livro *A Batalha de Todo Homem [Every Man's Battle]*.

No entanto, em função dessa responsabilidade final, é fácil algumas pessoas justificarem as esposas, dizendo: "Deus pode dar a um homem na situação de Robert a graça para lidar com isso." É verdade, Deus pode mesmo. Ele pode fazer um bocado de coisas. Pode tornar todos os seres humanos assexuados com um estalo de seus dedos. Pode fazer o tempo parar. Pode até pintar a lua de azul, se quiser.

Porém nada disso constitui sua vontade perfeita, seu plano, nem mesmo sua preferência mais remota. O plano de Deus é que a esposa entregue seu corpo ao seu companheiro. Seu plano é que ela aprenda sobre a união sexual através do sacrifício e do amor, assim como a Igreja aprende sobre a união espiritual com Cristo através do sacrifício e do amor. Seu objetivo é que tanto o marido quanto a mulher cresçam dentro desse plano. Os outros planos nos fazem definhar; se você duvida de mim, pergunte a Robert.

Como marido e mulher, somos uma só carne. Nossa impureza afeta o outro. É verdade que a pureza sexual de Robert é, em última análise, sua responsabilidade, porém Marissa é esposa de pastor, uma líder no Reino de Deus. Ela escolheu conscientemente a hipocrisia ao invés da obediência à Palavra de Deus com relação à satisfação sexual.

É justo Robert estar zangado e confuso diante da muralha que Marissa ergueu ao seu redor? Pode crer que sim. Ele se sente realizado como homem e como cristão? De jeito nenhum. Não adianta querer dourar a pílula: Marissa está vivendo em pecado.

Quando nossas esposas se retraem sexualmente a esse ponto, os efeitos podem ser devastadores. Recebemos a seguinte carta de um leitor de *A Batalha de Todo Homem*:

> Sou um irmão cristão orando para obter vitória sobre minha necessidade de ter relações. Simplesmente não posso me aproximar de minha esposa, de modo que me masturbo. Quando faço isso, penso

> em minha esposa. Isso me parece ser o mais correto, mas não tenho certeza. Qual é sua opinião?

Nossa opinião é que os cristãos se afastaram tanto das Escrituras que é de dar um nó nos neurônios. O preceito de Deus é claro. O corpo da esposa não lhe pertence, e ela é a única fonte legítima de satisfação sexual para seu marido aqui na Terra. Como sempre, quando os preceitos de Deus tornam-se difíceis de cumprir, escolhemos nossos próprios padrões de conduta sexual a fim de criar uma mistura mais cômoda – algo novo, algo medíocre. Não é de se admirar que vivemos uma vida medíocre, em que as mulheres controlam seu próprio corpo e os maridos são "obrigados" a se masturbar.

A esposa pode até ter a audácia de sugerir abertamente que o marido vá procurar alívio sexual em outro lugar:

> Minha esposa gostaria que eu me masturbasse regularmente, de modo que a deixasse em paz. Não acho que devo fazê-lo, pois acredito que é errado. Ela não vê nenhum problema. Estou lutando com isso, mas principalmente com a dor do motivo pelo qual ela quer que eu o faça. Somos casados há vinte e um anos e temos um bom casamento, mas essa questão é dolorosa. Como devo tratá-la?

Por que perguntar? Deus já tratou desse assunto em 1 Coríntios. Não é sua mão que tem o dever de lhe dar satisfação sexual! Esse é um dever de sua esposa. O sexo tem o mesmo papel profundo de intimidade interpessoal no casamento humano que a adoração tem no casamento de Cristo com sua noiva. Quando uma esposa pede ao seu marido que se masturbe para deixá-la em paz, é o mesmo que a Igreja pedir a Cristo que coloque um espelho diante de seu trono e louve a si mesmo.

Homens como Justin vêem-se numa situação impossível:

> Devo admitir que perdi todas as esperanças. Sinto como se Deus tivesse me criado com minha sexualidade e agora estivesse pedindo que a ignore. Sei que isso não é desculpa para a impureza sexual, mas não tenho a mínima idéia do que fazer. Sei que meu pecado

> sexual está me impedindo de ser um marido e um pai temente ao Senhor. Raramente gasto tempo lendo a Bíblia ou orando, pois sinto-me derrotado.

Justin está confuso e zangado. Sua esposa, cujo papel de auxiliadora deveria elevá-lo à excelência cristã, está, ao invés disso, o rebaixando à mediocridade e ao fracasso.

Isso deveria ser motivo de espanto, mas nossos padrões estão confusos há tanto tempo que nem notamos mais. No entanto, alguém que vê isso com um olhar puro fica chocado. Assim que entreguei minha vida a Cristo, fiquei admirado de como tão poucos cristãos tinham uma vida diferente daquela dos outros ao seu redor. Hoje, os homens cristãos geralmente não são diferentes de homens incrédulos em suas práticas sexuais impuras. Foi por isso que escrevemos *A Batalha de Todo Homem [Every Man's Battle]*.

PERGUNTAS E DIFERENÇAS

Semelhantemente, as mulheres cristãs não são muito diferentes de mulheres incrédulas no que se refere a satisfazer sexualmente o marido. Deus faz a seguinte pergunta às esposas cristãs de hoje: "Por que me chamais Senhor, Senhor, e não fazeis o que vos mando?" (Lucas 6:46).

Como maridos frustrados, ficamos ao lado de Jesus quando ele faz essa pergunta e apontamos um dedo acusador para nossas esposas, rangendo os dentes e exclamando: "É isso aí! Jesus está certo! Damos o maior apoio! Por que você não responde, hein?"

Mas então, Jesus volta-se calmamente e fixa seu olhar penetrante em nós, dizendo: "Irmãos, por que me chamais Senhor, Senhor, e não fazeis o que vos mando?"

Encurralado e aturdido, cada um de nós responde: "Como assim? Eu não neguei coisa alguma à minha esposa!"

Então, com absoluta precisão, Jesus diz: "Exijo um bocado da esposa no casamento, mas submeter-se sexualmente é uma das entregas mais difíceis. Você tem facilitado as coisas para que ela o ajude nesse sentido? Meu amigo, olhe para a trave em seu olho antes de acusar sua amada."

Talvez seja hora de olharmos no espelho e, em misericórdia, fazermos uma pergunta completamente diferente: *Por que tantas esposas que são tementes a Deus em outros aspectos estão pecando contra o marido dessa forma?* Sexo é algo tão natural quanto respirar, de modo que não é normal elas se retraírem dessa forma. Por que a submissão sexual é algo tão difícil para nossas esposas? Um dos motivos é porque somos péssimos líderes espirituais, mas também é difícil porque elas não são iguais a nós. Consideremos rapidamente três das diferenças mais importantes.

Primeira diferença: Os homens, de um modo geral, oferecem intimidade durante as carícias preliminares e recebem essa intimidade durante a relação em si

As mulheres, por sua vez, experimentam intimidade através do toque, ao compartilhar, abraçar e se comunicar, mas não precisam da relação sexual para receber essa intimidade. É de se admirar que a freqüência das relações é menos importante para as mulheres do que para os homens? Na verdade, as mulheres muitas vezes consideram o sexo uma forma de comunicação interpessoal extremamente inferior. Quando desejamos expressar nosso amor, automaticamente sentimos desejo sexual. Fomos criados dessa forma. Quando nossa esposa deseja expressar seu amor, quer sentar-se conosco e compartilhar seus sentimentos.

Segunda diferença: Os homens são sensíveis aos estímulos visuais

É aquela camisola azul de seda que deixa os ombros à mostra e envolve os seios dela com perfeição. É aquele jeito como ela se curva enquanto escova os dentes, revelando a coxa que desaparece por detrás da renda de sua calcinha. É aquele seu olhar quando você volta para casa depois de quatro dias viajando a negócios e ela pressiona os quadris dela suave, porém firmemente contra os seus.

As mulheres não fazem idéia do que é isso, pois são estimuladas pelo toque e pelos relacionamentos. Muitas vezes, consideram o aspecto visual de nossa sexualidade como algo superficial, sujo e até detestável. Qualquer tentativa do marido de envolver de forma positiva seu "fator visual", sugerindo que a esposa use isso na cama, é recebida com desprezo arrogante. Nas palavras de Lisa, "quer dizer que sou obrigada a comprar um daqueles trajezinhos baratos e andar de um lado para o outro feito uma garota de clube noturno?"

Uma vez que isso lhes parece tão estranho, sentem-se ofendidas por serem parte do "caminho para a libertação". Logo depois que Brenda e eu nos casamos, o evangelista Rich Wilkerson visitou nossa igreja e, durante sua mensagem, descreveu como era tentar permanecer puro enquanto viajava sem sua esposa. De acordo com ele, "às vezes, durante a noite, fico acordado, deitado de costas, os olhos arregalados fixos no teto, e posso sentir as ondas subseqüentes de ataques do inimigo me bombardeando com tentações sexuais".

Quando Brenda e eu conversamos sobre isso depois, ela respondeu rispidamente: "Então quer dizer que *sua* pureza sexual recai sobre os *meus* ombros! Suponho que tenho de fazer sexo sempre que você quiser."

Terceira diferença: Os homens possuem uma necessidade biológica de alívio sexual freqüente

Essa terceira diferença – nossa necessidade freqüente de alívio físico – é a que mais prova nossa esposa. Há estudos sérios que documentam como a produção de esperma e fatores hormonais relacionados levam o homem a ter um desejo natural de sexo a cada quarenta e oito a setenta e duas horas. Imagine o quanto isso *não é* romântico para as mulheres, cujos estímulos estão ligados tão fortemente ao relacionamento! Num curso de noivos, uma jovem deixou escapar, com desdém: "São como cães no cio", e outra exclamou: "Essa é a nossa cruz!" E, de fato, é uma cruz a ser carregada, pois as mulheres dificilmente sentem desejo com uma freqüência correspondente à de seu marido e, no entanto, devem conviver com isso.

Juntando essas diferenças, nossa credibilidade diante de nossas esposas acaba sofrendo: "Então quer dizer que você está se sentindo apaixonado por mim esta noite e quer muito fazer amor, hein? Que coisa... Faz setenta e duas horas desde a última vez. Hummm. Para mim isso não parece amor, mas um tipo de ritual hormonal! Vá plantar batata!" Para elas, esse tipo de sexo não tem absolutamente nada de envolvimento. Assim, nossas esposas – cujo anseio é que o sexo seja entretecido com o relacionamento e o desejo mútuo –, de repente, se vê numa situação em que deve fazer sexo com regularidade, ainda que não esteja a fim.

Até mesmo para os homens, não é fácil submeter-se ao sexo quando não se está com vontade. Há um bom tempo atrás, Brenda e eu estávamos tentando conceber um de nossos filhos. Sabia que seria um belo momento de criação e alegria. No entanto, depois de passarmos uma semana tentando, Brenda se aconchegou ao meu lado uma noite e sussurrou: "E então, você está pronto?" Soltei um gemido lastimoso. Era como se ela tivesse dito: "E então, você está pronto para experimentar aquele prato cheio de olhos de peixe crus?" Em minha mente, era impossível, e levou um tempo para o meu motor dar partida.

Estar "A Fim"

É aí que mora o problema, não é mesmo? Em função de nossas diferenças, a esposa normalmente não vai estar a fim com tanta freqüência quanto o marido. Como fazer o motor dar partida mesmo quando ela não está a fim? Parte da responsabilidade recai sobre ela – a esposa deve ter o desejo de obedecer a Deus –, mas parte recai sobre nossos ombros. Nós, maridos, temos de ser, pelo menos, sexualmente atraentes.

É bem provável que essa frase signifique exatamente o oposto daquilo que você está pensando. A atração sexual de uma mulher por um homem baseia-se no relacionamento, e não no estímulo visual. *Uma coisa que sempre torna você sexualmente desejável para ela é uma união mais íntima*.

Por que tantas mulheres evitam o sexo com o marido? Lembre-se das estatísticas que citamos anteriormente:

– Oitenta e quatro por cento das mulheres acham que não têm intimidade (união) no casamento.

– Oitenta e três por cento das mulheres acreditam que o marido nem sabe quais são as necessidades básicas de uma mulher com relação à intimidade (união) e nem como suprir essa intimidade.

Simplesmente não somos sexualmente atraentes para elas, e não é porque não fazemos halterofilismo ou porque não usamos sungas de pele de leopardo. É porque não há uma união mais íntima. Não damos espaço para que a essência mais profunda de nossas esposas seja respeitada, amada e expressada juntamente com a nossa. Não lhe damos o que toda mulher deseja. Quando ignoramos a submissão masculina *fora* do quarto, nossas esposas sentirão pouca ou nenhuma atração sexual por nós *dentro* do quarto. A carta de Raymond nos dá uma idéia para começarmos a compreender esse problema:

> Estava pensando se vocês poderiam me aconselhar, uma vez que minha esposa não tem interesse em suprir minhas necessidades. Creio que as necessidades sexuais de um homem são bastante reais, mas minha esposa discorda. De uma certa forma, ela acha que os homens são todos uns pervertidos.
>
> Essa situação torna ainda mais difícil resistir à tentação sexual. Com a ajuda de Deus, até agora tenho conseguido evitar vários pecados sexuais, mas à medida que a situação com minha esposa vai se deteriorando, torna-se cada vez mais complicado.
>
> Nós dois somos ativos na igreja. Eu toco violão e sou membro do Conselho. Sinto a presença de Deus em minha vida diariamente e dependo dele para tudo. Minha esposa trabalha com o ministério infantil. É uma excelente mãe e dedica sua vida aos nossos filhos.
>
> O problema é mesmo nosso casamento. Somos casados há dezesseis anos e amo muito minha esposa. Ela vive me dizendo que *não* me ama e que, se não fosse pelas crianças, ela me deixaria. Tentei incentivá-la a ouvir programas de rádio cristãos quando tratam de assuntos relacionados ao casamento, mas ela não está interessada. Ela me diz que não sou um bom marido e que não me esforço o suficiente, mas isso não é verdade.

Raymond está confuso. Ele acredita que seu casamento é bom. Tem filhos obedientes e uma esposa que se dedica a eles e à igreja. Está sustentando bem sua família e, como Árbitro Supremo, há paz em seu reino.

Apesar de esse casal ter uma imagem, não possui uma união mais íntima. É evidente que sua esposa foi reprimida e impedida de viver plenamente nesse casamento, o que a deixou cheia de amargura e raiva. E apesar de ser capaz de se submeter ao seu marido por amor a Cristo e para manter as aparências, não consegue encontrar forças para entregar também seu corpo a ele. Os Árbitros Supremos não são sexualmente atraentes. Vejamos esse versículo mais uma vez: "A mulher não tem poder sobre o seu próprio corpo, e sim o marido; e também, semelhantemente, o marido não tem poder sobre o seu próprio corpo, e sim a mulher. Não vos priveis um ao outro."

Para nós, homens, esse versículo é um consolo. Para nossas esposas parece mais com uma arma apontando para elas e forçando-as a fazer sexo quando não estão a fim, com alguém que não é sexualmente atraente. Elas devem abrir o mais íntimo de seu ser para um homem que não apenas as impediu de se desenvolver dentro do casamento, como também implica com suas fraquezas e reivindica seus direitos a todo instante. Essa pessoa parece mais um guarda de presídio do que um marido, o que significa que ter sexo pode ser algo que se assemelhe de modo perturbador a ser estuprada por um guarda. Afinal, elas não têm direito algum de dizer "não", e o guarda a aborda com freqüência, quando bem entende. Assim, ao pedir que nossas esposas nos entregue seu corpo, Deus sabe que está pedindo que façam algo que pode ser terrivelmente difícil para elas. Como maridos, nossa tarefa é tornar o sexo algo mais fácil para elas ao construir uma união íntima, trabalhando nisso com o coração de um servo.

Espere um pouco! Minhas atitudes não importam. É responsabilidade dela satisfazer-me sexualmente, pois eu sou o marido.

Em outras palavras, você quer que ela obedeça a esse chamado tão difícil de Deus sem sua ajuda, não é? Tudo bem. Mas antes, vamos ver um outro chamado difícil de Deus: "Mas a impudicícia e toda sorte de impurezas ou cobiça nem sequer se nomeiem entre vós" (Efésios 5:3).

Uma vez que você está tão ansioso para que sua esposa obedeça ao chamado *dela* sozinha, estou certo de que não vai se importar de tratar do *seu* chamado à pureza sexual sem a ajuda de ninguém. Afinal, Deus diz que é sua responsabilidade ser puro, quer sua esposa colabore ou não. Mas isso não deve ser problema, certo?

É arrogância da sua parte pensar que a ordem de Deus para as mulheres é garantia de uma união mais íntima entre você e sua esposa. Você acha mesmo que o chamado de Deus vai tornar mais fácil ela lhe entregar seu corpo quando o relacionamento entre vocês dois é tão fraco? Deus ordena que você seja sexualmente puro. Esse decreto divino facilita as coisas para você de alguma forma? Como você pode esperar de sua esposa mais do que espera de si mesmo?

Espera que ela conduza vocês dois à união sexual ao satisfazer seus sonhos mais loucos, até o último gemido e sussurro. E quanto aos sonhos mais loucos dela? E por que você está esperando que ela conduza seu relacionamento sexual a uma união mais íntima? Pensamos que Deus havia deixado esse trabalho por sua conta!

A moral da história é esta: Se você não está disposto a se submeter à união conjugal fora do seu quarto, como pode esperar que sua esposa se submeta sexualmente dentro do seu quarto? Cuide da trave no seu olho primeiro para que depois possa ver claramente a fim de ser capaz de ajudá-la.

UMA SÓ DISPOSIÇÃO

Permita que eu (Steve) encerre este capítulo com um relato pessoal de meus primeiros anos de casamento com Sandy. Não quero que ninguém saia por aí espalhando esta história, mas gostaria de contá-la a você, pois quero que saiba que, se você está lutando com as diferenças sexuais existentes entre você e sua esposa, você não está sozinho.

Quando Sandy e eu começamos a namorar, uma noite tentei pegar na mão dela. Ela se afastou de repente e disse que a idéia de segurar minha mão a deixava um tanto enojada. Disse isso da maneira mais agradável possível, mas por algum motivo eu simplesmente não a atraía. Senti-me tentado a colocar o rabo entre as pernas e ir embora. Ao invés disso, disse-lhe que não estava envolvido nesse relacionamento simplesmente para segurar a mão dela ou algo parecido, mas para estar com ela. É evidente que isso teve um impacto sobre ela, pois acabamos dando as mãos. Além disso, também acabamos nos casando.

É impressionante como Deus coloca certas coisas em nossa vida que só vão fazer sentido anos depois. Esse é um exemplo de uma dessas coisas estranhas. Sandy é provavelmente a mulher mais sexy que eu conheço. Eu a quis desde o primeiro instante em que a vi. Porém, levando em consideração meu passado promíscuo, estava prestes a repetir um dos meus relacionamentos catastróficos.

Havia algo de diferente em Sandy, e eu queria que nosso relacionamento fosse algo melhor do que eu havia experimentado antes. Acrescente a isso o fato de que ela havia assumido um compromisso sério com os padrões de Deus e você consegue entender como um homem do meu tipo conseguiu namorar alguém como ela sem ter sexo antes do casamento. Agi de modo contrário aos meus hábitos, graças à força de Sandy e ao meu novo desejo de fazer o que era certo.

Quando finalmente nos casamos, fiquei estarrecido ao descobrir que, para ela, o sexo era uma experiência dolorosa que ela não queria repetir. Senti-me humilhado, fracassado e perdido. Então, me lembrei daquele episódio em que demos as mãos. Voltei àquela situação e percebi que era preciso ter a mesma disposição mental que havia demonstrado naquela ocasião. Não podia estar casado apenas pelo sexo. Procurei compreender, procurei ser paciente e procurei fazer o melhor que pude em meio àquela situação.

Levou anos para resolvermos os problemas, mas o final da história é que nos últimos anos temos desfrutado experiências sexuais maravilhosas, o que não tínhamos nos primeiros anos. Valeu a pena esperar e aprender coisas novas sobre ela – que o sexo podia ser algo que ela desejaria, e não um motivo de pavor.

Se você encontra-se no meio de uma luta longa e cansativa, saiba que não está só. Você não é a primeira pessoa a enfrentar esse problema. Deus está ao seu lado e você pode vencer essa batalha.

Existem vários outros motivos pelos quais um homem pode não ser capaz de ter sexo com sua esposa. Entre eles podemos citar enfermidades, distância, problemas emocionais e até falta de jeito da parte dele. Se você encontra-se numa dessas situações, a única alternativa legítima é esforçar-se para ser melhor, pedir a ajuda de Deus, apoiar sua esposa com amor e aceitação e esperar pacientemente para que ela encontre o caminho certo. Se vocês dois estiverem dispostos, então talvez seja interessante procurar um profissional especializado nessa área. Se a separação sexual desgasta o relacionamento a ponto de vocês desejarem acabar com ele, então devem buscar ajuda antes que sua relação se deteriore ainda mais.

Para terminar, se você é casado, então foi chamado para tornar seu corpo um sacrifício vivo a ser entregue à sua esposa. Não creio que poderia dizer isso de maneira mais clara: *você* deve estar disponível para sua esposa, mesmo que ela não esteja sexualmente disponível para você. Mesmo que essa falta de disposição seja conseqüência de pecados da parte dela, isso em momento algum serve de justificativa para pecados ou concessões da sua parte.

Pode parecer uma expressão batida, mas é verdade: "Faça a coisa certa".

Perguntas para Reflexão e Discussão

1. O que você entende pelos ensinamentos bíblicos sobre a união sexual? Qual é a maior preocupação de Deus em relação a esse aspecto do casamento?
2. Você alguma vez já interpretou incorretamente os ensinamentos bíblicos sobre a união sexual no casamento? De que maneira?
3. Que sacrifícios você acredita que Deus pode estar pedindo da sua parte para que haja união sexual em seu casamento?
4. Em que sentido a união sexual no seu casamento exige sua própria pureza sexual? De que forma isso é ensinado nas Escrituras?

Capítulo Vinte e Um

Não Deixe o Sexo por Conta dos Seus Sentimentos

À primeira vista, falar sobre direitos e dívidas com relação ao sexo pode parecer um tanto frio e até mesmo totalmente despropositado. É de se prever que as mulheres se irritem quando ouvirem que estão "roubando" de seus maridos ao negar sexo pois "devem" isso a ele. Por outro lado, é previsível que os maridos se exasperem – e se revoltem – ao ouvirem que não devem esperar ter sexo regularmente se não respeitarem suas esposas a todo tempo como co-herdeira no Reino de Deus.

Tudo isso levanta uma pergunta que tanto maridos quanto esposas dos dois lados da cama podem fazer: "O que regras e obediência têm a ver com sexo da melhor qualidade?"

Tudo. Afinal, por que Deus nos deu essas ordens? Para nos torturar? Para nos provar?

Não, ele o fez para nos completar.

Desde o princípio, Deus conhecia nosso desejo de intimidade e sabia como poderíamos obtê-la. Sabia que as mulheres dão e recebem intimidade ao compartilhar, falar, abraçar e tocar. Afinal, ele criou a mulher para que o homem não ficasse sozinho. Tais características encaixam-se perfeitamente com esse propósito.

No entanto, Deus também sabia que os homens teriam um coração duro demais para apreciar essas sutilezas e que iriam ignorar as necessidades de suas esposas. Quando fazem isso, levam-nos a definhar emocionalmente ou a tornarem-se amarguradas e independentes. A união nunca chega a se desenvolver. Deus não podia deixar algo tão importante à mercê das mudanças de humor.

Deus também sabia que os maridos dariam e receberiam intimidade interpessoal através da relação sexual, e que suas filhas teriam dificuldade de entender ou respeitar essa diferença. Deus ficou surpreso da primeira vez que ouviu o comentário grosseiro de uma esposa comparando seu marido a um animal no cio? Não. Ele achou engraçado? De jeito nenhum, pois sabia que logo depois disso ela começaria a se retrair sexualmente sem perceber que isso faz seu marido definhar exatamente da mesma forma que o silêncio dele a destrói.

Pronto Para Obedecer sem Romance?

Sabendo que não iríamos amar nosso *cônjuge* o suficiente para enternecer nosso coração endurecido e buscar uma união mais íntima, Deus esperava que pudéssemos amar *ao Senhor* o suficiente para seguir algumas ordens. A obediência pode nos conduzir à união sexual completa, apesar de nosso coração endurecido. Para isso, nem precisamos compreender as diferenças entre homens e mulheres. Precisamos apenas obedecer às instruções de nosso Criador. Se o fizermos, satisfazemos as condições para a união sexual e nos desenvolvemos *emocional* e *espiritualmente*.

Voltemos àquilo que sabemos sobre a união conjugal. Vimos anteriormente que alcançar a intimidade emocional tem pouco a ver com emoções e tudo a ver com ações. A união tem suas condições, determinadas pelas convicções pessoais e a essência da alma de sua esposa. Se você preencher essas condições, o resultado será a intimidade emocional. Precisamos fazer o que é certo ou, mais precisamente, o que é justo. Se o fizermos, os sentimentos de intimidade de nossas esposas seguirão.

Lembra-se de como os sentimentos de Brenda por mim haviam morrido por causa de minha liderança opressora? Quando chegou a hora de reavivar esses sentimentos, tive de fazer mais do que comprar um buquê de rosas e convidá-la para jantar num restaurante à meia-luz. Tive de fazer aquilo que havia sido chamado a fazer desde o princípio: amá-la como a mim mesmo e *agir* como se fôssemos uma só carne. Com isso, seus sentimentos de intimidade voltaram.

(Não querendo competir com meu amigo Fred, para mim [Steve] a situação ficou tão crítica que, a certa altura, Sandy parou de usar sua aliança. O mais triste é que provavelmente demorei mais de um mês para reparar. A questão era que, se eu não pretendia tratá-la como minha esposa, então ela não ia agir como tal. Quando a aliança saiu de cena, apareceram as muralhas, dois acontecimentos importantes que, por fim, me levaram a fazer as mudanças necessárias para satisfazer as condições da união conjugal.)

A união sexual não é diferente de qualquer outro tipo de união e também tem suas condições. Cumpra essas condições e haverá união sexual; ignore-as e a união sucumbe. Precisamos agir de modo justo em nosso leito conjugal pois, se o fizermos, os sentimentos seguirão.

À primeira vista, essas verdades podem parecer pouco românticas. Como resultado de todos os filmes melosos que assistimos ao longo dos anos e de nossas próprias experiências sexuais antes do casamento, acreditamos naturalmente que o sexo deve ser precedido do desejo emocional. Assim, se o desejo emocional não está presente, nossa tendência natural é crer que é certo se retrair sexualmente ou buscar outra parceira que *tenha* esse desejo.

Mas, dentro do casamento, esperar pelo clima e as emoções certas não constrói a união sexual. Na verdade, é isso que a faz sucumbir.

Voltemos à nossa discussão anterior. Os homens precisam de sexo com freqüência a fim de compartilhar sua intimidade. Trata-se de uma condição importante para que haja união. O que acontece se sua esposa insiste em esperar que a disposição certa apareça antes de ter sexo? Para muitas esposas, isso significa ter sexo talvez duas ou três vezes por mês. É evidente que, para elas, isso não é problema. Para os maridos, é.

Suas ações rompem a união, pois ele precisa compartilhar da intimidade com ela a fim de manter sua saúde emocional. Se ela tira isso dele, ela o priva de seu principal meio de expressar seu amor e de satisfazer as condições dele para a união sexual.

Lembra-se da história de Robert e Marissa? Marissa não está satisfazendo as condições da união sexual. Era amável ao dizer "Sinto muito, sei que você precisa de alívio", mas raramente fazia alguma coisa a respeito. Robert estava lutando contra a vergonha, a culpa e a frustração, pois a união não acontece simplesmente através de palavras amáveis. Antes, ela é resultado de ações que devem confirmar essas palavras. Mais uma vez, não podemos deixar a união por conta de nossos sentimentos.

Brenda e eu *temos* união sexual. Não porque somos mais românticos ou temos mais impulsos sexuais do que qualquer outro casal. Certamente não é porque somos mais compatíveis do que Robert e Marissa. Temos união sexual porque decidimos satisfazer as necessidades um do outro. Eu, por exemplo, sou um homem típico. Por natureza, não preciso conversar nem compartilhar muito em meus relacionamentos. No entanto, tenho desejos sexuais saudáveis e preciso expressar meu amor por Brenda através das relações sexuais.

Brenda também é típica. Precisa conversar e compartilhar seus sentimentos; do contrário, para ela nosso relacionamento se enfraquece. Seus desejos sexuais não são extremamente intensos. Nosso amor não promoveu a união, mas nossas ações, sim. Sujeitamo-nos um ao outro e cumprimos essas condições para que houvesse união. Da minha parte, determinei como regra que não iria para a cama à noite sem antes sentar-me na "cadeira da conversa" em nosso quarto. Fiz isso pois era o que Brenda precisava, e não porque eu estava a fim de conversar. Na verdade, nem entendo por que é preciso haver qualquer tipo de diálogo depois das dez da noite. Já não tivemos o dia inteiro para fazer isso? Não. Por isso abri espaço para as necessidades dela como se fossem minhas próprias. Brenda fez o mesmo por mim ao ter sexo com freqüência, ainda que algumas vezes não sinta um desejo específico.

Qual foi o resultado? Minhas necessidades emocionais foram supridas na cama da forma como Deus havia planejado. Quando me liguei à Brenda através do diálogo em minha "cadeira da conversa", as necessidades emocionais dela também foram supridas. No entanto, algo inesperado também ocorreu. Enquanto antes eu precisava conversar e compartilhar muito pouco, agora aprendi a apreciar – e até considerar de grande valor – esses nossos bate-papos. Algo novo surgiu no coração deste sujeito durão, e, pra dizer a verdade, comecei a esperar com ansiedade pelas nossas conversas.

Quanto a Brenda, ter sexo com freqüência também significa tocar e aconchegar-se, um tipo de comunicação não-verbal de que ela gosta. Posso até dizer com segurança que ela espera por nossas relações com tanta ansiedade quanto eu. Nós dois mudamos através da obediência e agora somos um. Temos um relacionamento romântico e sexual que de modo algum é mecânico.

Moral da história: a obediência sem romance tem seu lugar no leito conjugal. Não é preciso começar com os sentimentos certos. Eles seguirão as ações certas. Se planejamos amar nossas esposas como a nós mesmos, devemos dar espaço para a essência delas, e isso não tem nada a ver com as emoções. Como dissemos no capítulo anterior, alcançar a união sexual é algo que exige sacrifício pessoal. Ou você se sacrifica pela essência de sua esposa ou não.

Outro dia, eu (Steve) estava conversando com minha filha sobre um pequeno problema de leitura. Ela lê muito bem e é extremamente inteligente, mas uma semana decidiu que não iria ler nem fazer os exercícios em sala de aula. O resultado foi uma nota baixa numa prova.

Sabia que precisava pensar em alguma coisa para motivar Madeline. Não queria que esse problema se repetisse. Quando estávamos fora de casa, tranquei a porta e segurei a chave brilhante em minha mão.

"Como vamos voltar lá para dentro?", perguntei.

Madeline apontou para a chave.

"Certo, Madeline. A chave para você ter tudo aquilo que deseja e não ficar trancada para fora sem poder ir para a faculdade, jogar futebol e aproveitar a vida é a leitura. Ler abre portas para você. Você precisa ler e aprender a amar a leitura."

A obediência não é o propósito do sexo ou da intimidade, mas é a chave que abre as portas para a intimidade por que você anseia. É preciso usar essa chave repetidamente até que finalmente você possa abrir a porta para as experiências pelas quais você tanto esperou.

Uma Porção de Expectativas

O magnetismo do amor e a atração física não bastam para desenvolver a comunhão emocional e espiritual necessária para uma vida sexual gratificante. É preciso haver submissão mútua: "A mulher não tem poder sobre o seu próprio corpo, e sim o marido; e também, semelhantemente, o marido não tem poder sobre o seu próprio corpo, e sim a mulher" (1 Coríntios 7:4).

É evidente que esse versículo trata da submissão mútua. Deus espera que a submissão mútua seja aperfeiçoada no leito conjugal.

Você quer dizer que preciso me sacrificar pela união sexual? O que mais você esperava? Achava mesmo que a união viria num passe de mágica quando isso não acontece em nenhuma outra área do seu casamento? Como você esperava abrir espaço para a essência sexual de sua esposa sem fazer qualquer sacrifício?

Quer você goste ou não, existe um lugar bem definido para o sacrifício masculino no leito conjugal. É muito provável que você não goste, pois não há outro sacrifício que pareça custar tanto quanto o sacrifício sexual. Uma coisa é se submeter à essência *dela* e deixar que ela compre a lava-roupas mais cara. Outra coisa bem diferente é permitir que a essência sexual dela determine as condições para a união e defina *nossa* satisfação sexual. Ainda assim, a essência dela deve ter um papel fundamental na definição dessas condições. Se você deixar de dar espaço para a essência sexual de sua esposa, você a estará forçando a se retrair sexualmente.

Voltemos à história de Richard, o sujeito que se queixou de que sua esposa não queria beijá-lo com a língua. Como marido, Richard achava justo exigir que ela sujeitasse o corpo a ele como ele bem entendesse, tomando como base para isso uma interpretação equivocada de 1 Coríntios 7:4. Lembra-se do que a esposa dele disse? "Nesse sentido, Richard é extremamente egoísta. É humilhante quando ele empurra sua língua para dentro de minha boca, pois sabe que detesto isso. Será que é só o que valho para ele?" É exatamente esse ato de se impor fisicamente que acaba com a união emocional dos dois.

É nisso que encontra-se o lugar da submissão masculina. Paulo ensinou que, em circunstâncias como essas, devemos abrir mão de nossos direitos como líderes.

Pelo fato de eu (Fred) ter um passado promíscuo, em se tratando de minhas preferências sexuais, valia tudo! Topava qualquer parada. Já para Brenda não era assim, pois, para ela, havia limites. Naqueles primeiros meses de nosso casamento, havia algumas perguntas que me perturbavam. Por que Brenda tinha o direito de definir meus limites sexuais? Não podia ordenar que ela fosse mais aberta? Será que eu não tinha o direito de ignorar os limites dela?

Não. E, felizmente, não levei muito tempo para perceber isso. A maioria de nós já enfrentou esse mesmo dilema, justamente aquilo que mais temíamos ao embarcar no *Matrimônio dos Sete Mares*. Alex, um homem solteiro, escreveu há pouco tempo:

> Morro de medo de não encontrar satisfação sexual no casamento. Não é justo fugir do casamento só por causa disso, mas e se quase tudo no sexo não for do agrado dela enquanto, para você, o grande estímulo é experimentar coisas novas? Acho que essa costuma ser a regra, e não a exceção, e por isso surgem os problemas nos relacionamentos. Como convencer um sujeito de que seus desejos sexuais criativos não são importantes?

Alex está partindo de um pressuposto – aliás, equivocado – de que ou o marido e a mulher são compatíveis, ou não. Para ele, casar-se é como puxar a alavanca de uma máquina caça-níqueis. Se não aparecer uma seqüência de figuras iguais, ou você aceita o fato ou pede o divórcio para poder puxar a alavanca de alguma outra pessoa. Na verdade, a satisfação sexual não é, de modo algum, algo pré-determinado, e só pode ser definida dentro do contexto de cada casal. Quando tentamos definir nossa satisfação sexual sozinhos, forçamos nossas esposas a carregar um fardo nessa área, o que nunca foi a intenção de Deus.

Deus disse que a esposa deve cumprir seus deveres conjugais para com seu marido. Essa tarefa não é um fardo pesado, desde que esse "cumprir" seja definido dentro das condições da essência sexual dela. Porém, quando o marido define a satisfação sexual de acordo com outros termos, a união sucumbe sob o peso dessa responsabilidade.

Como vimos, Richard esbravejou: "Minha esposa detesta beijar com a língua. Diz que tem nojo e que isso estraga toda a relação sexual para ela. Ela é doida! Beijar com a língua é algo que me excita e fico frustrado e furioso sempre que ela se recusa a fazê-lo." Que namorada ensinou Richard que beijar com a língua é algo que o excita? Aquela que tem definido a satisfação sexual no casamento de Richard há anos, mesmo que eles não tenham mais se falado desde a faculdade?

Quem está definindo sua satisfação sexual? Quem lhe disse que sexo oral é imprescindível no casamento? Foi aquela garota que saía com todos os meninos da classe? Onde você aprendeu que calcinhas fio dental e camisolas minúsculas de renda preta são necessárias para dar "tempero" à sua relação? Foi no apartamento daquela garota com quem você ainda sonha, mesmo depois de todos esses anos de casado?

Onde foi que você aprendeu a ver pornografia antes de despir sua esposa? Foi durante as inúmeras horas que você passou sozinho no escuro fazendo amor com a tela de seu computador?

Coisas como essas não são requisitos fixos para a satisfação sexual, mas por causa das distorções do pecado, você acredita que são. Se você permitisse que a essência sexual de sua esposa determinasse as condições para a satisfação sexual, então ela poderia lhe dar aquilo que Deus tem para você. Mas você a forçou a satisfazer condições falsas, definidas por suas experiências sexuais passadas e por aquilo que o mundo considera divertido.

Puro Como a Oração

Como líderes espirituais de nosso lar, temos a responsabilidade de proteger nossas esposas, não de fazê-las definhar. Devemos respeitar a essência delas, e não alimentar nossa lascívia. Nosso sexo deve ser puro como a oração. Não devemos levar para o leito conjugal as impurezas de nosso passado: "Digno de honra entre todos seja o matrimônio, bem como o leito sem mácula; porque Deus julgará os impuros e adúlteros" (Hebreus 13:4).

Em nosso papel como líderes espirituais, não há outra área de nossos casamentos em que é mais importante pensarmos como cristãos – por amor a *elas*. E, no entanto, não há outra área em que nos vemos mais dispostos a distorcer as Escrituras por amor a *nós mesmos*.

Não somos os primeiros líderes espirituais dispostos a deturpar as Escrituras para conseguir aquilo que desejamos. Os líderes espirituais do tempo de Jesus estavam distorcendo a verdade para controlar o povo de Deus. Não era assim no começo. Os primeiros fariseus tinham um coração puro e um profundo compromisso com Deus, e sua Palavra. Dedicavam sua vida a estudar e proteger a Lei de Deus, e o povo os respeitava por sua devoção ao Senhor. Mas, com o passar do tempo, isso mudou, pois os fariseus descobriram coisas que cobiçavam: "Ai de vós, fariseus! Porque gostais da primeira cadeira nas sinagogas e das saudações nas praças" (Lucas 11:43).

Tudo o que faziam era calculado para impressionar aquele que os estivesse observando: "Praticam, porém, todas as suas obras com o fim de serem vistos dos homens; pois alargam os seus filactérios e alongam as suas franjas. Amam o primeiro lugar nos banquetes e as primeiras cadeiras nas sinagogas" (Mateus 23:5, 6). Assim, ao deixarem de lado o amor e o espírito por trás da Lei, passaram a controlar o povo ao tornarem mais pesado o fardo da Lei:

> Mas ai de vós, fariseus! Porque dais o dízimo da hortelã, da arruda e de todas as hortaliças e desprezais a justiça e o amor de Deus; devíeis, porém, fazer estas coisas, sem omitir aquelas...
>
> Mas ele respondeu: Ai de vós também, intérpretes da Lei! Porque sobrecarregais os homens com fardos superiores às suas forças, mas vós mesmos nem com um dedo os tocais.
>
> (Lucas 11:42-46)

O que temos feito como maridos é típico do fariseu mais corrompido. Encontramos algo que cobiçamos – mais especificamente, práticas sexuais que aprendemos em relacionamentos anteriores, em filmes ou na Internet. Será que não agimos exatamente como os fariseus, controlando nossas esposas ao distorcer as Escrituras e levá-las a sentir-se culpadas? *Poderíamos* respeitar a essência sexual delas através da submissão masculina, mas não o fazemos.

Assim, quando as Escrituras dizem que "a mulher não tem poder sobre o seu próprio corpo, e sim o marido", deturpamos essa passagem de modo a significar que: (1) minha esposa deve se sujeitar a ter sexo comigo sempre que eu quiser e (2) minha esposa deve se sujeitar e realizar qualquer tipo de ato sexual que eu desejar.

De modo algum esse versículo significa algo do gênero, e seu contexto é claro. Os cristãos haviam perguntado a Paulo se a abstinência sexual podia ser considerada uma virtude espiritual. Paulo simplesmente disse que deveria haver uma certa freqüência, ao invés de não haver freqüência alguma, a fim de que Satanás não usasse essa abstinência como uma forma de nos tentar pela falta de disciplina sexual.

A intenção de Deus era que nenhuma das partes tivesse controle total do que acontece ou deixa de acontecer no leito conjugal. O sexo sob o controle absoluto do marido não é parte do plano de Deus. Se a esposa está sempre sendo forçada a ter sexo contra sua vontade, então há algo de errado no relacionamento. Semelhantemente, a esposa também não pode ter controle absoluto de modo a dizer "não", sempre esperando até sentir-se disposta. Se o marido está sempre sendo forçado a *não ter sexo*, então também há algo de errado no relacionamento.

No entanto, apesar de Deus desejar remover *parte do controle* sobre o que acontece ou deixa de acontecer no leito conjugal, distorcemos esse fato de modo que nossas esposas *não tenham controle algum*. Uma vez que seus corpos passaram a nos pertencer, declaramos que vale tudo – o que queremos e na hora que queremos –, como se elas fossem nossas bonecas infláveis amorosas e interativas. Nossa autoridade espiritual, destinada a proteger a fé de nossas esposas e fortalecê-las, é usada, ao invés disso, para nossos propósitos egoístas.

O que aconteceu com os fariseus quando deturparam as Escrituras? Vejamos:

> Dizeis: Quem jurar pelo santuário, isso é nada; mas, se alguém jurar pelo ouro do santuário, fica obrigado pelo que jurou! Insensatos e cegos! Pois qual é maior: o ouro ou o santuário que santifica o ouro? E dizeis: Quem jurar pelo altar, isso é nada; quem, porém, jurar pela oferta que está sobre o altar fica obrigado pelo que jurou. Cegos! Pois qual é maior: a oferta ou o altar que santifica a oferta?
>
> (Mateus 23:16-19)

A tradição dos fariseus substituiu a verdade de Deus, e os próprios fariseus tornaram-se tão pervertidos que Jesus os chamou de raça de víboras. Muitas vezes, também nos tornamos igualmente pervertidos. Quando nossa esposa não vive de acordo com a nova "verdade" que criamos, podemos achar justo buscar fora do casamento nossos "direitos" de satisfação sexual. Honramos nossa própria "verdade" acima do verdadeiro chamado de Deus à fidelidade. Será que Jesus também tem motivos para nos chamar de víboras?

Lembra-se dos filhos de Eli, Hofni e Finéias, que eram sacerdotes do Senhor em Siló? Eis a horrível biografia dos dois:

> Eram, porém, os filhos de Eli filhos de Belial e não se importavam com o Senhor...
>
> Era, porém, Eli já muito velho e ouvia tudo quanto seus filhos faziam a todo o Israel e de como se deitavam com as mulheres que serviam à porta da tenda da congregação.
>
> (1 Samuel 2:12-22)

Deus queria que seus sacerdotes fossem santos, servindo assim de exemplo para o povo. Ao invés disso, Hofni e Finéias escolheram se impor sexualmente até mesmo sobre as servas do Templo.

E você? Tem sido um exemplo de santidade no leito conjugal? Sua esposa é sua única fonte de satisfação sexual? Ou será que você usa de qualquer meio – por mais pervertido e humilhante que seja – para alcançar seu fim orgástico?

O Que Você Está Buscando?

Os sacerdotes do tempo de Ezequiel aparentavam ser homens retos. No entanto, Deus revelou a Ezequiel numa visão o que estava acontecendo de fato entre as quatro paredes do Templo:

> Então, me disse: Viste, filho do homem, o que os anciãos da casa de Israel fazem nas trevas, cada um nas suas câmaras pintadas de imagens? Pois dizem: O Senhor não nos vê, o Senhor abandonou a terra.
>
> (Ezequiel 8:12)

Vamos abrir as cortinas de nosso quarto por um momento. O que adoramos em nossos santuários, onde o orgasmo é o ídolo supremo?

Albert e Linda se conheceram na escola primária e freqüentavam a mesma igreja. A certa altura do décimo primeiro ano de casamento, Albert convenceu Linda de que a pornografia ajudaria a estimular sua vida sexual. Começou com alguns filmes eróticos mais leves. Porém, quando chegou a um ponto em que Linda disse "Chega", Albert já havia colocado fotos pornográficas na cabeceira da cama a fim de poder olhar para elas enquanto estava no meio da relação com Linda. Sabia que não estava fazendo amor com sua esposa querida, mas que a estava usando apenas como se fosse um instrumento de prazer. Linda ficou tão traumatizada com os efeitos cumulativos desse abuso sexual crônico que teve de deixar Albert para poder se recuperar.

Alan, um outro homem cristão, tem fantasias com uma companheira que chama de Mulher Prateada. Ela é absolutamente perfeita em todos os sentidos, parecida com a loira misteriosa no Corvette branco do filme *American Graffiti*. Essa mulher é linda e, mais importante de tudo, sempre o quer na cama. De acordo com Alan, a esposa foi criada por Deus com o propósito de cumprir esse papel para o marido, e no momento está zangado com a falta de cooperação de sua esposa.

O olhar distante de Alan ao fantasiar com a Mulher Prateada enquanto tem relações com sua esposa criou alguns problemas, por assim dizer, para Sherry. Muitas vezes ela pensa: "Não sei exatamente o que está errado, mas alguma coisa não está certa. Deveria sentir intimidade, mas, ao invés disso, me sinto suja." Isso faz sentido, pois Alan certamente não estava fazendo amor com sua esposa.

Talvez você não tenha sua Mulher Prateada e ache Alan um cara pervertido. Contudo, há inúmeros cristãos que assistem reprises do seriado *SOS Malibu* e fantasiam com Pamela Anderson enquanto estão com as esposas. Isso é menos doentio ou pervertido? Nenhuma esposa deve ser submetida a dividir seu leito conjugal com alguém cujos seios cirurgicamente transformados supostamente determinam os padrões para a beleza feminina.

Você já se perguntou por que sua vida sexual não é mais gratificante? Observou que existe um vazio e, a fim de preenchê-lo, pediu mais variedade, mais freqüência e mais pôsteres na sua cabeceira. No entanto, o que você precisa mesmo é da comunhão emocional e espiritual que vem junto com a união sexual. Veja esse e-mail de um sujeito que leu *A Batalha de Todo Homem* e que chamaremos de Matt:

> Fui a uma festa da faculdade com um amigo. Nenhum de nós fazia parte daquela turma e nem sabíamos muito bem por que estávamos lá. Mas meu amigo encontrou uma menina logo no começo e desapareceu na pista de dança, me deixando encostado na parede, olhando para uma porção de gente que eu não conhecia ou rindo das palhaçadas que ele fazia com a menina dele. A noite ia se arrastando e eu estava prestes a ir embora quando alguém disse: "Quer dançar?"
>
> Na verdade não queria, mas estava cansado de ficar parado e, apesar de a menina não ser, assim, esplendorosa, tinha um sorriso provocante. Dançamos um pouco, uma coisa levou à outra e logo estávamos sozinhos no quarto dela. Depois que ela me levou à loucura, eu não conseguia sentir os dedos dos pés nem das mãos, nem os calcanhares. Estavam completamente entorpecidos, como se ela tivesse provocado um curto-circuito em todo o meu sistema nervoso. Saímos juntos durante quatro meses, e toda vez que estávamos sozinhos ela fazia isso.
>
> Nunca mais experimentei coisa parecida, nem mesmo com minha esposa. Comparada àquilo, nossa vida sexual é pacata. Mas nem sonharia em trocar o que tenho agora por aquela experiência. A pureza que adquiri ao seguir os princípios de Deus apresentados em *A Batalha de Todo Homem* me levou a ter uma nova comunhão espiritual com minha esposa na cama. Não sei bem como definir, mas é algo tão poderoso em termos emocionais que vai muito além de qualquer coisa que eu tenha experimentado fisicamente.
>
> Atinge as profundezas da minha alma e acende a chama de algo verdadeiramente maravilhoso. Trocar o que tenho agora por aquele sexo alucinante seria como trocar ouro por palha.

Enquanto você está buscando fantasias e sexo alucinante, Matt está buscando uma união mais íntima com sua esposa. Permite que a essência dela – e não a sua própria – defina as condições para sua satisfação sexual.

Será que Matt tem alguma coisa que você não tem? Se esse é o caso, não se desespere. Continue lendo...

Perguntas para Reflexão e Discussão

1. Este capítulo fala sobre como a esposa deve determinar as condições para a união sexual no casamento. Quais são algumas dessa condições no seu casamento?
2. Este capítulo também diz que 1 Coríntios 7:4 trata do conceito de submissão mútua. Ao estudar esse versículo com atenção, quais verdades ficam claras para você?
3. Qual é a relação entre seu papel como líder do lar e a união sexual?

Capítulo Vinte e Dois

Nada de Insultos nesta Cama!

A fim de começarmos a construir a união sexual e desfrutar a comunhão espiritual e emocional que ela traz, precisamos parar de insultar nossas esposas no leito conjugal. Mas se a maior parte de nossos problemas sexuais são resultado de preferências incompatíveis nessa área, como chegar à união em meio a essas incompatibilidades e superar os impasses entre as quatro paredes de nosso quarto?

Podemos fazer isso usando o mesmo procedimento que vale para todos os outros cômodos da casa: respeitando as convicções e a essência de nossas esposas.

Vejamos mais uma vez o que Paulo diz sobre conflitos entre os cristãos. De acordo com o apóstolo, para que haja união não é necessário haver um consenso sobre as questões controversas. Não há como os cristãos chegarem a um consenso sobre todas as questões relativas à vida cristã, pois Deus não tratou de todos os assuntos especificamente nas Escrituras. No que se refere às questões controversas de conduta, é essencial reconhecer a importância das convicções pessoais. Paulo prosseguiu, dizendo: "Eu sei e estou persuadido, no Senhor Jesus, de que nenhuma coisa é de si mesma impura, salvo para aquele que assim a considera; para esse é impura" (Romanos 14:14).

Essa declaração reconhece que as convicções pessoais levarão os cristãos a impasses, e isso inclui maridos e mulheres, mas tais desacordos não precisam, necessariamente, romper a união. Assim, de que maneira podemos superar os impasses em amor? Conforme dissemos anteriormente, a tradição determina que o líder desempate a questão a seu favor. Como você se lembra, não é isso o que Paulo diz que um líder cristão deve fazer:

> ... pelo contrário, tomai o propósito de não pordes tropeço ou escândalo ao vosso irmão.
>
> Eu sei e estou persuadido, no Senhor Jesus, de que nenhuma coisa é de si mesma impura,
>
> salvo para aquele que assim a considera; para esse é impura. Se... o teu irmão se entristece, já não andas segundo o amor fraternal. Por causa da tua comida, não faças perecer aquele a favor de quem Cristo morreu...
>
> Assim, pois, seguimos as coisas da paz e também as da edificação de uns para com os outros. Não destruas *a obra de Deus por causa da comida*. Todas as coisas, na verdade, são limpas, *mas é mau* para o homem o comer com escândalo. *É bom não comer carne*, nem beber vinho, nem fazer qualquer outra coisa com que teu irmão venha a tropeçar ou se ofender ou se enfraquecer.
>
> (Romanos 14:13-15, 19-21)

Paulo poderia ter ordenado que todos seguissem seu exemplo, mas não foi o que fez. Ao invés disso, sujeitou-se ao seu irmão em Cristo. Em outras palavras, abriu mão de seu direito de exercer autoridade a fim de dar espaço para as crenças de seu irmão mais fraco.

Paulo sabia que impor seus direitos à custa dos propósitos de Deus seria errado, de modo que se recusou a pecar contra Deus ao comer carne e levar um irmão a tropeçar. É particularmente importante seguir esse exemplo na vida sexual, pois nessa área tudo é tão pessoal. Em se tratando do sexo no casamento, você deve ser um líder de coração terno, um homem capaz de abrir mão de seus próprios direitos em favor da união conjugal.

Tive grande dificuldade em aceitar essa idéia no início de meu casamento. Muitas coisas que para mim eram básicas no sexo pareciam pervertidas para Brenda. Algumas práticas eram absolutamente erradas para ela, e isso me deixava perplexo. Por que Brenda tinha o direito de declarar que fazer amor numa praia à luz do luar era pervertido? Para mim não havia nada de pervertido em fazer amor sob as estrelas.

Pensei em bancar o Árbitro Supremo, mas algo me disse que a arbitrariedade não funcionaria (supondo que fosse possível exercê-la). Deveria me impor e conseguir o que queria mesmo que a humilhasse até o mais profundo de seu ser? Não, pois mesmo que eu vencesse, sairia perdendo.

No entanto, ainda queria tentar o lance da praia. Assim, coloquei essa questão diante de Deus. Lembro-me exatamente onde estava quando me dirigi ao Senhor em oração e disse: "Senhor, não quero de modo algum usar de uma abordagem incorreta em minha vida sexual. Você sabe como tenho pecados suficientes em meu passado para dar e vender e não quero mais pecar. Diga-me o que devo fazer com relação a essas coisas que Brenda acha esquisitas."

Estava dirigindo no sentido oeste na rodovia interestadual 80, entre as cidades de Atlantic e Harlan, no Iowa. Por que me lembro tão claramente? Porque Deus me respondeu no mesmo instante com esse diagrama, que eu anotei mais que depressa. Também senti que ele me deu uma compreensão de todo o significado dele.

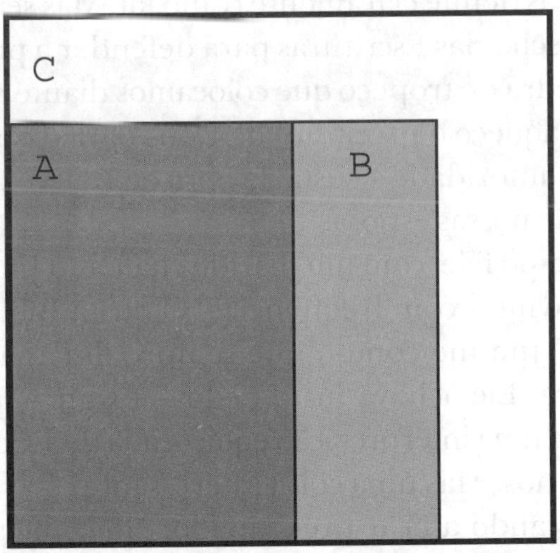

Daquele dia em diante, Brenda e eu temos experimentado a mais absoluta união em nosso leito conjugal, graças ao diagrama da página anterior. Esse pequeno gráfico mostra como posso respeitar as convicções e a essência dela no leito conjugal.

Área A: Práticas sexuais com as quais a esposa se sente à vontade.

Área B: Práticas sexuais que a esposa considera pecado.

Área C: Práticas sexuais com as quais o marido se sente à vontade.

Você sente como se estivesse de volta à escola ao olhar esse quadro com seus conjuntos e subconjuntos? Bem, eu precisei ser mandado de volta à escola e me dispus a deixar que Deus fosse meu professor. Através desse diagrama, Deus transmitiu quatro princípios que eu deveria seguir a fim de sempre respeitar as convicções e a essência sexual de Brenda. São eles:

1. *O marido não deve jamais impor ou forçar coisas que estão fora das áreas A e B*

Essa é a área branca do diagrama. O que se encontrava nessa área para mim? Sexo na praia. Para Richard era beijar com a língua. Talvez no seu casamento seja sexo oral ou fazer amor no chão da cozinha dez minutos depois de se despedir dos seus últimos convidados num sábado à noite. Talvez seja fazer sexo com as luzes acesas, quando ela quer ficar no escuro.

Trata-se de coisas que não são erradas nem pecaminosas em si, pois a Bíblia não as define claramente como tal. Mas será que sua esposa precisa de um trecho das Escrituras para defender a posição dela? Não, pois qualquer pedra de tropeço que colocamos diante da união sexual é pecado. Ela enfraquece o propósito de Deus para o casamento, ostenta nossa posição de autoridade à custa da obra de Deus e passa por cima da essência sexual de nossas esposas.

Há pouco tempo falei com um marido chamado Jim. Ele me fez uma pergunta que ouvimos com freqüência: "O que a Bíblia diz sobre sexo oral? É errado?" Jim me contou que sempre discutia com sua esposa sobre essa prática. Ele achava justo pedir – exigir – que ela aceitasse, tomando por base uma interpretação equivocada de 1 Coríntios 7:4, como fazem muitos de nós. Mas uma coisa interessante estava acontecendo, e Jim estava começando a ficar preocupado. No começo do casamento,

Calley, sua esposa, gostava tanto de sexo quanto ele. Quase todas as noites, ela esperava ansiosamente ele chegar do trabalho (Jim era pastor), querendo ir para a cama com ele.

Esse entusiasmo foi morrendo à medida que Jim passou a exigir que suas carícias preliminares incluíssem você sabe o quê. Calley esfriou. "Jim sabe que acho repulsivo fazer sexo oral", disse ela. "Mas ele só se preocupa com sua própria excitação. Não posso mais suportar ser tão humilhada. Isso me deixa furiosa.

Agora vou cedo para a cama na esperança de que ele não me acorde quando voltar do trabalho. Evito fazer sexo a todo custo. Não vale a pena sofrer tamanha humilhação."

Você diria que o sexo oral é uma pedra de tropeço para a união sexual entre Jim e Calley? Nós achamos que sim! Paulo ensinou que, em circunstâncias como essas, devemos abrir mão de nossos direitos de líderes. Numa paráfrase de Romanos 14:15-21, "se, por causa do sexo oral, sua esposa se entristece, quando você a força, não está mais agindo segundo o amor. Não destrua a obra de Deus [a união mais íntima em seu casamento] por causa de sexo oral. O sexo oral, na verdade, é 'limpo', mas tornou-se pecado para você, pois faz sua esposa tropeçar em seu caminho rumo à união conjugal. É melhor nunca mais fazer sexo oral outra vez do que romper a união mais íntima do seu casamento".

Quando eu estava na segunda série, havia um regulamento no refeitório que nos obrigava a comer um pouco de cada coisa que havia em nosso prato. Tenho um estômago de avestruz, de modo que isso não foi problema até um fatídico dia de primavera. Olhei para o meu prato e vi um pãozinho seco coberto com um molho branco malcheiroso e fatias finas de uma "carne" avermelhada. Tive vontade de vomitar só de olhar para aquilo e sentir o cheiro. Meu estômago dava piruetas enquanto eu enrolava para comer o resto das coisas, na esperança de ser salvo pelo sinal.

De repente, uma professora substituta apareceu ao meu lado e ordenou: "Experimente um pedaço do seu pãozinho." Um silêncio profundo desceu sobre a mesa, enquanto meus colegas me olhavam atentamente. "Você conhece as regras. Precisa experimentar um pedaço."

"Não posso. Vou passar mal."

"Pare de inventar desculpas", disse ela, com frieza. "Não vai passar mal coisa nenhuma. Coma um pedaço."

"Não dá. Vou passar mal." Lágrimas começaram a se formar em meus olhos.

Ela ficou furiosa e ordenou, rispidamente: "Não vai, não. Experimente um pedaço já!"

A sala do diretor era logo ao lado e, naquele tempo, ele carregava consigo uma palmatória de bom tamanho. Peguei a colher. No instante em que o molho acinzentado encostou em minha língua, o vômito jorrou para cima da mesa.

Como me senti com relação àquela professora? Eu a odiei. Disse-lhe que passaria mal, e ainda assim ela me obrigou a comer. É possível a náusea e a intimidade coexistirem depois do sexo oral? Nós achamos que não.

Da mesma forma que em outras áreas do casamento, você precisa estudar a essência sexual de sua esposa. Peter sabe que sua esposa não se sente excitada pela manhã. Está muito mais desperta à noite, e se ele procurar acordá-la com sexo pela manhã, por mais que ele tente, não há meio de levá-la ao orgasmo. Apesar de ele preferir sexo pela manhã, ele não a força, pois sabe que isso não respeita sua essência e, se o fizesse, não a estaria amando como a si mesmo. Agora ele espera até a noite.

2. *Em sua submissão à união conjugal, o marido deve sacrificar o que se encontra fora da Área A, mas dentro da Área C*

Em outras palavras, o marido deve adaptar seus limites sexuais de modo a coincidirem com os de sua esposa. Então, juntos, eles podem explorar e desfrutar de tudo o que se encontra dentro da Área A.

Espere um pouco! Isso não vale. Não fomos chamados a fazer o que "vale". Fomos chamados a uma união mais íntima, e essa é a coisa certa a se fazer. Cristo nos chama para seguirmos "as coisas da paz e também as da edificação de uns para com os outros" (Romanos 14:19). Por certo o marido deve ter a disposição de adaptar seu comportamento sexual por amor à sua esposa. Paulo disse:

> Não seja, pois, vituperado o vosso bem. Porque o reino de Deus não é comida nem bebida, mas justiça, e paz, e alegria no Espírito

Santo. Aquele que deste modo serve a Cristo é agradável a Deus e aprovado pelos homens.

(Romanos 14:16-18)

Nessa passagem, Paulo ensina que os líderes fortes devem abrir mão de seus direitos em favor da união. Esse tipo de sacrifício promove a paz, a alegria e a justiça.

Voltemos à história de Jim e Calley. O que acontece se Jim força Calley a se submeter? Jim tem momentos cheios de prazer, enquanto Calley sente seu estômago virar e enche-se de ressentimento. Mas e se Jim renunciar seu desejo de sexo oral? Ele simplesmente abre mão de um tipo de prazer em troca de outro, enquanto Calley pode oferecer e desfrutar uma vida sexual sadia.

Mas como é possível uma restrição da variedade melhorar minha satisfação sexual? A mídia e a cultura em que vivemos fazem isso parecer um paradoxo, mas não é. Quando você volta para dentro dos limites de sua esposa, na realidade o que está fazendo é parar de passar por cima da sexualidade dela. O crescimento em sua comunhão emocional e espiritual é mais do que suficiente para compensar o que se perde em termos físicos.

Eis um outro ponto a se considerar: É bem provável que você esteja superestimando os efeitos do aspecto físico. Numa canção que ficou famosa durante meu último ano de faculdade, o cantor se lamentava de como costumava se sentir quando um beijo era algo especial. Para mim, a letra daquela canção tinha um efeito deprimente, pois àquela altura da minha, vida, um beijo não tinha mais significado algum. Era apenas um pré-requisito sem graça antes da relação sexual.

Depois da faculdade, quando me converti, tentei estabelecer novos limites para minha sexualidade em obediência a Cristo. Não era casado, de modo que a maior parte das coisas nessa área ficava fora desses limites. Foi quando o beijo voltou a ser uma grande emoção, simplesmente porque era só o que estava ao meu alcance. Esse fato me pegou de surpresa, mas também me ensinou que não é necessariamente o ato que conta, mas a emoção e o espírito por trás dele.

Chamo isso de Paradoxo da Obediência. Com freqüência pensamos que a obediência acaba com toda a diversão, mas é justamente o contrário. O Paradoxo da Obediência aparece claramente nas palavras de Cristo no sermão da montanha: "Bem-aventurados os mansos, porque herdarão a terra. Bem-aventurados os misericordiosos, porque alcançarão misericórdia" (Mateus 5:5-7)

Isso é loucura! Os mansos ficam sem nada – só os fortes sobrevivem! Porém, para aqueles que obedecem, o Paradoxo da Obediência derrama bênçãos sobre toda a sua vida. Conversamos com pessoas casadas há dez, quinze anos e frustradas com sua vida sexual. Como é possível? Isso acontece porque não colocaram em prática os princípios bíblicos.

Muita gente diz que a satisfação sexual plena é resultado da liberdade total, da exploração de coisas novas e de toneladas de criatividade. Mas assim como a liberdade política surge dentro do contexto das restrições e limites morais, a liberdade e satisfação sexual também podem existir dentro do contexto de restrições e limites definidos em amor.

Por que os limites são tão importantes? Porque quando ficamos dentro deles, estamos satisfazendo as condições da união sexual, o que não acontece quando ultrapassamos esses limites. Voltemos pela última vez a Richard e sua exigência de que a esposa o beije com a língua. Nas palavras dele, "ela é irredutível. De vez em quando, estamos na cama e as coisas estão indo bem, e então eu tento de novo. Sempre que isso acontece, seu corpo fica rígido e ela perde todo o interesse". Assim como Calley, a esposa de Richard passou a evitar o sexo de todas as formas, só para não ter de travar essa batalha. Quem pode culpá-la?

É muito melhor respeitar os limites. Brenda reconhece que sei exatamente quais são os limites dela. Richard também sabe muito bem quais são os limites de sua esposa, mas decide tentar ultrapassá-los. A diferença é que Brenda sabe que nunca vou tentar expandir um de seus limites só para sentir mais prazer à custa dela. Assim, dentro da Área A de Brenda, posso chegar o quão perto quiser da linha divisória sem que ela se preocupe ou fique nervosa. Ela pode desfrutar plenamente desse território e se entregar a mim inteiramente e com total liberdade dentro dos limites da Área A.

E olhe que isso não é pouco. Pode ser que eu tenha menos variedade, mas dentro dessa área, Brenda pode dar asas à sua imaginação e criatividade. Trata-se de algo muito mais importante do que parece. Afinal, as pessoas se aprimoram um bocado naquilo que praticam bastante. As habilidades de sua esposa aumentarão dramaticamente quando ela se entregar por inteiro a essa tarefa.

Eis o que Mike me disse: "Desisti de pedir sexo oral anos atrás e achei que sairia perdendo um bocado. No entanto, como sinal de gratidão, minha esposa se aprimorou tanto em outras coisas que até hoje continua sendo criativa. Ela parece ter um bilhão de idéias, e, na verdade, não perdi coisa alguma."

3. Com o passar do tempo, a esposa deve ter consciência da responsabilidade de expandir seus limites até onde sentir-se à vontade

Contudo não deve haver pressa e, se esses limites nunca foram expandidos, não há nada de errado. É a essência sexual dela que define as condições.

Brenda não expandiu muito suas fronteiras em vinte anos de casamento, mas não me sinto privado de coisa alguma. Deixe-me explicar por quê: Em primeiro lugar, minha esposa é uma dádiva de Deus. Como acontece com todos os presentes, devemos aceitar tudo o que vem com o pacote. Talvez você se lembre do exemplo que dei ao contar do Dia dos Pais em que tive de aceitar uma pedra pintada juntamente com uma linda jaqueta. No casamento é a mesma coisa. Deus escolheu Brenda para mim. Ele sabia que a área de conforto dela era mais restrita e que possuía limites mais rígidos. Num certo sentido, para mim isso pode parecer uma pedra pintada. No entanto, também pode ser o presente mais maravilhoso que Deus me deu. Como posso saber que ele não escolheu Brenda para ser minha companheira justamente por isso?

Afinal, Deus sabia como eu tinha uma visão distorcida do sexo no passado. Talvez ele soubesse que a disciplina de me manter dentro de limites rígidos era exatamente o que eu precisava para aprender sobre as bênçãos do amor sacrificial. Talvez ele soubesse que isso me libertaria da minha sexualidade egoísta para que eu pudesse experimentar a vida em abundância que ele me prometeu.

Em segundo lugar, não estou sozinho no casamento. Deus também desejava que Brenda se realizasse em sua vida sexual, não só fisicamente, mas também emocional e espiritualmente.

Vejamos primeiro o aspecto espiritual. Passar por cima da essência dela é pecado, e lembre-se de que o pecado levanta uma barreira entre você e sua esposa na esfera espiritual. Se o pecado é capaz de causar um rompimento em sua comunhão com Deus, certamente pode romper a união espiritual na cama, mesmo que sua esposa não saiba desse pecado. Se você fantasia com atrizes "cheias de saúde" das praias do *SOS Malibu* enquanto faz sexo com sua esposa, isso é adultério. O adultério demonstra "consideração por sua esposa", ou você acha que pode ser um empecilho para sua vida de oração e sua vida sexual? Pode ser que vocês dois ainda estejam se encontrando fisicamente na cama, mas não há ligação nenhuma entre os seus espíritos na esfera espiritual, pois lá não existem segredos.

Somos da opinião de que esse é o motivo pelo qual recebemos tantos e-mails sobre esse assunto de gente que leu *A Luta de Todo Homem*. De acordo com eles, quando deixaram sua impureza sexual, suas relações com a esposa tornaram-se alucinantes! Cremos que isso acontece pois, pela primeira vez, esses homens começaram a se encontrar espiritualmente com a esposa no leito conjugal.

No entanto, Deus também queria que Brenda tivesse uma vida sexual *emocionalmente* satisfatória. Quando você desrespeita os limites de sua esposa, levanta uma barreira entre vocês dois não apenas na esfera espiritual, mas também no aspecto emocional. Já compartilhamos diversos exemplos. Além disso, você também ergue uma barreira entre você e Deus na esfera emocional. Você está dormindo com a filha dele e a está insultando em sua sexualidade.

Imagine sua própria filha chegar para você em lágrimas depois de alguns meses de casada, chorando porque o marido a obriga a fazer sexo algemada. Essa prática fere fisicamente os pulsos dela e a humilha até o mais profundo de seu ser. Será que seu relacionamento com seu genro permaneceria inalterado? O meu, não. Quando você desrespeita a sexualidade de sua esposa, Deus fica tão irado quanto você ficaria com aquele seu genro e não se agrada de forma alguma do seu leito conjugal.

Porém, se você está respeitando a sexualidade de sua esposa, Deus está sorrindo – e sua esposa também. Você criou uma ligação emocional para acompanhar a ligação espiritual.

4. A Área B é proibida para sempre para o marido e jamais deve voltar a ser mencionada

Compartilhei anteriormente a história de minha tentativa de "estacionar" com Brenda depois de nosso casamento. Brenda possuía uma convicção pessoal de que isso era errado. Paulo diz que devemos ceder diante de tais impasses. Na verdade, preocupar-me com coisas triviais como namorar no carro à custa da fé preciosa de Brenda é deixar de compreender a essência da vida cristã.

Descobri que posso viver sem namorar no carro e você pode viver sem sexo oral ou sem fazer amor em pé – ou qualquer que seja sua fantasia.

Abra mão.

Seguir essas quatro diretrizes promove a união sexual em meio a um mar de incompatibilidades. Quando lidero dessa forma, Brenda se sente unida a mim. Pode se submeter facilmente aos meus impulsos sexuais mais fortes. O sexo nunca é uma briga por limites, mas sempre algo calmo, sereno e emocionante.

Em nenhuma outra área de sua vida você receberá um impacto tão grande e imediato ao aplicar os princípios da liderança de serviço. Não é um processo lento, como em outros aspectos da vida cristã. Você serve o Senhor agora e, depois que você morrer, ele o chamará de servo bom e fiel. Você serve seus filhos agora e, daqui a trinta anos, eles mostrarão sua gratidão. Você serve sua esposa no quarto de dormir e – PIMBA! – recebe o mais alto grau de recompensa.

E esse é o tipo de recompensa que não faz mal a ninguém.

Permita que eu (Steve) faça apenas mais uma observação sobre a história de Fred e Brenda. Talvez você precise reler esse trecho, mas não desista, pois acredito que trata-se de algo mais relevante do que os conceitos apresentados. O mais importante é que tanto Fred quanto Brenda têm um compromisso com seu relacionamento tanto no aspecto sexual como fora do leito conjugal. Os dois estão trabalhando juntos para fazer o casamento dar certo, para melhorar sua vida sexual e para tornar sua jornada conjunta mais gratificante. Estão no mesmo time.

Que esses dois sirvam de grande exemplo para nós, a fim de lembrarmos que nós, maridos, precisamos defender nossas esposas, e não ser contra elas. Se seguirmos esse conselho, é possível que nos vejamos envolvidos num relacionamento gratificante e divertido como o de Fred e Brenda.

Perguntas para Reflexão e Discussão

1. Neste capítulo, Fred diz que no começo de seu casamento teve dificuldade em aceitar a idéia de que, em se tratando de sexo no casamento, precisava ser um líder com um coração terno, um homem capaz de abrir mão de seus direitos em favor da união conjugal. Até que ponto você também tem dificuldades em aceitar esse conceito?
2. Como você explicaria o diagrama deste capítulo de acordo com a maneira como ele se aplica ao seu próprio casamento? Quais são as práticas que, para sua esposa, encontram-se na Área B?

Capítulo Vinte e Três

Uma Carta Aberta às Esposas

(Brenda Stoeker)

Querida amiga,

Certa noite, quando Fred queria fazer amor, gemi por dentro: "Outra vez! Já?" Fiquei desconcertada, de modo que acabei dizendo: "Tudo bem, acho que posso agüentar uma 'rapidinha' por você, mas vamos logo que eu estou cansada e quero dormir."

Fred fez uma longa mesura e disse: "Obrigado, ó grande e nobre mártir!" Se me lembro bem, as coisas desandaram rapidamente depois disso.

Naquela semana me perguntei se essas relações rápidas e sem grande entusiasmo o satisfaziam. Enquanto as mulheres desfrutam de intimidade com seu companheiro ao compartilhar, abraçar e conversar, aprendi que, para os homens, a intimidade vem do ato sexual em si.

Ao refletir sobre isso, inverti a cena em minha mente. E se Fred reagisse à minha necessidade de compartilhar e abraçar da maneira como eu havia feito? E se me dissesse: "Só tenho vontade de abraçar você e ter conversas mais profundas uma ou duas vezes por mês, mas podemos falar rapidinho antes de ir para a cama." Foi então que a luz se acendeu. Essas duas situações são exatamente iguais, mas por causa das diferenças entre homens e mulheres, os homens não se preocupam tanto com abraços quanto com sexo, sendo que para as mulheres é justamente o contrário. Não podemos esperar que nossos maridos se interessem em nos segurar em seus braços se não nos interessamos em ter sexo com eles.

A princípio, nos primeiros anos de casamento, fiquei estarrecida com a sexualidade masculina, especialmente com o impacto do estímulo visual e com sua regularidade. A sexualidade masculina parecia superficial e quase esquisita para mim, mas comecei a pensar melhor sobre isso. Descobri que, na verdade, não é superficial – só é diferente. E, tendo em vista as lutas evidentes que os homens enfrentam na área da pureza sexual durante períodos de abstinência, comecei a entender por que Deus disse que meu corpo não pertence a mim. Vejo que, em certas ocasiões, o sexo é crucial para a pureza de Fred e sua intimidade emocional comigo. Posso ajudá-lo de maneira significativa e, de fato, é isso o que Deus espera de mim.

Apesar de esperarmos que nossos maridos obedeçam prontamente os preceitos de Deus para a pureza sexual, muitas vezes demoramos para cumprir outros preceitos divinos e admitir que nossos corpos não nos pertencem. Não temos direito algum de esperar que nossos maridos permaneçam sexualmente puros se estamos sempre nos retraindo. Somos sua única fonte de prazer sexual, e eles precisam de satisfação sexual duas ou três vezes por semana.

Uma amiga, Cindy, me contou que seu marido observou como ela tem todo o poder sobre seu relacionamento sexual. Toda santa vez, era ele que precisava trancar a porta e pedir que ela fizesse amor com ele. Ela, por outro lado, estava sempre sem vontade alguma ou cansada demais.

"Sei que você não tem vontade", seu marido lhe disse. "Mas é difícil pensar que 90% das vezes em que temos sexo você não é capaz nem de fingir que me acha desejável. Só entende que eu preciso de algo que é desnecessário para você e faz amor comigo para cumprir seu dever. Quando você não demonstra qualquer desejo ou paixão, começo a me sentir como um menininho que precisa implorar para que a mãe lhe dê um doce."

A disposição não deve ter nada a ver. Somos chamadas para ajudar, quer estejamos a fim ou não. Em inúmeras ocasiões, tomei a iniciativa de fazer amor com Fred mesmo quando nós dois sabíamos que eu não estava a fim.

Toda noite, quando Fred entra no quarto, senta-se na sua "cadeira da conversa" para ter certeza de que não cairá no sono antes de eu ter a chance de conversar com ele. Isso é extremamente importante para mim, especialmente porque sei que Fred nunca está a fim de conversar àquela hora da noite. Ele é uma pessoa matinal, de modo que quando vamos para a cama está exausto, mas conversa comigo, pois sabe que preciso disso, quer ele esteja a fim ou não.

Se seu marido é como a maioria dos homens, pelo menos metade das vezes que sai para trabalhar não está com total disposição. Sei que, se não fosse por mim e por nossos filhos, Fred teria escolhido um outro caminho para sua vida. Quantas vezes não estou cansada no final do dia e Fred arruma a cozinha para mim a fim de que eu possa me sentar e ler um livro? Quantas vezes ele não joga videogame só para as crianças me darem uma trégua? (Ele detesta videogame. Não sabe jogar direito e sempre perde feio, até para o Michael, que tem nove anos de idade.)

Será que não podemos fazer a mesma coisa por nossos maridos quando não estamos a fim? Além disso, a disposição é uma coisa engraçada, que muda rapidamente. Lembre-se que parte da intimidade da mulher consiste em abraçar e tocar. Descobri que se me submeter e for em frente por ele, na maioria das vezes, todos aqueles toques e carícias mudam minha disposição e logo estou tendo tanto prazer quanto ele. Na verdade, acontece com tanta frequência que já comecei a contar com isso. Normalmente sou recompensada!

Cheguei a um ponto em que sempre pergunto a Fred sobre as necessidades dele. Na noite passada, por exemplo, quando ele entrou no quarto, perguntei: "Você quer trancar a porta?" Ele entendeu!

Corro atrás de quatro crianças o dia inteiro. Muitas noites, não estou nem um pouco interessada em sexo, pois o cansaço é grande demais ou porque meus impulsos não são tão intensos quanto os dele. Nessas ocasiões, digo: "Na verdade, eu mesma não quero nada hoje, mas adoraria fazer alguma coisa por você." Sei que, pelo menos, vou gostar de estar perto dele, ainda que não fique toda excitada.

E apesar de a prática freqüente de sexo do tipo "drive-through" não ser algo desejável, sem dúvida as "rapidinhas" têm seu lugar dentro do relacionamento, uma vez que aliviam a tensão do ciclo de setenta e duas horas do homem. Às vezes você simplesmente não tem tempo nem energia para desfrutar do pacote completo, mas se você se preocupa com seu marido, pode encontrar energia suficiente para fazer algo por ele. De qualquer modo, é muito gratificante para um homem saber que sua esposa se preocupa com ele o suficiente para ajudá-lo desse modo, mesmo que não seja "a noite dela".

Não faço de conta que entendo a sexualidade de Fred. Tudo o que sei é que a pureza sexual não é apenas a batalha de todo homem, mas também a luta de todo *casal*.

Deus abençoe você.

Brenda

Capítulo Vinte e Quatro

Só para Encerrar...

Um sábado desses fui comprar uns sonhos recheados para as crianças. Um dos gerentes da padaria participa da classe para noivos na qual leciono na escola dominical. "E aí, como está indo o livro?", perguntou.

Antes que eu pudesse responder, uma mulher de uns quarenta e cinco anos que estava atrás do balcão se intrometeu: "Você está escrevendo um livro? Sobre o que é?"

"É sobre a liderança masculina no casamento", respondi.

Seu rosto se enrijeceu, e com um olhar faiscante, ela retrucou: "Então, tá!"

Eu apenas sorri. Isso me fez lembrar mais uma vez que a maioria dos homens não faz idéia de como deve ser o casamento e, que nossas tentativas desastradas de ser "bons maridos" refletem essa ignorância. E, em se tratando de "liderança masculina", muitos de nós lideram simplesmente assumindo todo o controle. Como você viu neste livro, tomar as rédeas não deu muito certo para mim. Meu casamento com Brenda sucumbiu e, enquanto minha vida amorosa se desintegrava, só o que sabia era que Deus tinha um jeito melhor de fazer as coisas. E tinha mesmo.

Você leu nossa argumentação detalhada neste livro sobre o plano de Deus para uma boa liderança conjugal. Este livro representa verdades de

Deus que ansiei compartilhar por quinze longos anos... verdades que são a grande paixão de meu coração e minha vida... verdades que tiraram meu casamento das cinzas e ajudaram-no a se desenvolver além dos meus sonhos mais loucos. Não trocaria meu casamento por nenhum outro que conheço.

Para encerrar, gostaria de expressar mais uma vez o plano de Deus para a liderança conjugal, mas, dessa vez, resumindo-o em um só versículo: "[Sujeitai-vos] uns aos outros no temor de Cristo" (Efésios 5:21).

Esse é o plano simples de Deus para a união mais íntima no casamento. Espero que você o siga e que seu casamento seja transformado para sempre.

Sobre os Autores

Stephen Arterburn é fundador e diretor da New Life Clinics, apresentador do programa de rádio *New Life Live!* e idealizador do Women of Faith Conferences. Pastor licenciado e palestrante de renome nos Estados Unidos, é autor de mais de 20 livros.

Fred Stoeker é um líder leigo e conferencista de renome, com experiência no aconselhamento de centenas de casais que desejam um relacionamento mais íntimo entre si e com Deus. É casado com Brenda e tem quatro filhos.

Os dois são autores de *A batalha de todo homem* (publicado no Brasil pela Mundo Cristão), grande sucesso que, junto com outros títulos da série, já vendeu quase meio milhão de exemplares nos Estados Unidos.

Compartilhe suas impressões de leitura escrevendo para:
opiniao-do-leitor@mundocristao.com.br
Acesse nosso *blog*: www.mundocristao.com.br/blog

Diagramação: Viviane Fernandes Costa
Fonte: Baskerville
Gráfica: Imprensa da Fé
Papel: Offset 63/gm² (miolo)
Papel: Cartão enzo coat 250/gm² (capa)